余杰 Yu Jie

主流媒體上看不到的中國真相

爛尾國度

目錄

（自序）如何在爛尾國度熬過垃圾時間？／6

第一輯　自願為奴的國度
　　你離鐵鏈女只有一步之遙／18
　　今日徐州，昨日延安／23
　　穿和服有罪，戴鐵鏈無妨／28
　　既然黨是親愛的母親，那麼要黨就不要母親／33
　　她們不是弱女子，她們是冬蟲夏草／39
　　中國人的特權：免費方艙，一生一世／45
　　吃地溝油的命，操中南海的心／50
　　為奴的張藝謀與愛自由的杜琪峰／55
　　為什麼甄子丹演得最好的角色是曹公公？／61
　　「動態民運人」熊焱的倒掉／67
　　滕彪何以變成流亡的習近平？／72
　　　　──對滕彪強姦未遂案的精神分析和社會學分析 72

第二輯　生不如死的國度
　　一張白紙，可以改變中國嗎？／86
　　斷子絕孫是中國年輕人最後的反抗／92

上海萬聖節：你的鬼蜮，我的人間／97

活是苟活，死是慘死／102

生當作人礦，死亦為標本／107

這國殺人，那國救人，你願當哪國人？／112

中國博士副縣長為何對日本孩童被殺叫好？／117

一個自以為英雄的懦夫的非正常死亡／122

「鐵人三項」與「吉祥三寶」能降低中國的失業率嗎？／128

誰不是人質，或者人質的人質？／133

第三輯　抓屎敷臉的國度

央視春晚是一場跳艷舞的葬禮／140

毛澤東是屎尿屁文化的始作俑者／145

健康碼是中國的第五大發明／150

殺死一座城市與殺死一首歌／155

莫言和劉慈欣：粉紅必然遭到血紅的清算／160

女權主義者李銀河對共產黨的「虐戀」／165

李娟筆下的阿勒泰，有草莓，卻沒有骨灰／170

台灣影星林依晨呈現的「美麗新疆」是真的嗎？／181

在厲害國，古有核舟，今有手工晶片／186

凡是俄國的一切，中國都無條件支持／191

第四輯　畫地為牢的國度

御用學者同時論證「閉關鎖國」與「攻伐台灣」／198

長城再圖騰化，中國回到《河殤》批判的原點／203

中國為何走不進自由的窄廊？／208

中華民族不是「共同體」，而是梁啟超閉門造車的發明／213

習近平一講話，編修二十一年的清史立即成為爛尾工程／218

動物園裡，除了猩猩，還有中國人／223

當紅衛兵遇到蘇格拉底，蘇格拉底只有死路一條／228

退伍軍人當老師，中國走向準軍事化／233

以穿西裝為恥，以穿漢服為榮／238

中國又創造了兩個世界之最：關押作家最多，關押記者最多／243

中共為何重判楊恆均死緩？／248

要台灣模式的現代化，還是要中國特色的現代化？／253

第五輯　碩鼠如虎的國度

高官橫死，凜冬將至／260

萬達不是繁花長開，而是曇花一現／265

肖建華是弄髒了白手套，必然被丟棄／270

沒有特權的中國人，炒股就是找死／276

中共官員既愛權錢色，也愛雪天讀禁書／281

中國首席人權辯護士董雲虎原來是腐敗大老虎／286

少林是中國的縮影，佛門是官場的變形／291

你的餐桌不是你的餐桌，而是官員的稅源／296

唐山打人事件顯示中國已淪為「蠅國」／302

中國海軍超過美國海軍的唯有腐敗／308

火箭軍團滅，美女戰士公關又翻車／313

第六輯　全球放毒的國度

中國為何支持普丁侵略烏克蘭？／320

中國為何將敘利亞屠夫阿薩德當做英雄？／325

中國為何替恐怖主義組織哈瑪斯背書？／331

華春瑩的反美十大理由，全是打到中國要害的迴力標／337

此岸的和平女神開門揖盜，彼岸的戰爭女神喊打喊殺／342

倫敦政經最年輕的美女教授金刻羽：中國版的《冷戰諜夢》／347

西方大學會在紅色恐怖之下窒息嗎？／355

狡兔三窟的饒毅家破人亡，海歸兩面通吃的時代結束了／360

日本會加入中國版的「大東亞共榮圈」嗎？／367

任何關於中國的樂觀評估都錯了／373

自序

如何在爛尾國度熬過垃圾時間？

有房爛尾，有車爛尾，有娃爛尾，有國爛尾

2024 年 7 月 30 日，中共中央召開政治局會議討論經濟問題。習近平強調，當前中國經濟發展遇到一些困難和問題，是發展中、轉型中的問題，經努力是完全可以克服的。要堅定發展信心，保持戰略定力，「唱響中國經濟光明論」。

然而，靠唱戲是拯救不了中國經濟的。小學生習近平是經濟學科的門外漢，他不知道一個基本常識：經濟政策不是唱戲，可以隨意改編劇本。而一旦經濟出問題，必然引發多米諾骨牌效應，再抱薪救火已來不及了。

中國已成爛尾之國，經濟再也沒有光明的前景。

中國有房爛尾。爛尾樓是房地產行業陷入困境的標誌，而房地產及相關行業占中國經濟總量的四分之一。2020 年，習近平自信滿滿地出手打房，房地產監管時代來臨。未曾想到，房地產新政沒有藥到病除，反而使開發商「半死不活」。台灣中央社報導，房地產企業長期以來的槓桿操作失去憑藉，房子蓋到一半蓋

不下去的爛尾樓問題，以及新房子賣不出去、建商大量減少建案等問題層出不窮。據野村證券報告顯示，中國未完工的預售房屋數量超過兩千萬戶。像鶴崗、鄂爾多斯那樣大量新房修好卻無人入住的「鬼城」，已像癌症細胞一樣擴散到全國。

中國有車爛尾。中國汽車經銷商在競爭激烈及需求疲軟下，掀起大規模倒閉潮，近四年已有八千車商倒閉，預估今年兩千家關門，近五年倒閉的汽車經銷商總計達一萬家。新疆首富孫廣信掌控的中國汽車經銷商第一股的龐大集團，因業績低迷，股價連續二十個交易日低於一元人民幣，市值從千億跌至六十五億，被迫破產重整，退出A股。廣東最大汽車經銷商永奧集團因資金斷鏈，旗下八十多家店一夕倒閉，不少車主付了車款無法拿到車，猶如買了「爛尾車」。另一方面，中國號稱世界第一電動車之國，不少電動車卻無端起火自焚，這是另一種「爛尾車」。中國盲目擴張電動車生產，導致產能過剩，近年來已有二十多個電動車品牌退市，五百多家電動車工廠倒閉。

比樓和車爛尾更可怕的是，中國出現了一個新名詞「爛尾娃」——因為失業率高，工作機會僧多粥少，每年數千萬大學畢業生，一畢業就失業，從而催生一個新的社會群體：年輕人回家鄉成為「全職兒女」和「啃老族」。勉強滯留在城市的，也大都掙扎求存、前途黯淡。近期，一篇描述名校畢業生餓死在租房的網文，字字血淚，引發無數人感同身受。這一代年輕人的人生，就像住爛尾樓和開爛尾車一樣，被一種無形的巨大力量凍結在「全面爛尾」狀態。而所有中國人生活的每一個環節，都在快速爛尾之中。

爛尾是一種不治之症，唯有斷尾才能求生。

2024年6月30日,「亞馬遜中國」在其官網宣布,Kindle中國電子書店於當日停止雲端下載服務。亞馬遜就此全面退出中國市場。

此前四天,知名旅遊指南《孤獨星球》宣布,關閉其在中國的辦公室,停止在中國的出版業務。

8月26日,美國電腦巨頭IBM宣布,徹底關閉其中國研發部門,此一決定將導致上千名員工失業。

同一天,在中國深耕十多年的台灣知名餐飲集團鼎泰豐宣布,關閉北京、天津、青島、西安、廈門等地的十四家門店,八百多名員工失業。

這四家企業,並非深深嵌入中國、一時難以與中國脫鉤的蘋果或特斯拉,它們退出中國,對中國經濟造成的實質性影響微乎其微。但其象徵意義令人矚目——他們或是重要的文化企業,或是高科技企業,或代表著某種輕度奢華的生活方式。他們的離開,顯示西方正在與中國「脫鉤」,而中國正志得意滿地走向反文明化或去文明化之路。

2000年,中國加入世界貿易組織,大量西方企業湧入中國,既要賺錢,更要將自由資本主義和民主自由價值帶入中國,中美關係亦進入近乎「戰略夥伴」的蜜月期。然而,短短二十四年後,「中美國」變成新冷戰,美國和西方這才發現,中國依舊是「茅坑裡的石頭,又臭又硬」。外資企業紛紛撤離中國,「揮一揮手,不帶走一片雲彩」。

二十四年一覺中國夢,夢醒時分,一地雞毛,遍地飛舞。中國與自由市場經濟國家從此「大路朝天、各走半邊」,這正是美國前國務卿龐培歐在尼克森圖書館那場歷史性演講的主題。

至於與西方脫鉤之後的中國，是繼續繁榮，還是走向毀滅，那就是中國自己的事情了。

中國深陷「歷史垃圾時間」，進入「潰而不崩」的新常態

早在 2020 年，享有「國師」之稱的北大國發院院長姚洋，在北大國家發展研究院 EMBA 論壇總裁讀書會特別課上發表演講，即指出不祥之兆：「最近，我們都能感受到外部環境不斷惡化。我個人判斷中美的新冷戰已經形成，美國開始對中國進行技術封鎖，美國針對中國的實體清單也愈來愈長，美國將中國列為戰略競爭對手，競爭在各領域展開，其中技術領域的競爭相對更深入、更廣泛。」

姚洋一邊盛讚中國的「抗疫成就」，一邊小心翼翼地建言：「我們千萬不要誤判認為這是美國的衰退，千萬不要誤以為中國冒頭的時機已到，去挑世界的大樑，我們還遠遠沒到那個時候。」姚洋不承認有與《華盛頓共識》對立的《北京共識》，也不承認中國是極權體制，「中國在很多方面有很強的民主成分，是一種混合體制」。他代表作後鄧小平時代中國的既得利益階層，希望中國這輛列車繼續「打左燈往右開」，跟著美國一起發大財。

姚洋進而提出中國應對長期性變化的三條原則：「我們應該在關鍵性領域加快自主創新。要更加努力地去維護一個開放和共融的世界創新體系，不能把中國隔絕在世界之外。要繼續努力和美國保持比較密切的經貿關係，尤其是不能主動中斷中美經貿關係。」

然而，姚洋與習近平的關係，如同華佗與曹操的關係。習近平篤信「東升西降」，不願遵守美國締造的國際準則和國際體

系，認爲中國可以拋開美國、另搞一套。習近平更不認爲中國存在爛尾問題，當然也不會接受姚洋開的藥方並乖乖抓藥、吃藥了。

於是，爛尾國度只有死路一條。今天的中國，如同黃仁宇《萬曆十五年》中描述的明末：「1586 年，是爲萬曆十五年，歲次丁亥，表面上似乎是四海昇平，無事可記，實際上大明帝國卻已經走到了它發展的盡頭。在這個時候，皇帝的勵精圖治或者宴安耽樂，首輔的獨裁或者調和，高級將領的富於創造或者習於苟安，文官的廉潔奉公或者貪污舞弊，思想家的極端進步或者絕對保守，最後的結果，都是無分善惡，統統不能在事業上取得有意義的發展，有的身敗，有的名裂，還有的人則身敗而兼名裂。因此我們的故事只好在這裡作悲劇性的結束。萬曆丁亥年的年鑑，是爲歷史上一部失敗的總記錄。」萬曆十五年之後，明帝國就進入了「歷史垃圾時間」。

「歷史垃圾時間」指的是歷史處於毫無意義的消耗階段，這時候社會趨於停滯、社會痛苦增加，並且由於觀念秩序和制度的缺陷，難以通過經濟、政治和社會制度的改革而走出死水般的停滯狀態。中國的網路評論表示，歷史上各個時期都有統治者由於集權、拒絕自由貿易或失去公衆信任而陷入垃圾時間。有人甚至認爲，任何不是資本主義民主國家的社會都註定要失敗。

中國評論人胡文輝最早明確使用「歷史的垃圾時間」這個說法，他寫道：「歷史跟競賽一樣，免不了有很多垃圾時間的。當是時，大勢已定，敗局難挽，無論如何努力，都只是徒然的掙扎，只能求盡量體面地收場而已。」以此而論，1851 年，太平天國在廣西起兵，清帝國從此進入歷史的垃圾時間，儘管此後還有同治中興，但只是迴光返照。

「歷史垃圾時間」的說法，很快在中國流行起來，人們託名這個說來自於經濟學大師米塞斯。米塞斯沒有直接使用過這個詞語，但他曾說過，從 13 世紀以後，阿拉伯國家宗教正統強化馴服，最終扼殺了智識活力和獨立思想——這種情況以前也發生在中國和印度等國家。與此同時，智識、政治、經濟等方面的創新活動大量出現在西方國家，這是西方反超東方的一個契機。而早在 1824 年，美國思想家愛默生就在一封書信中寫道：「準確地說，中華帝國有一種木乃伊聲譽，把世界上最醜惡的形象一成不變地保留了三四千年。」

共產黨向來很忌諱影射史學。北京的黨報《北京日報》在社論中說，讀者不應該「為幾句別有用心的鼓吹煽動，就陷入自怨自艾」。在畢業典禮上的演講中，北京大學光華管理學院院長劉俏告誡學生們不要陷入「敘事陷阱」，比如「垃圾時間」，這些陷阱可以用來扭曲事實，影響人們的行為，並對經濟產生負面影響。北京人民大學重陽金融研究院院長王文在一個政府下屬的經濟網站上寫道，「垃圾時間」這個概念比「躺平」的趨勢更惡毒。在「躺平」風潮中，中國年輕人提倡安逸而不是忙碌的生活；而「垃圾時間」的論點鼓勵不作為，「完全否定當下中國的發展狀況」。他們氣急敗壞，愈描愈黑。

當代中國的歷史垃圾時間，不是始於 2012 年習近平登基，而是始於 2008 年的北京奧運會。在萬國來朝的盛世氣象中，在鎮壓《零八憲章》的剛猛嚴酷中，中共行屍走肉化的死亡氣息已悄然瀰漫。比起姚洋欲說還休的建言來，《零八憲章》才是真正的救命藥方，但諱疾忌醫的中共政權選擇消滅醫生來遮蔽真相。當然，如果將歷史視野放得更長，當代中國的歷史垃圾時間，還

可以推到 1989 年 6 月 4 日，那一天，中共調動野戰軍，在光天化日、眾目睽睽之下，用坦克很多機槍屠殺手無寸鐵的學生和市民。殺戒一開，當權者便無法無天，凡事皆可為；殺戒一開，民眾便魂飛魄散，被迫為奴。

我不會像習近平那樣相信「東風壓倒西風」，也不會認同盲目樂觀的「中國崩潰論」。我比較贊同經濟學者何清漣「潰而不崩」的說法：所謂「潰」即「潰敗」，指中國社會將在政治、生態、社會道德系統方面陷入全面潰敗的狀態；「不崩」則指這個掌握了政治、經濟與組織資源的政權將不會在十至二十年內崩潰（我所評估時間比之更長）。就短期而言，中國社會一定繼續潰敗，因為中共這個列寧黨的本質就是從母體攫取奶水，養活自己。而且，中國的潰敗及負面影響力會向外輸出，尤其是港台，以及被中國視為最大的敵人的美國。

因此，在台灣和在美國反抗來自中國的生物病毒、經濟病毒、政治病毒、文化病毒，將是一場艱巨而漫長的戰鬥。

「今天下禍變既大亦烈矣」

我必須參與這場戰鬥。我的武器就是我的書。

《爛尾國度》是我在《卑賤的中國人》和《今生不做中國人》之後所寫的「當代中國三部曲」的最後一部。

《爛尾國度》收入六十四篇評論，分為「自願為奴的國度」、「生不如死的國度」、「抓屎敷臉的國度」、「畫地為牢的國度」、「碩鼠如虎的國度」、「全球放毒的國度」六個部分。我從這六個面向勾勒出當下中國繁榮之下潰爛的真相，以事實展開評論，親共者即便不接受我的評論，卻無法否定我文章中所引述的事實。

這本書是寫給四類讀者的。

第一類讀者是已經在自由世界的人們。

很多生活在自由世界的人，尤其是在反共第一線的台灣和美國，由於承平日久，馬放南山，根本不知道中共政權的邪惡、陰毒與狠辣，用自由世界的倫理、價值和常識與爛尾國的人打交道，當然只能重演農夫和蛇的故事。

所以，我期望這本書能讓自由世界的人們警惕爛尾國的危害，如聖經所說，「盜賊來，無非要偷竊、殺害、毀壞」。我的書卑之無甚高論，但至少可以充當「防盜手冊」、「防騙手冊」。

第二類讀者是即將逃離中國的人。

「潤學」是當代中國第一顯學。為了讓我們自己以及我們的孩子早日脫離陰溝和鱷魚潭的生活，任何代價都值得付出。任何等待、觀望和猶豫都是不智之舉。

所以，我期待這本書能幫助此類讀者做出「潤」的決斷，加速「潤」的行動，展開「潤」的計畫。納博科夫說過，他唯一後悔的事情是沒有更早地離開俄國來到美國；我的感受跟納博科夫一樣，我唯一後悔的事情是沒有更早地離開中國來到美國。離開之後，一種前所未有的幸福和自由將油然而生。

第三類讀者是至今還想去中國「發大財」的人。比如，2024年9月，台灣金馬影帝吳慷仁宣布前往中國發展，將自己簽給中國的經紀公司「壹心娛樂」。這是他個人的職業和人生選擇，是海闊天空，還是飛蛾撲火，如魚飲水、冷暖自知。我的評論只有一句話，就是毛澤東當年聽聞林彪坐飛機逃走時引用的《何典》中的那句話：「天要下雨，娘要嫁人，由他去吧。」

台灣導演汪怡昕認為，台灣藝人、演員去中國發展，他都祝

福,但拜託,「往後千萬不要用踩自己母國的方式來向中國市場輸誠。畢竟,那是一個從不放棄侵略台灣的國度」。這是他做為一個台灣本土製作人的私心期待,否則,那樣一個在台灣養成、支持長大的優秀演員就可惜了。

話音剛落,吳慷仁就公開表示:「在台灣拍戲,題材受限,沒有大陸(中國)豐富。」

果真如此嗎?中國除了可以拍世界上最豐富的抗日神劇之外,真的「題材不受限」嗎?吳慷仁稍早的經歷就足以說明一切:他主演的香港電影《但願人長久》先前在金馬獎、金像獎等斬獲獎項,並入圍第十四屆北京國際電影節「注目未來」單元,原定2024年4月20日和23日放映兩場,但19日晚間,已購票的觀眾突然收到退票通知,指電影因「拷貝損壞」無法修復,故取消放映。但網友對於官方這個此地無銀三百兩的說法並不買單,推測真實原因可能與電影中飾演父親的吳慷仁的吸毒情節有關,也有網友認為與片中出現的土地抗爭情節有關。

比起吳慷仁靠貶抑台灣來獲取給中國的投名狀,我佩服即便因為說真話而導致沒有電影拍的陳慕義。陳慕義大哥說:「我一直覺得在台灣拍戲是一件很幸福的事情,台灣有全世界最專業、最敬業的工作人員。我常常提醒自己,大家都準備好了,我沒有什麼道理不認真地把戲演好。」這句話真是擲地有聲、金聲玉振。

如果吳慷仁做出去中國的決定之前讀到這本書,他會不會三思而後行呢?

第四類讀者是因為種種理由,主動或被動留在爛尾國和淪陷區的人們。

清末時,詩人陳三立有言:「今天下禍害既大亦烈矣,九州

四萬萬人皆危墊莫畢其命。」這句話放在今天的中國，仍無比貼切。不識廬山真面目，只緣身在此山中，我在中國之外看中國、寫中國、論中國，不是隔岸觀火、紙上談兵，跟生活在中國的人們相比，或許有新的角度、新的發現、新的見解。

我期望我的書能幫助不自由中的朋友們保持敏銳、堅韌與勇氣。鐵幕時代，匈牙利思想家畢波因參與布拉格之春革命而被捕入獄，最初是死刑判決，判決下達前幾個小時，在國際壓力下改為終身監禁。坐了六年牢之後，他獲得特赦。在生命的最後十六年，這位中歐最傑出的政治思想家處在祕密警察的嚴密監控之下，很難接觸到知識界的其他人士，只能孤獨地讀書、寫作、探索。他在無邊的黑暗中，致力於打破恐懼的惡性循環，「成為民主主義者，就是從恐懼中解脫出來」。他堅持「為了尊嚴的鬥爭」，像一名醫生一樣治癒「歐洲的政治歇斯底里症」。畢波在1979年5月10日去世，離柏林牆倒下還有整整十年。但他沒有失敗，他的思想遺產激勵無數東歐人繼續推牆，直到自由來臨。他是那種「功成不必在我」的英雄，他的睿智與勇敢重新定義了歐洲與人類。

我祝福身在爛尾國度和垃圾時間中的朋友們，能像畢波在《熱愛自由者的十誡》中所寫的那樣，「永遠不要忘記人類的自由與尊嚴是唯一且不可分割的」。保持身體和精神的健康，在力所能及的範圍能不與惡合作，在日常生活中盡可能地實踐自己的道德原則，然後，等待黎明的來臨。

2024 年 9-10 月
美利堅合眾國維吉尼亞共和國費郡綠園群櫻堂

爛尾國度
主流媒體上看不到的中國真相

第一輯
自願爲奴的國度

你離鐵鏈女只有一步之遙

這邊浩浩蕩蕩官方調查，那邊滴水不漏抓捕民間調查者

江蘇徐州豐縣鐵鏈女奴事件發生後，有人樂觀地認為，此事會喚醒鐵屋子中沉睡的民眾、動搖共產黨的獨裁統治。這種想法未免是紙上談兵。

此前，類似事件早已層出不窮，每次都是群情激奮、義憤填膺，而當局兵來將擋、水來土掩，對民意收放自如，很快就能讓一切靜如止水。若只就某個單一事件發起簽名、呼籲、抗議，當局可步步為營、輕鬆應付：撥出巨款收買受害者及其家人，逮捕並重判加害者人，問責乃至罷免地方官員……如此，草民就感激涕零、山呼萬歲了。

中國人的記憶如同某些魚類一樣，只有短短幾秒鐘。他們很快就會忘記此事，又吃吃喝喝去了——只要人販子的悶棍沒有打到自己或家人身上，他們就大呼萬幸。

果然，江蘇省委省政府派出調查組，號稱走訪群眾四千六百多人，調閱檔案資料一千多份，然後發布一份皆大歡喜的情況通報：鐵鏈女奴去除鐵鏈，在精神病院接受治療。口腔科醫生三次會診，結論是其牙齒並非被人敲掉，而是因牙周炎脫落。幾個未成年孩子被福利院收養，還有「愛心媽媽」群體幫忙。多名加害

者被捕，案件正在加快審理。

豐縣倒是有一大群地方官員丟了烏紗帽：豐縣縣委書記婁海和豐縣縣委副書記、縣長鄭春偉被免職，豐縣縣委常委、宣傳部部長蘇北也被免職，他們都有一個一樣的罪狀：「未認真組織核查事實，批准發布資訊不實的情況通報。」這個共產黨的術語，需要翻譯才讀得懂，翻譯過來就是：撒謊失敗，給黨丟臉。當了堂堂七品芝麻官，連撒謊的基本功都不具備，就送回黨校去回鍋吧。

其他被懲罰的官員和公職人員還有一長串：從豐縣人大常委會副主任孫寸賢到豐縣歡口鎮李莊村黨總支副書記董青華等，分別遭到撤職、免職、行政降級或開除黨籍、黨內警告的各種處分，都是高高舉起，輕輕放下。

被懲罰的官員和公務員，沒有一個人的罪名與拐賣人口有關，當局不會承認「拐賣人口是中國的基本國策」這一事實。一旦承認這一點，被處罰的就絕不僅僅是這群基層小吏，負有最大責任的就是習近平了。

調查組公布的鐵鏈女奴的身分，聲稱經過科學驗證，如DNA測試等，但其指鹿為馬、張冠李戴，並未取信於民。獨裁政權標榜的科學，早已聲名掃地。

官方展開聲勢浩大的調查的同時，若干前往當地作民間調查的人士發現，受害者所在的李莊村及附近若干村莊，一夜之間被兩米多高的隔離板封鎖起來，高牆綿延數公里，宛如中國版的柏林牆。豐縣變成封縣，不再是豐饒之縣，而是封鎖之縣。

有多名志願者遭到當局抓捕，網名為「烏衣」的志願者發布了在看守所遭受的非人待遇。人的屎尿屁本能都要遵守廁規，必

須在規定時間裡大小便，拉尿是一張紙，拉屎是兩張，月經是三張，沒有衛生巾用。她小便失禁，遭到牢頭獄霸和獄卒的制裁，獄卒辱罵說：「一個女人怎麼能做出這種事？你讀那麼多書都讀到哪裡去了？」聖賢是這麼教你做人的嗎？「烏衣」反駁說：「你們又是哪裡來的權力，剝奪人基本的生理需要？」

中共當局用羞辱和虐待來恐嚇民眾：你若要關心鐵鏈女奴，就將你變成鐵鏈女奴，甚至比之還要凄慘。

「烏衣」的文章還提供了一個重要細節：監獄強迫囚徒學習三字經和弟子規，而非馬列主義和毛澤東思想。三字經和弟子規這些東西，就是看不見的精神鎖鏈。諷刺的是，在監獄之外，很多家長偏偏心甘情願送孩子去學同樣的東西。

真相哪裡去了，真相是被官家消滅了

鐵鏈女奴在中國激起的關注超過光鮮亮麗的「動態中國人」（或「動態美國人」）谷愛凌。中華人民共和國從來不是共和國，而是奴隸國，在獨裁者眼中，人口是數字、是資源、是「韭菜」——喜歡吃韭菜盒子的谷愛凌，偏偏拼不出「韭菜」的英文單詞，這個日進斗金的年輕女孩，真的擺脫了「韭菜」的命運嗎？

很多娛樂至死的中國人，甚至一些五毛黨和小粉紅，這次都以大義凜然狀拍案而起，原因很簡單——《三國演義》和《水滸傳》中都出現過的兩個成語就是答案：兔死狐悲、物傷其類。正如有網友發出的哀歎：「為什麼豐縣八孩母親讓我們有一種真切的疼痛和撕裂？因為在這些人身上看到了太多我們熟悉的日常。」

網友列數了近年來與鐵鏈女相似遭遇的女性們的名字：如果你會去超市添置生活用品，那麼你有可能成為何成慧，綿陽科大

放暑假的那天，她在去買東西回宿舍的路上被打暈，然後被賣進深山十七年，與牲畜同住。如果你晚上會出門買宵夜，那麼你可能會成為曹小青，她在買宵夜的時候被拐，先後被轉手四次賣到內蒙古，最後精神失常發了瘋。如果你曾在火車站排隊買票，那麼你可能會成為郜艷敏，她在石家莊火車站排隊買票時被拐賣給一個大她六歲的羊倌，母親急瞎了眼，父親一夜白頭。如果你是個回國找工作的海歸，那麼你可能成為陳倩，她從美國回來後想在上海找份工作，結果淪為趙富強圈養的性奴，整整兩年後小紅樓才東窗事發，驚駭世人。最最讓人驚掉下巴的，哪怕你是婦聯主任，參與打拐，都有可能被拐賣。

在中國，若你是女人，除非你是彭麗媛和習明澤，否則你不會有安全感。貴為周永康兒媳且手持美國護照的黃婉，被軟禁在北京數年之久，才想起向被周永康折磨的維權人士道歉；貴為國家開發銀行董事長胡懷邦老婆的薛迎娟，剛剛炫耀自家的錢幾輩子都花不完，卻在被捕前夕跳樓自盡，金山銀山全成過眼雲煙。

官方的調查組不可能給出真相，他們所做的是竭力掩蓋和消滅真相。過去如此，今日依然如此。這個國家，女人沒有人的地位，孩子也沒有人的地位。2006年，被稱為十大醜聞之一的江蘇南通兒童福利院割子宮案中，福利院管理方認為女孩來了月經很麻煩，而且因為福利院和老人院是一個單位，同吃同住，強姦案時有發生，受害者經常懷孕。為防患於未然、一勞永逸，由院長帶著女孩們去一家醫院的門診手術室把女孩們的子宮一一割掉。

還有湖南邵陽兒童福利院買賣「邵氏孤兒」大案，受懲罰的不是福利院管理者，而是曝光真相的調查記者——這位記者不僅被網上發出追殺令，其所工作的媒體南方報業集團還因受「上面」

壓力而炒了他魷魚，他被迫流亡異地，隱姓埋名。在這片土地上，製造災難的人成為黨國的中流砥柱，揭露真相的人則成為國家的敵人。

只有遠離中國，才知道中國離文明有多遠。聽聞鐵鏈女奴事件，美籍華裔女作家嚴歌苓憤怒地寫下擲地有聲的〈母親啊母親〉一文：「那是怎樣的身體啊，二十多年經受不止息的蹂躪，被打掉了牙，被扯落了髮，被當成一個器皿盛裝獸慾，被實施一個逆向進化：從人至非人。」嚴歌苓發現，在那塊她出生的土地上，「母親已等同女奴、性奴，活著是一場漫長痛苦的死，沒死已經開始腐爛」。嚴歌苓勇敢地點出罪魁禍首的名字——「習近平就是人販子」。結果，一夜之間，她的名字成了超級敏感詞，在中國的網路上消失得無影無蹤。

豐縣不是化外之地，豐縣在中華文明的核心區域。《徐州通志》記載：「先有徐州後有軒，唯有豐縣不記年。」意思是說，在沒有軒轅黃帝的時候已經有了徐州，豐縣則在沒有紀年的時候就已經存在了。但是，歷史悠久值得驕傲嗎？奴役人的歷史，愈悠久，就愈黑暗、愈邪惡。

不讓人像人那樣活著的村莊，沒有存續的必要；不讓人像人那樣活著的城池，沒有存續的必要；不讓人像人那樣活著的國家，也沒有存續的必要。

今日徐州，昨日延安

遍布女奴的徐州，真的是中國最具幸福感的城市？

徐州鐵鏈女奴事件讓舉世大嘩，號稱大國崛起的中國瞬間褪去遮羞布。就連長期安享歲月靜好生活的北大、清華畢業生都有數百人簽名要求徹查，彷彿他們頭一回知道偉大祖國還會發生如此齷齪之事。

中國的人口販賣市場，堪稱世界之最。1989 年，謝致紅、賈魯生出版長篇紀實文學《古老的罪惡：全國婦女大拐賣紀實》，其中有專章描述徐州人口拐賣的猖獗現象。根據不完全統計，僅僅是 1986 年至 1988 年的三年內，人販子從全國各地拐賣到徐州市所屬六個縣的婦女即高達四萬八千一百人，其中年齡最小者僅有十三歲。

有網友查詢地方志，發現若干驚人細節：1989 年，徐州展開專項行動，解救被拐婦女八百多人。隨後，全國婦聯領導來徐州視察，表示非常滿意，稱徐州積極保護婦女權益，然後就回去了。

殊不知，接下來徐州的人口買賣愈演愈烈。1992 年，徐州展開專項行動，解救被拐婦女兒童一千兩百多人。隨後，全國人大內務司法委員會領導來徐州視察，稱讚徐州為制訂《婦女權益保

護法》積累了經驗，然後又回去了。

2000 年，徐州再次展開專項行動，解救被拐婦女一萬兩千多人，兒童五千四百多人。隨後，公安部領導來徐州視察，稱讚徐州打拐成果全國第一，然後又回去了。

領導們回去之後，徐州人口買賣基地的名聲果然蒸蒸日上、日新月異。2018 年 10 月，徐州作為住建部推薦城市，從全球官方推薦的五十八個參選城市中脫穎而出，獲得「聯合國人居獎」，是中國唯一獲獎的城市。

聯合國人居署對徐州的評語洋洋灑灑，肯定徐州「在改善民眾生活環境方面做出突出成就」。這個獎項是不是用錢買來的，只有徐州和中國官方知道。

自從中國加入聯合國及各種國際組織之後，一粒老鼠屎打壞一鍋湯，這些國際組織以迅雷不及掩耳之勢走向崩壞。

聯合國的獎項可買到，中國國內的獎項更如囊中取物。就在鐵鏈女奴事件曝光之時，徐州官媒發布一則新聞說，徐州被評為 2021 年中國最具幸福感的城市，這是徐州第四次上榜。有人留言諷刺說，徐州真是最具幸福感的城市，但只限於男人，在這裡，男人花幾千元就能買到一名女奴。

有人在網上編造習近平為鐵鏈女奴一事震怒並下令徹查的假消息。其實，稍有政治常識的中國人都知道，習近平及彭麗媛不會震怒，在新華社內參材料上，他們早就看到不計其數的此類事情，早已見怪不怪。

2015 年，身為世界衛生組織結核病和愛滋病防治親善大使的彭麗媛，應聯合國秘書長潘基文邀請，在紐約出席聯合國「每個婦女、每個兒童」倡議高級別會議開幕式。中國官媒形容彭麗媛

「驚艷」亮相國際舞台。彭麗媛說，中國政府關愛婦女、兒童和青少年健康，這是對人類未來最重要的投入。她還在另一場以教育為主題的會議上說，教育要關心婦女和女童，中國的「春蕾計畫」幫助了三百多萬女童重返學校。

2020年，習近平在聯合國大會紀念世界婦女大會二十五週年高級別會議上發表講話，倡導「建設一個婦女免於被歧視的世界」，滔滔不絕地陳述中國的突出貢獻。然而，當習近平夫婦在國際舞台上多財善賈、長袖善舞的時刻，中國每年有超過百萬婦女兒童被拐賣，數百萬如鐵鏈女奴那樣的女性在黑暗中哀哭切齒——她們的牙齒被拔光，連「切齒」都成了奢望。

毛澤東的妻子江青、林彪的妻子葉群，誰又不是鐵鏈女奴？

鐵鏈女奴不單單是中國底層才會發生的傷天害理的邪惡之事，也不僅僅是長期一胎化政策導致高達三千萬光棍的「剛性需求」——有海外民運理論家居然提出實行一妻多夫制來解決這一看似無解的難題。如此睿智，幫助中共解決了三千萬光棍導致的社會不穩定，可以到中南海當國師了，也不負流亡三十多年的白頭，卻可惜了在民主自由的美國生活的三十多年，不明白一夫一妻制是現代文明的門檻。

香港電影《投名狀》中，李連杰扮演的亦匪亦兵的梟雄馬新貽號召弟兄們衝鋒陷陣的口號是：「搶錢，搶糧，搶女人。」共產黨起家，靠的是給大字不識的農民畫餅充飢，有沒有海市蜃樓的共產主義烏托邦不重要，「打土豪，分田地」的口號最重要——瓜分的不僅僅是田地，還包括地主富農的老婆和閨女。於是，貧困農民爭先恐後加入紅軍。

當年，紅軍在國民黨軍隊的圍追堵截之下，經過長途流竄抵達陝北，將陝北流行的情歌改編成〈白馬調〉，陝西學者狄馬在民間收集到的一個版本是：「三八槍，沒蓋蓋，八路軍當兵的沒太太。待到打下榆林城（呼嗨吆），一人一個女學生。」後來，紅色歌曲《東方紅》中還套用了此曲調。

共軍元帥賀龍也曾高唱一曲〈游擊隊之歌〉：「我們生長在這裡，每一個女人都是我們自己的。」這個大老粗讀不懂馬列主義，看得見、摸得著的是為之暖被窩的女奴。

中共占領延安之後，很多「革命青年」不遠千里前去投奔。卻沒有想到，一群群如花似玉的女學生們立即成為中共高官砧板上的魚肉。中共各級組織以革命的名義強迫她們嫁給黨政軍高官，延安出現了一個老幹部「換妻潮」，中共高層八成以上換了年輕而有文化的新妻：二十四歲的江青嫁給四十五歲的毛澤東，二十六歲的葉群嫁給三十六歲的林彪，十八歲的張茜嫁給四十歲的陳毅，二十三歲的卓琳嫁給三十五歲的鄧小平，十九歲的朱明嫁給五十多歲的林伯渠，二十歲的浦安修嫁給四十歲的彭德懷，二十五歲的薛明嫁給四十六歲的賀龍，十八歲的汪榮華嫁給四十四歲的劉伯承……這張名單可以源源不斷地開下去。學者宋永毅指出，後來這些官太太都身不由己地加入到「夫妻政治」之中，一度飛揚跋扈，卻少有得以善終。

即便在文革中躋身政治局委員、隻手遮天的江青和葉群，其命運又能比今天的鐵鏈女奴好到哪裡去？她們並無獨立人格，只是其丈夫的代言人。葉群陪同林彪一起出逃，在蒙古機毀人亡，死無全屍；江青在毛澤東死後被抓捕，被關押二十五年之後絕望地自殺身亡。江青一度炙手可熱，一人之下、萬人之上，但在

法庭受審時一語道破天機：「我就是毛主席的一條狗。為了毛主席，我不怕你們打。」江青以狗自居，不以為恥，反以為榮，這就是魯迅所說的「奴在心者」。在精神意義上，江青不就是另類鐵鏈女奴嗎？而彭麗媛不就是另一個版本的江青嗎？

在中國，女奴制度古已有之。張巡守城，殺掉愛妾給將士充飢，號稱「寧惜一妾而坐視士飢？」更縱容將士吃掉婦人老弱三萬多人。作家柏楊感歎說：「睢陽之圍，我們沒有歌，只有泣，那是已瘦成一把骨頭的女人和孩子們，被暴官們宰殺時痛徹骨髓的哀泣。中國人沒有生命的尊嚴，在惡君凶臣、強盜匪徒眼中，一文不值。」

進入共產黨時代，女奴制於今為烈。毛澤東的私人醫生李志綏在回憶錄中記載，毛相信採陰補陽，「即與年輕女性同寢能提升統治者的活力和壽命」，因此縱慾無度。有一次，他在為毛檢查身體時發現，毛染上了滴蟲病，但毛不願接受治療。李志綏建議毛至少局部清洗乾淨，毛的回答很幹脆又醜惡：「沒有這個必要，可以在她們身上清洗。」毛到死前都是滴蟲攜帶者，傳染給無數「女友」。李醫生在治療這些毛的性奴隸時發現，「年輕女性因被感染而自豪」，因為這疾病是一種「榮譽徽章，見證她們與主席密切的關係」。

從張巡到毛澤東再到董志民，中國何曾有一點進步。毛澤東是成功的董志民，董志民是失敗的毛澤東，這就是中國的真相。

穿和服有罪，戴鐵鏈無妨

你穿什麼衣服，由黨說了算

據《北京青年報》報導：大三女生小亞和同伴在蘇州淮海街穿日式和服拍照時，被蘇州市公安局高新公安分局獅山派出所警察以「尋釁滋事」為由帶回派出所問話。該報導在網上引發極大關注，後來北青報官網將其刪除，但已被轉發上千萬次，無法掩蓋了。

隨即，當事人撰文講述了該事件的經過：當事女學生和攝影師在派出所內被分開盤查，女學生的手機被警察仔細查看。她被要求寫五百字的悔過書，被拍了正面、側面、背面的照片，即標準的「囚犯照」。文章還提供了一個耐人尋味的細節：警察以「沒收作案工具」的名義，沒收了該女學生和服與鞋襪——女學生的鞋子是日式的，但白色的襪子並無任何「民族特色」，卻仍被要求脫下予以收繳——這名警察難道有某種變態的癖好，要搜集女生的襪子，供其業餘性幻想之用？

事件發生後，千夫所指的蘇州警方至今保持沉默。有律師評論說，中國沒有哪一個法律哪一條法規規定了八月十日這天在蘇州是不能穿和服的。警方的做法沒有任何法律依據，根本不是正常執法，涉嫌濫用職權。

更有細心人找出蘇州市委機關報 2022 年 7 月 24 日《蘇州日報》以〈兩千九百七十三家日企匯聚蘇州形成日資高地〉為題發表的一篇報導。該報導指出，日本是蘇州市的第三大外資來源地，已在蘇設立企業兩千九百七十三家，累計實際使用日資一百三十六點四億美元，占全省的百分之五十三點九。日本是蘇州市重要的外資來源地，也是蘇州市重要的貿易夥伴。2021 年，日本是蘇州市的第六大貿易夥伴，全年蘇州市對日本進出口總額達三百三十五點六億美元。於是，人們諷刺說：這是典型的「只許州官放火，不許百姓點燈」的做法，民眾穿和服就涉嫌尋釁滋事，蘇州官方引進大量日資、與日企合作、將高新區打造成長江三角洲「第一日資高地」，這些行為是不是屬於賣國嗎？

民間輿論對此事反響強烈，因為國家政權連民眾穿什麼也要管了，人們最後的一點自由也就被剝奪殆盡。年輕人不知道毛時代的歷史，對正在迫近的危險懵懂無知。年長的人猛然發現文革的噩夢又來了，不禁心有餘悸。

穿什麼衣服，就是什麼階級。衣裝體現的是政治認同和國家認同。文革時代，如果穿喇叭褲和高跟鞋，必定被當做資產階級，會當街遭到紅衛兵的修理。如今，習近平政權要將毛死掉之後黨國賞賜給民眾的穿衣打扮的自由全都收回去。這個時刻，應當讀一讀台灣歷史學者余敏玲所寫的《形塑「新人」》一書，該書從政治、外交、社會和文化的多重視角，分析了中共如何借鑒蘇聯經驗，運用小說、教科書、歌曲、電影等媒介及勞動模範和女拖拉機手典型，塑造「新人」、傳播「新人」必須具備的條件，包括階級立場，實踐黨國至上、集體為重、勞動光榮和男女平等等諸多觀念。

毛時代的幾億中國人，沒有自己選擇穿什麼衣服的自由，要麼是綠色軍裝，要麼是藍色毛裝，只有兩個顏色、兩種樣式。1950年代初，中共在上海召開第一屆文藝代表大會，上海主管文藝的最高官員夏衍邀請身分曖昧的張愛玲參加，這似乎是一種恩賜。此時，旗袍在中國幾近絕跡，大會上不論男女，一律是的藍灰毛裝，唯獨張愛玲穿著旗袍、外面罩了網眼白絨線衫出席會議，一枝獨秀，卻格格不入。這身衣服對她來說已經十分素淨收斂，可在當時看來依舊扎眼。張愛玲說：「對於不會說話的人，衣服是一種語言，隨身帶著的袖珍戲劇。」她不能想像自己穿上中共的幹部服是什麼模樣，她與中共的決裂始於審美上的差異。那一刻，她已決定離開中共統治的中國。

一個不允許人穿自己喜歡的衣服的國家，是絲毫不值得留戀的。

無產階級專政的鐵拳，也會打向自我認定的「愛國者」

學者阿圖舍認為，國家權力可以通過兩種方式運作：一是強制性和鎮壓性的國家機器，如政府、行政機構、警察、法庭、監獄，這些均有暴力功能；一是意識形態國家機器，包括宗教、教育、家庭、司法、政治、工會、傳播、文化等方面的作用。意識形態國家機器貌似溫和，實際上是對個體進行體制化規訓和合法化「生產」的領地，也是一套社會調控工具。所有的意識形態都有「形塑」具體個人成為「主體」的功能。

余敏玲認為，毛澤東〈送瘟神〉一詩中「六億神州盡舜堯」的「舜堯」，即指共產黨意識形態下的新人。新人的核心價值以馬列主義、毛澤東思想為基礎，崇尚勞動，強調階級鬥爭，具有

愛國主義和國際主義思想，克服個人主義，推崇集體至上。中共藉著營塑新人來鞏固其政權的合法性，也只有成為新人的百姓才能是新中國的一員，乃至成為「革命的接班人」。毛時代的這些做法，習近平試圖拿來為其所用，這正是蘇州和服事件的大背景——反日只是一個幌子，根本原因還在於黨國認為年青一代必須「忠黨愛國」。

女學生在自我辯解的文章中，反覆強調自己是愛國者，曾經在日本街頭穿漢服拍照，受到日本人關注，進而驕傲地宣稱，這是正宗漢服，比日本和服的歷史源遠流長。她強調，「二次元」群體也愛國。然而，這個天真的女學生卻不知道，她的愛國說詞在黨國眼中一文不值。在黨國看來，只要是喜歡穿和服，形成「二次元」小圈子，就是一種萬惡的個人主義和自由主義，就是對黨國意識形態的挑戰和顛覆。黨國出動警察對付穿著「出格」的年輕人，是將阿圖舍所說的國家權力的兩種運作方式合二為一。原本是在緊急狀態下或戰爭期間才會出現的非常舉措，現在卻出現在熙熙攘攘的街頭，表明習近平之下的中國已具備準戰爭狀態的特質。

警察是無產階級的鐵拳之一，用習近平殺氣騰騰的話來說，就是「刀把子」。過去，**警察**除了對付刑事犯罪之外，有一個特別部門，即政治保衛處，也就是俗稱的「國保」，用以對付政治異議分子。我就是這個半祕密狀態的**警察**部門的受害者之一，這個部門比納粹的蓋世太保還要狠毒凶殘。而中國的一般民眾，只要沒有反黨的言行，不在社交媒體上發表敏感詞，甘當順民和良民，尚可維持歲月靜好的狀態，因此很多人根本不知道有國保這個部門的存在，經常將國安與國保搞混。

然而，習近平當權以來，警察國家迅速膨脹，連「二次元」群體這樣只是喜歡奇裝異服而毫不關心政治議題的年輕人，也成為黨國鐵拳打擊的對象。黨國權力的擴張沒有止境，黨國一步步擴張，社會及公共空間則一步步退縮。當劉曉波被害死之後，任志強這樣的體制內開明派就鋃鐺入獄了。當批評者被割開喉嚨，沉默者也被視為「腹誹」。原來以為安全的言行，比如私下裡議論朝政，變得愈來愈不安全。

在江澤民和胡錦濤時代，對於「二次元」群體，視為「三俗」，在黨媒上譴責幾聲，通常不會動用警察力量去取締和彈壓。但到了習近平時代，黨國的鐵拳開始砸向「二次元」等過去自以為安全的群體。

中共對鐵鏈女無動於衷，偏偏不能容忍和服女自娛自樂。於是，和服女與鐵鏈女殊途同歸。鐵鏈是包括和服女在內的中國女性無法擺脫的宿命。和服女再三標榜自己及同伴都很愛國，個人的興趣愛好、審美趨向等，與愛國心並不矛盾。但是，高高在上的黨國不會採納她們的自我辯護，黨國的規訓是：不能穿和服，只能穿漢服；不僅要愛國，還要愛黨。

黨既要清洗民眾的頭腦和心靈，還要管轄民眾的身體與穿著喜好。當十四億中國人都穿上不中不西、不今不古的改良毛裝，像秦始皇的兵馬俑那樣整齊劃一、令行禁止，穿衣打扮同樣缺乏品味的習近平才能安心入睡。

既然黨是親愛的母親，
那麼要黨就不要母親

當你們把自己獻給黨的時候，也把自己的老母親獻給了黨

莎士比亞的名劇《哈姆雷特》中有一個天問：「活著，還是死去，這是一個問題。」但對五毛來說，這不是一個問題。

上海封城期間，出生在台灣、求學在美國、卻長期充當中共御用學者郎咸平在社交媒體上說：「今天，上海，兩千五百萬，全民核酸，各地馳援，全國一盤棋，這就是中國力量。」郎咸平與林毅夫，是中共閻王殿裡的黑白無常。

誰知，風雲突變，一個星期之後，郎咸平在網上發出哀嚎：「我的母親去世了，我很悲痛，悲劇本來是可以避免的。我媽媽年紀很大了，九十八歲，這次我媽媽的腎臟有一點衰竭，按照過去的診斷，只要打一針就好了。只是因為上海嚴格規定，必須要做核酸後才能就醫，我媽媽在三甲醫院當場做的核酸竟然四個小時都沒有出結果，我深感震驚。我媽媽在醫院急診室等待了四個小時後，永遠離開我而去了。我想去見媽媽最後一面，但由於小區封閉，花了相當多的時間和有關部門溝通才允許我去醫院。站在馬路上，叫不到滴滴，因為封城了，所以我也沒有見到我媽媽最後一面，我希望這個悲劇不要再發生。」

如果郎咸平真的希望類似的悲劇不再發生，就該挺身譴責不把人當人看的中共暴政。然而，他老母的頭七還沒有過，他聽到一個新聞，立刻興高采烈：「祝賀神州十三號載人飛船航天員安全返回，近期唯一值得高興的事。」看來，老母的枉死只是片刻的悲傷，對於「奴在心者」的奴才而言，高興的、可以沖喜的事情很多。既然黨國都讓飛船升空了，老母的死亡就輕如鴻毛，喪事為什麼不能當作喜事來辦呢？

　　武漢封城期間，《蝸居》的作者、作家六六曾跳出來辱罵揭露武漢真相的作家方方，後來還參加宣傳部門組織的「深入生活」體驗團，到武漢採訪可歌可泣的抗疫英雄，說再不去就遲了，誓言要寫出一部偉大的黨領導全國人民抗疫的大戲。然而，歌功頌德的大戲還未寫出來，一齣更精彩的戲就在她和她家人身上上演了。

　　六六的母親成了犧牲品。她在社交媒體上哀歎說：「我的父母聽黨的話，在家閉門不出十七天後，陽了。他們沒有搶菜，沒有到處走，只有在測核酸時才下樓。四月三號我爸陽，症狀輕微，五天後轉陰。我媽四月五號被傳染到，因為過敏體質，沒打疫苗，症狀略重些，三至四天後也無恙。但因天天被居委會嚇唬，要拖到方艙，終於心臟病發作，打了急救電話無回應，打醫院要排隊。每天被居委會騷擾，要求她去方艙，現在狀況已經很危急了。……眼見她好一點，居委會再打電話要接她走，她就又不行了，活在無限恐懼和絕望中，有病不得救治。下午我已經轉陰的爹衝到門口去拿硝酸甘油，這個救命藥要吃完了，被居委會追著騷擾，說因為他出門了，所以我媽今晚必須拖走。他不出門，我媽心臟就不行了，這在封城之前，是好好一條命啊！我媽

媽隔壁小區,今天就有一位陽性因爲發燒兩天得不到救助,死在居委會門口。我媽一直哭,在視頻裡跟我們告別。」

六六發了很多牢騷,不過她是那種「過於聰明的中國人」,她的批評只針對居委會,不敢針對上海當局和北京中央,不敢說出問題的癥結所在——造成這一切的,這是習近平的獨裁之惡,亦是中共極權體制之惡。而她本人,作爲漢娜・鄂蘭所說的「平庸之惡」的一部分,也曾爲這無邊的邪惡添磚加瓦,如今她品嘗的是自己參與釀造的一杯苦酒。這個場景讓我想起聖經中的亞拿尼亞和撒非喇這對說謊的夫妻的故事。使徒保羅對撒非喇說:「埋葬你丈夫之人的腳已到門口,他們也要把你抬出去。」這是六六唯一的結局。

法國作家卡繆說過,在祖國(正義)和母親之間,永遠選擇母親,「我相信正義,但在正義之前我將首先保衛我的母親」。這句話的意思是說,母親所代表的愛、人與人之間親密的聯繫,以及以母親爲象徵的一切在暴力面前無辜柔弱的生命,才是最寶貴的,超越祖國和正義等宏大敘事。既然郎咸平和六六面對這個問題做出了截然相反的選擇,就不要在母親被黨害死的時候呼天搶地了。

自作孽,不可活:罪惡之城裡還有義人嗎?

暴風雨來臨時,沒有人不被淋濕。在這場突如其來的人禍中,過去的名聲、地位、財富,突然進入「過期作廢」狀態。

〈唱支山歌給黨聽〉、〈接過雷鋒的槍〉的作曲者朱踐耳的夫人舒群,患病被多家醫院拒收,延誤六小時入院,最終身亡。因太平間爆滿,她的遺體只能被放在地上,場面淒涼。朱踐耳五年

前已去世，否則若親眼目睹夫人的遭遇，不知會不會重新寫一首〈唱支喪歌給黨聽〉？

其實，中共的「國歌」〈義勇軍進行曲〉的作詞者田漢的下場又好到哪裡去呢？文革期間，田漢被關押在秦城監獄，受盡折磨，被迫趴在地上喝自己的尿，慘死於 1968 年，死去時用的是「李伍」的化名。死後還被打成叛徒，「永久開除黨籍」。

評論人鄧愷披露，《觀察者網》創始主編余亮被關進方艙醫院，讓他頗爲驚訝。因爲「單論對黨國的重要性，他作爲內容農場背後眞正的理論大腦，恐怕不亞於胡舒立，抵得上十個在推特做麻醉者意見領袖的安替或者是五毛意見領袖的沈逸等，抵得上一百個在財新做闈黨喉舌的前台北市長秘書徐和謙」。鄧愷繼而分析說：「疫情讓這些人也無法倖免，余亮這樣的人儘管重要，卻沒有匹配自身對黨國可利用價值的身分和特權。該怎麼樣還是怎麼樣，該被夜壺還是夜壺，恐怕這才是這群人心情不好、崩潰的來源。」

更多小人物、小五毛乾脆就鬼哭狼嚎了。俄羅斯入侵烏克蘭，很多中國人鼓掌歡迎，有一位中國女子，在網上聲稱被熊腰虎背、風姿特秀、「岩岩若孤松之獨立，巍峨若玉山之將崩」的普丁大帝感動得「當場排卵」。一個月後，她卻在上海被餓到停經。她在微信上說：「大姨媽晚了十多天。大活人眞要被餓死了。」可惜，她心儀的普丁大帝沒有親自率領「莫斯科號」飛彈巡洋艦到上海來「英雄救美」。

微博暱稱「乖乖嚨滴董」的納仕國際社區的居民，2019 年 8 月時轉發「我支持香港警察，你們可以打我了」，愛國愛黨，正氣凜然。4 月初，面臨警察暴力實施封城政策，憤怒地貼出警察

打人影片，痛批「這就是上海人民警察，張江納仕國際小區警察打人！他們要徵用我們的小區作為隔離點」。如今，打他的並非香港反送中的「賣國賊」，而是他景仰的警察叔叔，他終於被上海警察「完成心願」，打到有家不能回。

網名「草莓教授」的年輕女子，此前對香港反送中運動恨之入骨，宣稱：「就我個人而言，我希望香港人立刻馬上原地暴斃，快別占用你爹的醫療資源了。」話音剛落，她卻發現黨國的鐵錘打倒自己身上。她咬牙切齒地罵起來，如潑婦罵街般：「我一孕晚期的孕婦，因為樓裡有陽（已拉走），所以健康碼是紅的，要去產檢，醫院不收紅碼孕婦，有問題要拉去金山衛這種地方看。還生什麼小孩。從今天起，我就是你們口中的『極端女權』，結個屁的婚，生個屁的小孩。反正懷孕時候不被保障，生了國家也不幫養。快點進入少子化吧，累了。」

我不會對這些五毛和粉紅有一絲一毫的同情與憐憫。無論他們徹底躺平，還是倒地打滾，他們沒有站起來成為大寫的人。對於他們如今的遭遇，我只有一個詞送給他們，那就是活該。用四川話來說，就是「背時」；用香港話來說，就是「抵死」。

當年那些希特勒的自願行刑者們，沒有一個是無辜的。今天那些讓習近平成為習近平的中國人，也沒有一個是無辜的。中共的老祖宗恩格斯談到普魯士政府時曾經指出：「儘管它惡劣，它仍繼續存在。那麼，政府的惡劣，就可以用臣民的相應的惡劣來辯護和說明。當時的普魯士人有他們所應該有的政府。」同樣的道理，中共政權與中國人是分不開的，當年的紅衛兵，今天的白衛兵，不都是千千萬萬普普通通的中國人嗎？

當成千上萬的上海人和中國人，都公開用語言和行動來表達

對劉曉波和張展的敬意的時候，他們才知道什麼是自由與尊嚴，他們才配得上擁有自由和尊嚴。

她們不是弱女子，她們是冬蟲夏草

張曉寧：聰明反被聰明誤的中國「巨嬰」

2022 年 3 月 15 日晚，殺害前天安門學生領袖李進進律師的二十五歲中國女子張曉寧，被紐約警方移交檢方。出警局大門時，有記者詢問說：「你為什麼要殺人？你後不後悔？」張曉寧情緒激動，歇斯底里地朝人群大喊：「該後悔的是你們這些叛徒，你們身為中國人卻要反共。」

此前，張女持學生簽證赴美卻未去學校上學，她想留在美國卻找不到合適的理由，於是投機政治庇護，跑到紐約聯合國總部門前舉牌抗議，稱受到中國政府及警察迫害、性侵。若干法輪功宣傳機構大肆報導她的經歷。

後來，張曉寧的謊言被美國移民官識破，申請政治庇護失敗。她又在社交媒體上宣稱，她在中國並未受過迫害，自己是被移民律師欺騙才撒謊的。

然後，張曉寧聯繫李進進律師，希望重新提出政庇申請，並狀告前一位移民律師的誤導。李進進仔細查驗有關資料後發現，張曉寧提供的材料涉嫌造假，拒絕受理該案件。張曉寧惱羞成怒，持利刃到律師樓將李進進律師殘忍殺害。

據現有資訊顯示，張曉寧是沒有恆定的信仰和信念、為自身

利益多次轉換立場和價值觀的「精緻的利己主義者」，也是具有中國特色的、一切都以自我爲中心的「巨嬰」。張曉寧成長於習近平時代，習近平執政的十年奠定了其精神氣質。她是習近平塑造的無數「小習近平」之一，其人生的兩大支柱就是謊言與暴力：她以爲謊言可以解決一切問題，惡性循環般地用後一個更大的謊言來掩蓋前一個稍小的謊言，當謊言不能解決問題，就剩下孤注一擲的暴力。利己是人的天性，無可厚非，但爲了利己而說謊、害人、殺人，等待她的就只有法律的制裁。於是，有了警察局門口那無比荒謬的一幕——她知道自己有可能被判有罪並被遣返回中國，便再一次投向中共的懷抱，將殺害李進進當做給中共的投名狀。

2024年9月20日，陪審團在紐約市皇后區高等法院裁定，李進進遇害案的被告張曉寧二級謀殺、四級非法持有武器（兩項）、三級威脅、二級致人呼吸障礙罪、騷擾等六項罪名全部成立。公訴人說：被告的行爲是蓄意的、經過精心策畫的，被告她是一個動機強烈的人，一個在申請表上撒謊的人，一個蓄意謀殺的人；也是一個精於算計、善於操縱的人。

張曉寧聽到裁定後，反應平靜，她用中文說：「我不同意。」法官對她說，妳不同意也必須接受，因爲這是陪審團的裁定。

10月2日，紐約市皇后區高等法院的法官侯頓（Kenneth Holder）判決，張曉寧六項罪名均將以最高刑罰處理，總刑期爲二十五年至終身監禁。法官侯頓在總結中指出：「這不是瘋狂的行爲，而是精心策畫的謀殺。……你會如願以償地留在美國，但不是自由行走在街道上，而是會成爲我們監獄的客人。」

其實，絕大多數仍然生活在中國的中國人和很多已經生活在

自由世界的前中國人，在精神上或多或少都與張曉寧同構。

比如，作為在美國出生卻受中國式「虎媽教育」長大的華人二代谷愛凌，她的名言是：「我在中國就是中國人，在美國就是美國人。」張曉寧就是失敗的谷愛凌，而谷愛凌就是成功的張曉寧。

還有那些在烏克蘭留學的中國學生，當俄烏戰爭爆發後，他們陷入困境，向中國使館求救，卻沒有一個戰狼外交官站出來幫助和保護他們。因為中國支持俄羅斯，中國人在烏克蘭成為過街老鼠、人人喊打，他們只好舉起日本國旗，假扮日本人，逃之夭夭。當初，他們跑到千山萬水之外的烏克蘭，是為了學習軍工和航天技術，以此「報效祖國」，臨到頭來卻被祖國棄之如敝屣。他們曾是狂熱的民族主義者，在中國或許舉報甚至毆打過穿著和服在櫻花叢中拍照的同胞。但此生死一線率之際，他們扔掉五星紅旗，舉起太陽旗，卻毫無心理障礙──中國人到了烏克蘭就成了日本人，真是「厲害了，變色龍」。

有網友將這類人物形容為「冬蟲夏草」，冬天是蟲，夏天是草，比在鳥與獸之間騎牆的蝙蝠還要左右逢源、兩頭通吃。

「東郭先生和狼的新時代版」或「農夫與蛇的真人版」

此類人物之一，是武漢封城時名動天下的「敲鑼女」。

「敲鑼女」真名叫李麗娜，當時她的母親染疫，她在自家陽台敲鑼呼救。作家方方在日記中講述了這個故事，如同成千上萬的網民一樣聲援她。正是在眾人的聲援下，李麗娜的母親住院了，得救了。

然而，李麗娜隨即發文譴責方方說：「你轉一半的時候就沒

有想過拖我下水帶來這些傷害嗎？」她聲稱被方方利用了，她不願充當「反華工具」。

有網友譴責說，李麗娜藉此向當權者「表忠」，「一轉身就把當初支持她的網友給賣了」，真是情何以堪！

武漢有敲鑼女，西安有衛生巾女。

西安封城期間，有一名女子因遇到月經來而身邊卻沒有衛生巾，下樓向負責防疫的工作人員哭訴，「我來大姨媽（月經）沒有衛生巾的事情能不能解決？」對方表示無法出去，女子無助地說：「所以我就要血流成河嗎？」

該視頻在中國社交媒體上廣為流傳。後來，這名女子拿到了衛生巾、手紙、水和早飯，在個人社交平台發文稱「後悔」自己的舉動，「我都不知道今天的我為什麼沖昏了頭腦，為了衛生棉、為了沒飯吃……鬧出這樣一齣！」她在個人社交平台發布的內容發了又刪，刪了又發，來回反覆，最後寫道：「我希望大家能把我問題已解決的微博轉發下去，我希望所有正能量可以得到傳遞，帶給大家力量！我希望那些轉發我視頻的人可以刪掉，因為我不想真正關心我的人每看一次，心如刀割、淚流滿面！」

這段話不像出自一個天真爛漫的少女之口，倒像是出自胡錫進和孔慶東老辣的刀筆吏之手。今天的中國，難道人人都是胡錫進、孔慶東？人人都聰明絕頂，人人都愛國愛到發高燒？

武漢敲鑼女、西安衛生巾女的故事剛剛落幕，北京天橋女的故事又粉墨登場。

北京嚴控人員出入，但很多在北京工作的人買不起北京的房子，住在北京周邊、行政區劃上並不隸屬於北京的小城市，比如河北燕郊。網名為「能量少女YMC」、真名為袁夢純的網民，在

微博上披露，她是一名電視編導，因為疫情，幾個月都沒開工，好不容易接到北京的一份工作，到北京拍攝完節目後，回家路上，意想不到的事情發生了：「3月16日凌晨2時23分，如果不是親身經歷，很難相信這種事真的存在。因為燕郊的『防疫政策』，禁進禁出，不給我們進燕郊。想返回北京，因為有彈窗：『從燕郊進京，不給進京。』所以只能困在北京至燕郊這座橋上，上不去下不來，橋上還有已經被困了六個多小時的幾個女孩。」

袁夢純描述，在此後的幾個小時裡，她分別打了110、市政、防疫辦、居委會及12345等電話，不是說不歸他們管，就是無人接聽。她哀歎說：「我離家只有兩公里，卻像隔了一條銀河。……我質疑現在不是防疫問題，是民生問題，我現在要活不下去了。」她沿用了德國反納粹的牧師尼穆勒的句式寫道：「過去，當他們（防控人員）殺掉寵物時，我沉默了。他們不放行身體不舒服的病人致人死亡時，我也沒有發聲。他們無視個體的痛苦，卻舉著『一切為了人民』的大旗時，我默默轉過了頭。如今，終於輪到了我。」

很多網友轉發袁夢純的呼求，後來她被放行，回到家中。一回家，她就發出一段彷彿從《環球時報》上抄來的官話：「中國防疫走到現在很不容易，每一個中國人都吃了很多苦，怎麼能因為我，而被全盤否定呢？……發微博前，我在前面加上一句『禁止任何境外不法分子用我的微博來抹黑中國！』放在開頭，希望那些喜好加油添醋的人能一眼看到，搬運的時候帶上這句話。」

對於袁大小姐的變臉，有網友感歎說：「這個橋真是神奇，全怪這個橋，下來了就不一樣。」還有網友諷刺說：「我說妹妹你在橋上的時候，可是文采斐然，遞刀手法嫻熟啊，怎麼下了橋

就是忠君愛國啊！」更有網友譴責說，十個敲鑼女都不及她的百分之一。

無論是紐約殺人女張曉寧、加州拜金女谷愛凌，還是武漢敲鑼女、西安衛生巾女、北京天橋女，都是中國「後六四時代」反人類、反文明的教育熏陶出來的奴在心者（據說谷愛凌的母親是六四「血卡」受益者）。

這一代的中國「巨嬰」已長大，比「希特勒的孩子」更加面目猙獰、心狠手辣。

中國人的特權：
免費方艙，一生一世

「我沒想到死亡毀壞了這麼多人」

　　有人在網上貼出書法家劉蟾寫的剛勁有力的八個大字：「人間煉獄，海上魔都。」兩側有小字加以說明：「九十四歲老人被半夜轉移，十二歲孩子徒步五十多公里，上海當得起魔都二字，百姓如在煉獄之中。然魔都似人間煉獄，可人間煉獄何止魔都！今見有九十二座城市被封，祈願這些城市之百姓能被善待，莫讓我偌大中國眾多城市，俱為群魔亂舞之都。」

　　也有上海人在網上貼出政府配給的土豆上長出若干比手指還要長的嫩芽。發芽的土豆有毒，不能食用。這是四月，是萬物生長的季節，土豆也不例外。政府會說，土豆發芽是自然規律，不是他們所能控制，他們沒有任何錯誤，也不負任何責任。

　　然而，誰也沒有料到，號稱世界上最富裕城市的上海，就人口之眾多、摩天大樓之高聳而言獨一無二的上海，擁有舉世僅見的磁懸浮列車的上海，早已傲視倫敦、巴黎、紐約和東京的上海，如今卻出現大饑荒時代才會發生的餓死人的悲劇。這場大戲，這局大棋，唯有習近平這個總導演才能指揮若定。在上海，不僅土豆會發芽，屍體也會發芽。

屍體會發芽的奇妙場景，是艾略特詩歌《荒原》中的典故。在艾略特筆下的倫敦，「在一個冬日清早的黃霧下，／一隊人流過倫敦橋，那麼多，／我沒想到死亡毀壞了這麼多人。……你在去年種在花園裡的那具屍體，／是否發芽？今年會開花嗎？」。這是一個現代城市中行走著無數沒有靈魂的喪屍的經典場景。

「我沒想到死亡毀壞了這麼多人」，原是但丁《神曲》中的詩句，在古羅馬詩人維吉爾的帶領下，但丁穿過地獄，看到一隊鬼魂，發出感歎：「旗子後面拖著長長的／一隊人，我從來都不曾相信／死亡會毀掉這麼多的靈魂。」但丁的詩句被艾略特引用，但不是用來形容地獄，而是描述繁華的倫敦，用以暗示現代人雖生猶死，無異於一具具行屍走肉。

艾略特在《荒原》中有一句被引用最多的詩句：「四月最是殘忍的月份，滋潤著紫丁香生長在死地。」在這裡，「四月最是殘忍的月份」是艾氏改造英國詩歌之父喬叟的巨著《坎特百雷故事》序言的首節「四月的甘霖滋潤了三月枯竭的根鬚」。在喬叟那裡，四月是帶來大地復甦的象徵；但在艾略特筆下，四月卻成了最殘忍的時間、一種無望的痛苦回憶。對於經歷過六四屠殺、如今良知尚存的人們來說，六月是最殘忍的月份；對於「被背叛的台灣」，二月才是最殘忍的月份。如今，四月被打上紅字，成了要從日曆上被除名的敏感詞。

有一位無名的上海人製作了一段名為《四月之聲》的影片，其初衷或許如美國歷史學家、《血色大地》的作者提摩希·史奈德所說，「呈現出令人髮指的苦難經歷，並且強調所有遇害者的個體性」。影片收錄了疾控中心醫師和市民抱怨防疫政策不合理、居委會向民眾哭訴上級無對策、民眾目擊寵物狗被打死、居

民集體怒喊「發物資」、方艙醫院條件惡劣以及老先生請求送醫而居委會卻無能為力等錄音，更記載了一例例不該發生的死亡。上海人通宵轉發這個視頻，當局不斷將其刪去，一場沒有硝煙的戰爭在網路上毫無預警地打響。

早已入籍中國的原台灣歌手黃安在微博上說，《四月之聲》這影片他看了兩分鐘就心生警覺：「靠，這套路太熟悉了，顏色革命呀！」並指「表面上好像很客觀，骨子裡就是假正義、真分化」，結果留言區湧入大量上海人表達不滿。有網友反駁說：「這次你真的錯了。我是上海人，昨晚上海人全體憤怒的原因就是，這裡面的都是真實的，沒有任何謠言。」在今天的上海和中國，真正的謠言是歲月靜好，是「鴛鴦蝴蝶夢」。

以積極讚頌中共官方聞名的上海復旦大學教授張維為，近來傳出遭人毆打，網民爭相慶祝。張維為被痛毆，黃安還會遠嗎？

「真正老牌的奴隸，還在打熬著要活下去」

總有一種人，以「一生都是方艙人」為榮，黃安不是第一個，也不會是最後一個。上海封城抗疫，核酸檢測陽性患者送方艙醫院隔離。本來，陽性者送入方艙醫院帶有強制性，多數人並不願意但也別無選擇。隔離數日數十天後，患者轉陰可出艙回家，未料一些年輕人賴著不走，有吃有住直接躺平，演變為「請神不易送神更難」的新常態。

一則介紹上海方艙醫院的視頻，幾個青年男女躺平床上，人手一支手機玩得淡定。有一個畫外音依次詢問他們：「核酸檢測陰性，可以出院了？」但受訪者皆表示，「我不想出院」、「我還沒有完全好」、「我還在咳嗽」、「還是這裡舒服」。這裡有吃有

住有人聊天，回家還要獨自面對高物價搶菜、小區隔離不能出門很無聊，想想還是住方艙醫院好。

作家柏楊曾將中國形容為一口深不見底的醬缸，古有司馬光砸缸，今有柏楊砸醬缸。其實，方艙醫院不就是新形態的醬缸嗎？以方艙醫院為天堂的中國人，不就是昔日柏楊筆下居住在醬缸之中而不覺其臭的中國人嗎？柏楊痛罵一陣後離開人世，他們卻生活依舊、若無其事。

醬缸沒有被柏楊砸破，柏楊的遺孀張香華卻宣布不准《醜陋的中國人》再版，她認為中國人早已不再醜陋，中國人已然無比光鮮。中國，特別是上海，比台灣和西方都更現代和更先進。正如中國戰狼外交官宣稱的那樣，中國抗疫、「清零」最為成功，西方想抄作業都沒得抄。但是，張香華願意住在封城的上海嗎？

晚年在上海生活的魯迅，一度在上海的亭子間躲避國民黨特務的追殺，偌大的中國，唯有上海能讓他活得自由自在。魯迅不會料到，他死後八十多年，上海會退步成人相食的動物農莊。有一位在上海的臉書朋友寫道：「那個驅逐過我們的大白（穿白色防護服的所謂『志願者』）與此同時走向了人生巔峰，他是隔壁樓一個男人，平時沒人留意他，現在憑藉一身服裝對所有人敢破口大罵，每個群裡都在討論這個人，他平日裡做著不起眼的工作沒人把他放在眼裡，可現在像條瘋狗，像大王，好多人在群裡說疫情過後要怎麼怎麼他，可是現在只能忍氣吞聲。」

魯迅說過：「一個活人，當然是總想活下去的，就是真正老牌的奴隸，也還在打熬著要活下去。……如果從奴隸生活中尋出『美』來，讚歎，撫摩，陶醉，那可簡直是萬劫不復的奴才了！」那麼，在這座封鎖的城市裡，有多少沉浸在這種「幸福」和「美」

中的奴才呢？

　　魯迅當然聽說過比他更早到上海的日本作家村松梢風的暢銷小說《魔都》，村松梢風大概是第一個把上海稱為「魔都」的人。他最初的書名是「不可思議的上海」，可見，「魔都」被他作為褒義詞來使用。他如此精準地概括出這座城市的靈魂：「在上海罪惡本身已不成為罪惡了。這是每個個人的生活，個人的行為。進行這種行為的人毫無後悔反省，道德上的反省只存在於道德觀整飭的地方，在上海這種本身就沒有道德標準的地方卻要去尋求是非道德是一種奢望。上海只有一項道德，曰『守護自己』。所有的人只要以自己的力量來保護自己就行了。人們並不期望超乎於此的龐大的權力。這是上海人共有的觀念。於是在這裡便有和平，有平等，又換了，有罪惡，一切皆有。這裡存在的一切都是很自然的，是自由的。」然而，今天的上海人還有「守護自己」的權利嗎？今天的上海人還有跨出家門的自由嗎？

　　在最殘忍的四月，「魔都」成了百分之百的貶義詞。當上海的代言人從魯迅變成黃安，民國文人黃濬在《花隨人聖庵摭憶》中的預言必定成真：「凡值人類天性將泯，殘忍日臻時，必有大戰踵之，此理殆亦不爽也。」

吃地溝油的命，操中南海的心

中國人最幸福：吃進去有毒，說出來有罪

「在擁擠的馬路上，常常可以看到騎著自行車馱著潲水桶的人，污濁不堪的潲水，在陽光下散發出讓人掩鼻的陣陣異味。令人無法想像的是，就在廣州，有數百名民工正在從事這樣的『工作』：將從各大賓館裡收購來的潲水提煉成『花生油』。」

這是 1998 年 3 月 16 日《南方都市報》的報導〈地下作坊潲水提煉花生油——本報記者粵湘千里追油記〉。「地溝油」這個具有中國特色社會主義風格的詞彙第一次出現在中國人的視野中，中國人第一次意識到自己的日常生活與地溝油息息相關。

中共鎮壓異議人士的效率舉世無雙，但對普通民眾的食品安全問題漠不關心。中南海的特權階層享用絕對綠色的特供食品，至於老百姓吃什麼、怎麼吃，跟他們關係不大。反正中國人個個都有鐵嘴鋼牙，刀槍不入，對核彈都能免疫，不會因為餐桌上的食安風暴就揭竿而起，正如網上的熱詞「地命海心」——其完整版為：「吃地溝油的命，操中南海的心：生日本人的氣，砸中國人的車。」

2010 年，直到《南方都市報》的報導發表十二年之後，中國國家食品藥品監督管理局辦公室才姍姍來遲地發布了一份《關

於嚴防「地溝油」流入餐飲服務環節的緊急通知》。這份文件的名字中有「緊急」一詞，但各地方政府視之為一紙空文，將其束之高閣。這個時候，中國似乎又不再是中央集權，而成了聯邦制國家。

2011年3月17日，《中國青年報》發表文章《圍剿地溝油》，報導援引時任全國糧油標準化委員會油料及油脂技術工作組組長何東平教授的調查資料，估計中國每年有兩百萬至三百萬噸地溝油流回餐桌，這意味著全國百分之十五左右的餐館都在使用地溝油。

有趣的是，在公開場合引述關於毒食品段子的高級官員，是後來因腐敗落馬的廣東省委副書記朱明國。2012年1月12日，朱明國在「建設誠信社會專題討論會」上說，當前製假售假讓老百姓深惡痛絕，要嚴格予以打擊，讓製假售假者傾家蕩產，他還引述了相關的段子：「早上喝一杯三聚氰胺牛奶，吃兩個染色饅頭，夾一截瘦肉精火腿，切一個蘇丹紅鹹蛋；中午，買的是用避孕藥餵的魚、毒豆芽、毒西瓜；晚上回到豆腐渣房子裡，開一瓶甲醇勾兌酒，吃了一串加了瀉藥的麻辣燙，抽的是假煙，買的是盜版小說，再用裝了盜版軟體的電腦上網；最後，鑽進了黑心棉被裡睡覺，一天就這樣過去了。」

兩年後，朱明國被抓，「辦案人員在其家中搜出大量黃金、鈔票，用箱子分裝在一起，足足拉了十餘車。其中有部分鈔票都受潮發霉。」2016年11月11日，廣西柳州中院宣判，朱明國犯受賄罪、巨額財產來源不明罪，判處死刑，緩期二年執行。中國官員，自己就是最具殺傷力的假貨和毒品。

2011年10月，浙江省金華市爆出「新型地溝油事件」。當

地不滿足於從溲水中提煉，而是從劣質、過期、腐敗的動物皮、肉、內臟進行簡單加工提煉後生產出來油，銷售到安徽、上海、江蘇、重慶等地的油脂公司，最終進入食品領域。一篇報導描述說：「5月21日上午10點，一輛油罐車緩緩駛入河北燕郊一家糧油公司。一個小時後，這輛油罐車滿載三十多噸大豆油駛出廠區。鮮為人知的是，這輛滿載食用大豆油的油罐車，三天前剛將一車煤製油從寧夏運到河北秦皇島，卸完後並未清洗儲存罐，就直接來裝上食用大豆油繼續運輸。」

那篇報導沒有引起多少人關注。又過了十三年，2024年7月2日，《新京報》發表了一篇名為〈罐車運輸亂象調查：卸完煤製油直接裝運食用大豆油〉的報導，這才一石激起千層浪，進而成為世界級的新聞。

為什麼習近平出手也根除不了中國的食品安全問題？

《新京報》的調查記者韓福濤勇敢揭露了一條隱藏多年的黑暗運油鏈，為全體消費者帶來了真相。

這不是韓福濤第一次充當「扒糞者」。2016年，他臥底服裝廠，實拍常熟童工產業，揭露仲介從雲南等地山區拉初中輟學兒童賣給服裝廠當勞動力。2020年，他深入調查安徽太和多家醫院以「免費」套路拉攏無病或輕症老人入院，套取社保基金。2021年，他臥底網紅餐廳「胖哥倆肉蟹煲」，發現該餐廳將「隔夜死蟹」當現殺活蟹賣，土豆腐爛、發餿後繼續使用。

然而，這一次韓福濤揭露涉事企業中國儲備糧管理集團有限公司是國企和央企，而國企和央企都「姓黨」，都是腐敗的重災區，也是輿論的「重點保護區」。所以，韓福濤在得到民眾讚揚

的同時，遭到五毛黨代表人物司馬南等人的惡毒攻擊，說他爲外國勢力服務、醜化中國支柱產業，居心叵測。還有人作莫須有的誅心之論：其報導背後是黨內派系鬥爭，不足爲信。隨後，韓福濤近期的微博帳號突然被註銷，上網搜尋他過去的相關報導，也遍尋不著。據博主「黃角樹」透露：「新京報韓福濤已失聯，並自行刪掉所有的微博，無論是主動失聯還是被動失聯，感覺都是錯綜複雜。」

　　韓福濤的遭遇絕非個案，在中國，當權者不會解決問題本身，而是消滅提出問題的人。比如，當年曝光三聚氰胺毒奶粉的記者簡光洲，被官方動員的小粉紅罵得體無完膚，他本人受訪說：「三鹿事件報導出來後，很多人罵我，說我是民族企業的『滅絕師太』，讓這麼好的民族企業因我們的報導倒閉了。」最終，簡光洲被迫辭去工作，離開新聞行業，與理想告別。而比之更悲慘的，是毒奶粉受害嬰孩家長趙連海，因組織有同樣遭遇的家長一起維權，被捕並被判刑入獄。

　　在中國，說眞話有時需要付出失去生命的代價。2011 年 9 月 19 日凌晨，河南洛陽電視台記者李翔在徒步回家的途中被人刺殺身亡。警方初步判定爲搶劫殺人，但是由於凶手手段殘忍，李翔身中十幾刀，最致命的位於肺部，最後因失血性休克死亡，不符合一般搶劫案的特徵。

　　遇難時年僅三十歲的李翔，生前負責民生法制等領域的報導，正在追蹤報導地溝油這一食品業醜聞。他最後發布的一則微博消息與地溝油有關：「網友投訴欒州有煉製地溝油窩點，食安委回應未發現。」

　　總部設在法國的「無國界記者」組織發表聲明，對李翔被刺

身亡表示震驚，呼籲警方迅速緝拿凶手，查明真相。

近年來，中國調查記者群體在當局嚴厲打壓之下日漸萎縮，即便是非政治性的食品安全問題的報導也成為高危領域。韓福濤失聯後，人們只能低調表達祝福，期盼李翔的悲劇命運不要重演。

從時間線來看，先是「吃進去有毒」，然後才是「說出來有罪」；但從邏輯推理來看，正是因為中共當局封鎖真相、迫害說出真相的人，製造一種「說出來有罪」的恐怖氣氛，才導致中國的食品安全問題不斷蔓延、不斷惡化，除了特權階層之外，絕大多數中國人都不由自主地身處「吃進去有毒」的大環境之下。

早在 2013 年，習近平就在中央農村工作會議上表示，「我們黨在中國執政，要是連個食品安全都做不好，還長期做不好的話，就會有人提出夠不夠格的問題。所以，食品安全問題必須引起高度關注，下最大氣力抓好」。十一年前的習近平狠狠打臉十一年後的習近平。習近平不會鞠躬下台，中國的食安問題將愈演愈烈。

那麼，中國民眾如何自保呢？據外媒 CNBC 報導，不少中國民眾讀到相關報導後，趕緊購買「榨油機」，打算自產食用油。中國近期「榨油機」銷量猛增，店商平台 7 月 5 日至 7 月 12 日搜尋量暴增二十二倍、銷量成長四倍。然而，中國消費者購買的榨油的原料能保證無毒嗎？

為奴的張藝謀與愛自由的杜琪峰

張藝謀的痞子美學,被共產黨的「群眾基礎」所喜聞樂見

短短數星期,張藝謀的新作《滿江紅》在中國電影市場創造了史無前例的四十五億票房的高峰,拔得 2023 年中國電影票房的頭籌。

《滿江紅》的票房不是偷來的,也不是中共宣傳部強迫國企買票集體觀看。它的票房成功是真實的,顯示經歷了習近平的防疫暴政之後,大部分中國民眾,特別是有錢買昂貴的電影票的城市中產階級,並未真正覺醒。

《滿江紅》成為一種中國民眾被迫接受無能者治國、抒發怨氣的管道,故產生不少極端化的社會亂象:有觀眾在電影結束後慷慨激昂地背誦《滿江紅》,恨不得立即「壯志飢餐胡虜肉」(此刻的「胡虜」,可以是美國人、日本人,或台灣人、香港人);更有人看完電影之後,跑到一個景區,拿起鐵板狂砸秦檜跪像,並高喊「還我河山」。

為什麼張藝謀的電影如此成功?票房領跑?張藝謀不懂藝術和美,卻懂得大眾心理學,知道什麼是「人民群眾喜聞樂見」的形式與內容:一個人敲鼓太乏味,那就來一萬人;一朵菊花太單調,那就來一萬盆;觀眾喜歡看晚會電影,就拍晚會電影;觀眾

喜歡土豪金，就拍土豪金。現在，觀眾喜歡罵奸臣，就拍罵奸臣電影。

在這一點上，張藝謀深得希特勒和毛澤東真傳，他不會像魯迅那樣對民眾「哀其不幸，怒其不爭」，他永遠與群眾「同呼吸，共命運」，想群眾之所想，急群眾之所急。正如一位影評人所說：「看河南大媽，大正月裡，冒著嚴寒拿著破鞋去抽秦檜的那股子懲罰賣國賊的勁，看看孩子們在電影院起身朗誦《滿江紅》的勁，一切就都好解釋了，張藝謀是深諳此道的。他知道把電影不要拍成電影，要拍成小品，他知道咱們觀眾心裡想要啥，他知道要把對著秦檜吐唾沫這事，要搬到電影螢幕上，吐唾沫多低級，道德審判才高級。」

中國第一編劇、早年與張藝謀有過合作的蘆葦一語中的：「張藝謀拍了《英雄》之後，價值觀就壞掉了。……中國電影最缺的是文化品質和精神指向，這並不是電影的問題。整個中國文化界都充斥著價值觀的混亂。……中國很多問題都可以歸結為價值觀混亂，價值觀實際上是電影的指向，一定會引導電影的品質。」

但張藝謀反駁說，他是有價值觀和信仰的，「我信仰我們民族頑強的生命力」。

《英雄》講述的是刺客如何煉成保鏢的故事，這也正是張藝謀自己的變臉。而《滿江紅》講述的是一首可以犧牲無數生命去捍衛的詞的故事——最具諷刺意味的是，這首《滿江紅》並非岳飛所作，是明朝時無名文人的偽作。即便如此，張藝謀通過電影教導中國人：一首愛國詞比你們的生命重要千百倍。

有人說，張藝謀的電影美學是法西斯美學，但若拿張藝謀與

希特勒御用女導演瑞芬斯坦相比，就知道張藝謀的作品連法西斯美學都算不上。在張藝謀的作品中，只有一種來自西北的痞子美學，一種毛澤東《延安文藝座談會上的講話》中濃烈的屎尿屁的臭味。

張藝謀與毛澤東心有靈犀一點通。奧地利學者賴希在《法西斯主義群眾心理學》中指出：「作為一個政治運動，法西斯主義不同於其他反動黨派的地方在於，它是由人民群眾產生和擁護的。」法西斯主義的精神是「小人」的精神，小人被奴役，渴望權威，同時又喜歡造反。所有法西斯主義獨裁者都有小人的反動社會背景，這絕不是偶然的。因此，廣泛而徹底地研究被壓制的小人的性格，密切了解他的背景生活，對於理解法西斯主義所依靠的力量來說，是必不可少的前提。

當中國人擠在電影院中觀看《滿江紅》時，民主自由遙不可及。《滿江紅》的走紅，為今天中國社會的法西斯本質提供了最有力的證據，這大概就是這部電影唯一的價值。

作為張藝謀對立面的杜琪峰：支持電影就是支持自由

幸運的是，華語電影人中，有為奴的張藝謀，也有愛自由的杜琪峰。

在柏林影展上，香港導演杜琪峰被記者問及電影的重要性、歷久不衰的原因時，回答說：「我覺得電影永遠站在前線，每當極權擴張、人民失去自由的時候，電影通常都是首當其衝，在好多地方都是這樣，一定想先中斷你的文化。」他接著鼓起勇氣說出「我覺得香港……」，但又立馬用英文說出「No Sorry」，最後幾乎哽咽著說：「全球所有爭取自由的國家與人民一定要支

持電影，因為電影是為你而發聲的。」獨裁者要摧毀一個國家或一座城市，首先便要摧毀它的自由，而摧毀它的自由，必摧毀它的電影、文學、音樂等文化。我是看香港電影長大的，香港電影是我的文學和審美的啓蒙。所以，我特別能對杜琪峰的這番話有共鳴。

杜琪峰欲語還休，真情流露，香港人過去幾年的一切磨難、羞辱和奴役，盡在不言中。他知道說這番話會有怎樣的後果，還是義無反顧地說出來，儘管中間略加掩飾，卻更有「欲蓋彌彰」之效果。果然，他的言論被中國網民抨擊，微博帳號內容被清空，網頁僅顯示「該帳號因被投訴違反《微博社區公約》的相關規定，現已無法查看」。中國有媒體報導，杜琪峰「發布了一些不正當言論，導致帳號被封」，「杜琪峰的個人帳號已經被炸了，與此同時，和杜琪峰有關的九部電影恐受其牽連」。總之，一句話帶來的損失以數億計。

杜琪峰在現實中的遭遇，宛如他十多年前拍攝的電影《黑社會：以和為貴》。在那部電影中，古天樂扮演的吉米在中國賄賂一幫大小貪官污吏，經營盜版色情光碟生意，賺錢如印鈔票。他只想做生意，不想打打殺殺，不願競選社團「和聯勝」的「話事人」。但廣東省公安廳石副廳長看中了他，逼他選「話事人」。石副廳長說，「黑社會也有愛國」，這句話不是空穴來風，是當年公安部長陶駟駒一句流傳甚廣的名言。石副廳長又說，我們不是不相信選舉，只是擔心選出一個喜歡搞亂的人，不利於社會穩定，你永遠做龍頭老大，大家一起做生意、發大財。吉米聽得頭皮發麻。原來，心狠手辣、殺人之後絞成肉泥餵狗吃的香港黑社會大佬，在共產黨這個更大的黑社會面前，只是乖乖聽話的傀

僵。你愛國、你聽話，中共才會讓你存活、才會允許你到中國做生意，這不僅是香港黑社會的宿命，也是所有香港人的宿命。

吉米不甘被操縱，憤怒地向石副廳長飽以老拳。當年電影節開幕首映時，觀眾席中大部份是行內人，都看得起立鼓掌。有香港影評人指出：「這一拳，代表了香港電影工作者的壓抑，另一條出路，就是豁出去，不要大陸市場，沒法上映便算了，那塊肥豬肉，我就是咽不下。」如果用台灣歌手陳昇的話來說就是：「是我把中國市場封殺了！我最臭屁的地方就是把台灣市場做出來，我不缺錢，你們就拿我沒轍了，台灣內需就夠了！為了要進軍中國而寫道歉書，這樣我還能呼吸嗎？我為什麼要看你們的臉色？」

香港影星周潤發與杜琪峰也有相同的感受。2023年10月，周潤發到韓國出席「第二十八屆釜山電影節」，獲大會頒發「亞洲電影人獎」。在記者會上，他用廣東話插科打諢回答記者問題，但被問到香港電影現狀時，他突然轉用以英文回應，稱香港的劇本有很多限制，需要經過大陸不同部門審批，對電影製作人來說很困難，電影製作人士要留意政府取態，否則難以得到資金製作電影，因為中國市場龐大，電影工作者努力尋求方法謀生。他表示每個地方的電影都有自己的黃金時間，香港曾經有過的黃金時代已經過去了。

自由與奴役，不可兼得。1775年3月23日，時年三十九歲的律師派崔克・亨利在維吉尼亞里士滿的聖約翰教堂發表了一場激動人心的演講。他指出，這是「這個國家所面臨的最可怕時刻」，這「完全是自由或奴役的問題」：「難道生命如此珍貴，和平如此甜美，竟要以鎖鏈和奴役作為代價換取嗎？全能的上帝，

阻止它吧！我不知道別人會選擇哪條道路；至於我，不自由，毋寧死！」

大部分中國人信奉的人生哲學是「好死不如賴活」，即便淪為韭菜和人礦。他們喜歡看張藝謀的電影，他們仇恨說出真相的杜琪峰——在安徒生童話《皇帝的新衣》中，最仇恨說出真話的孩子的，不是赤身裸體的皇帝本人，而是周圍看到真相卻不敢說出來的大人們。他們覺得孩子的真話襯托出自己的偽善與怯懦，還不等皇帝下命令，就要對孩子拳腳交加、將其打殺。這就是今天中國民眾對杜琪峰（以及劉曉波等說真話的人）千夫所指、食肉寢皮的原因。

為什麼甄子丹演得最好的角色是曹公公？

揮刀自宮出門去，金山銀山搬回來

網上流行一道看似很簡單的選擇題：葉問1950年來到香港為了──A.逃避日本侵華；B.逃避中國共產黨。

反日的民族主義者當然選A。但稍有歷史常識的人，都會給出B這個正確答案，因為日本早在1945年就戰敗了，1950年葉問不必躲避日本人了。

但是，因扮演葉問而鹹魚翻身、儼然是葉問「轉世靈童」的甄子丹的答案，一定是A。對他而言，歷史事實不重要，重要的是政治正確。

在甄子丹出演的葉問系列中，十有八九都是葉問大師痛打日本鬼子的情節，這是這個系列電影近三十年來在香港和中國本土大紅大紫的祕訣──當馬列主義和毛澤東思想再無吸引力之際，反日（反西方）的漢民族主義和大中華中心主義，成為中共「大內宣」的核心意識形態。於是，葉問系列應運而生，利用民眾廉價的愛國心，賺到金山銀山。

在此一過程中，甄子丹也從一名三線落寞武打演員青雲直上，成為炙手可熱的「國際巨星」，更成為香港演藝界屈指可數

的「中國全國政協委員」——他有沒有祕密加入中國共產黨，外人不敢妄言，但作爲與習近平握過手的「民族英雄」，他一定會將共產黨殘民以逞的罪惡統統推到日本人身上，儘管日本人早已離開中國。

甄子丹的身分認同曾幾度轉變：早年他父母帶他從廣州移居香港，後又移民美國。青少年時代，父母將這個在美國自由環境中青春逆反的孩子送到北京管教嚴格的武術學校習武。之後，甄子丹又到香港發展演藝事業。再後來，他爲了在中國發大財，「毅然」放棄美國國籍，成了成龍的接班人，有了與吳京不分上下的「戰狼」之名，乃至得到習近平的「親切接見」。

網上流傳的那張照片，甄子丹用雙手握住習近平的一隻手，受寵若驚、低眉順眼，哪裡有半點江湖豪俠的仙風道骨？習近平的另外一隻手，伸出一根手指，指著甄子丹，好像在問：「你這個大英雄，能跟我一樣，挑兩百斤擔子，走幾十里山路不換肩嗎？」

甄子丹的身分轉化，跟他扮演的金庸小說人物喬峰頗爲相似——喬峰本是契丹人，被漢人收養長大，爲了保衛宋國，而與契丹對抗。但當其契丹身分曝光後，宋國的愛國者們個個恨不得食其肉寢其皮。喬峰在兩個祖國之間拔劍四顧心茫然，發出「我是誰」的大哉問。甄子丹有過身爲美國人的履歷，在小粉紅心目中形同叛國，雖浪子回頭，反向「潤」回中國，但那段「黑歷史」卻無法被徹底洗掉。

於是，甄子丹不惜拉來整個香港爲之墊背，用一種激烈的方式來作爲投名狀，換取丹書鐵券：二月底，他接受英文媒體訪問，稱香港反送中運動是「暴動」，而非抗議，更稱對自己身

為中國人感到自豪,「中國的高速公路、建築與生活方式帶來的便利性是不少國家無法相比的」。他還點名西方主流媒體BBC、CNN都不曾報導中國的優勢。隨後,他又說,不想要「政治化」,「很多人可能不喜歡我說的話,但我是根據我自己的經驗說的」。

近年來,香港演藝界名流紛紛北上淘金,就連徐克都「一直低到塵埃裡去」(卻無法像張愛玲所說的那樣「從塵埃裡開出花來」,而只能拍出《長津湖》那樣的垃圾電影),正當盛年的甄子丹豈能拒絕「欲練神功,揮刀自宮」的誘惑呢?

甄子丹求惡得惡、得償所願,亦是拿人錢財、與人消災。他既非葉問,亦非喬峰,而向早年扮演過的角色——徐克《新龍門客棧》中的東廠曹公公——光榮回歸。

我看的第一部甄子丹出演的電影是《新龍門客棧》,對電影中陰狠毒辣的曹公公印象深刻,甄子丹真將曹公公演活了。此後,他扮演的正人君子,都矯揉造作,如紙糊傀儡般不堪入目。多年後,我才恍然大悟,原來曹公公才是甄子丹的「太監本色」,正如《紅樓夢》所云「假作真(甄)時真(甄)亦假」。

在中國,說真話,得拳頭;說謊話,得狗糧

甄子丹的言論掀起軒然大波。到中國發財是個人選擇,但「不為蒼生說人話,只為君王唱讚歌」就跌破了做人的底線。

曾因參與反送中運動而被控暴動、後流亡台灣的湯偉雄,發起呼籲奧斯卡主辦方「取消邀請支持打壓人權的甄子丹擔任奧斯卡頒獎嘉賓」的聯署活動,短短幾天內,有數萬港人和其他族群人士簽名,可見甄子丹觸犯了眾怒。這才是民心所向。

不過，甄子丹不會知恥，更不會道歉，他反倒會以此作為鞏固其政協委員身分的證據——既然那麼多香港「皇民」和帝國主義者反對我，正說明我是「忠黨愛國」的大英雄。

聖經中說：「不要為作惡的心懷不平，也不要向那行不義的生出嫉妒。因為他們如草快被割下，又如青菜快要枯乾。」如今，甄子丹如日中天，自可信口雌黃、逢君之惡，但他不要忘了「金滿箱，銀滿箱，展眼乞丐人皆謗。正歎他人命不長，那知自己歸來喪！」的道理，納粹的國寶級演員海因里希．格奧爾格就是前車之鑒。

法國作家布希薩在《希特勒的賓客簿》一書中，考察了在希特勒生日宴會的登記簿上簽名的貴賓的名字及幕後故事。在這本精美名冊上簽名的，大多數是各國外交官，也有少部分是德國文化界的知名人士。其中，經常將名字簽署在最上方，字體最大、最有力，「下筆的力道讓墨水四溢，幾乎穿透昂貴的高磅厚紙，透至背面」的，正是當時在德國最家喻戶曉的演員格奧爾格。他身材魁梧，臉孔寬大，肩膀厚實，奔放的笑聲充滿「感染力」。

1933年，三十九歲的格奧爾格在戈培爾策畫的電影《希特勒青年團的魁克斯》中擔綱演出，大獲成功。此後，他參演德國歷史上預算最高的電影《猶太人蘇斯》，該片擁有兩千萬人次的票房，就連在德國占領下的法國都有超過一百萬觀眾自己買票觀賞這部納粹宣傳片。

黨衛隊負責人希姆萊簽署命令，要求所有成員和集中營警衛都必須觀看這部電影。戈培爾在日記中寫道：「這部電影大獲成功，真是天才之作，是一部實現我們所有期待的反猶太電影。我太高興了。」

格奧爾格被任命為柏林席勒劇院總監,在演藝界擁有一言九鼎的地位。如同甄子丹被習近平親自接見,格奧爾格也多次被希特勒親自接見。起初,他們以之為榮,殊不知,此類新聞照片很快成為恥辱的標誌。

　　1945年6月22日,占領柏林的蘇聯內務委員會特工將格奧爾格從家中帶走。當時,他故作鎮靜地對妻子說:「他們很快就會送我回來了。」在審訊中,他不承認有罪,說自己「從不涉足政治」──跟甄子丹的表態一模一樣。

　　格奧爾格說,自己不是納粹黨員,並不痛恨猶太人,或者說,並沒有比其他德國人更討厭猶太人。「對我而言,德國和希特勒是一體的,是同一件事。當時我以為為希特勒而戰,就是為德國而戰。……要是我真的犯了罪,當時我也不知道這麼做有罪。」他在給妻子的信中寫道:「一切都會好轉的。我沒有做任何壞事,我只是盲目地愛我的國家。我得為此付出代價,但懲罰終有結束的一天。」

　　格奧爾格被送往柏林郊區的一所監獄。為了避免自己垮掉,他在獄中開辦小劇場,訓練囚犯們演出。他的演出贏得數百名囚犯掌聲,他似乎又回到輝煌的舞台上,他恍然覺得已經死去的希特勒和戈培爾依舊坐在下面觀看精彩演出。

　　蘇聯人對這些德國囚犯毫無仁慈之心。囚犯們食物粗糲,只能喝被污染的髒水。一向養尊處優、錦衣玉食的格奧爾格度日如年。半年後,他在給妻子的信中寫道:「我已掉了四十一公斤,但我終將撐到出獄的那一天。」

　　出獄的那一天永遠沒有到來。蘇聯內務委員會將薩克森豪森集中營打造成「第七號特別營」,格奧爾格被移送到那裡。1946

年 9 月 25 日，格奧爾格因急性闌尾炎動手術，在手術中死去，終年五十二歲。

甄子丹、格奧爾格與艾希曼一樣，都是漢娜・鄂蘭所說的「惡之平庸」的典型代表。鄂蘭觀察到，艾希曼的語言能力低落，甚至算是輕微的失語症。艾希曼在法庭上承認：「我只會說官話。」官話成為他的語言，沒有這套陳詞濫調，他一句話都不會說了。他不是刻意撒謊，而是無法從他人的角度思考，被一道堅不可摧的牆包圍，將語言與他人的存在隔離在外，因此，也無法感知現實。

總有一天，甄子丹會迎來其「耶路撒冷的審判」。

「動態民運人」熊焱的倒掉

六四通緝犯為何反對建立六四紀念館？

香港評論人陶傑用「動態中國人」這個詞語來形容自稱「在美國就是美國人，在中國就是中國人」的谷愛凌。這位美少女挾兩億元人民幣廣告代言回到美國，引起其他「非流動性靜態中國人」質疑。許多「靜態中國人」不相信她的動態國籍出於如她所說「希望用行動鼓勵更多青少年，特別是女性走進滑雪場」的大愛動機，以及「感受中國的歷史文化和風土人情」，認定其只想走進金錢的磁場，感受廣告代言的金額吸力。

更有海外人士挖出其母親原來是六四綠卡的受益者——也就是吃六四人血饅頭的高等華人。若干六四血卡受益者後來回中國發大財，早已不足為奇；而近期發生的一起讓人拍案驚奇的事情，則是當年被通緝的二十一個學生領袖之一的熊焱，與紐約親共僑領打著研討會幌子，公開反對在紐約建立六四紀念館。

王丹在社交媒體上「三問熊焱」：你當年帶領學生走上廣場，三十三年後，你公開站到中共一邊，對得起當年的死難者嗎？前幾年你母親去世，你到中國大使館申請回國奔喪被拒絕，今天你與親共僑團站在一起，你對得起臨終也未能見你一面的母親嗎？多年前你闖關進入香港參加維園晚會，在舞台上慷慨陳詞，

現在連建立一個紀念館你都反對，你對得起幾十年支持六四的港人嗎？

若干多年依賴對六四慘劇始終念念不忘的人士，都對此熊焱變臉事件感到「痛心疾首、情何以堪」。其實，熊焱的此番蛻變並不突然，也絕非孤案。六四之後三十多年，中共愈來愈強大，堅持反共逐漸成為「少有人走的路」，多數人淡出，更有不少人背道而馳，向中共點頭哈腰，以討要一點殘羹冷炙。這些年來回中國發大財、走紅地毯的昔日反賊數不勝數：當年的全美學自聯主席搖身一變成為中國的電信大王，被通緝的學生領袖以股神身分到中國投資炒股，昔日的流亡學者興致勃勃地參與創作全球巡演的紅色大合唱《知青頌》，研究六四的社會學家回中國當教授並頌揚中國的政治模式無比優越⋯⋯真是醜態百出、不堪入目。當然，他們腰纏萬貫、光芒四射，反過來嘲諷堅守理念者不知變通、不知與時俱進。

就熊焱而論，昔日身為北大高材生的他，並非為了民主自由價值而參加學運，而是為了在運動中有官當。有知情者透露，學運期間，熊焱曾經模仿毛澤東「指點江山、激揚文字」的樣子，在台上發表演說，儼然就是「皇帝輪流坐，今日到我家」的派頭。後來，一批烏煙瘴氣的人物在美國組建所謂的「過渡政府」，熊焱不顧其身為美軍軍牧，違反美軍的職業道德和軍規，欣然出任所謂的「軍事發言人」及「國防部長」。

2010年，劉曉波榮獲諾貝爾和平獎，他聲稱這是給六四一代人的獎項。六四一代人，大都為此與有榮焉。此時此刻，熊焱卻積極參與一份抹黑、誹謗、攻擊劉曉波的聯署聲明的簽名。當時，我在被中共非法軟禁前夕，給熊焱發去一封電郵，予以嚴厲

譴責,並與之絕交。熊焱一向熱衷於參與此類「親者痛、仇者快」的事情。這一次絕非心血來潮。他早已投靠黑暗勢力,儼然是「動態民運人」——民運高潮時,長袖善舞、吃香喝辣;民運低潮時,改換門庭、反戈一擊。

熊焱走出最後一步,不是為了在美國參選議員、拉攏華人僑社選票,而是為了向北京獻媚,交出一份重量級投名狀——流亡美國、加入美國籍、一直得不到中國簽證的六四通緝犯,公開反對在紐約建立六四紀念館,對於中共來說,還有比這更好的宣傳材料嗎?所以,中共不惜讓此人從幕後走到台前。

中共為何要統戰六四通緝犯?

媒體報導,熊焱參加的是福建幫組織的一次「新春社區研討會」,會場打著「反對在紐約籌建六四紀念館」的血紅橫幅。「福建社區委員會鄭時甘、美國福建商會主席林慈飛、美國福州同鄉會主席林魁、朱立業、鄭愛國、美國波士頓福建同鄉會Jacky、美國亞裔文化交流總會陳愛金,旅美經貿總商會主席張勝旺、美洲林則徐基金會共同主席鄭愛國和黃惠先、黃映之、美國國際藝術聯合會主席鄭泉財等社區各界人士出席活動」。

在會上,有人宣讀了美國福建社區委員會主席鄭時甘的書面發言,聲稱:「近期有小部分的民運份子想在紐約籌建六四紀念館,這是破壞社區的團結,我們堅決抵制,反對,這是中國歷史問題,我們在海外的華人,不希望任何搞種族分裂的事情,這種行為就是對我們雪上加霜,落井下石!」

這段話邏輯混亂,漏洞百出。據知情人披露,很多討好習近平的福建僑領,當初都是歷經千辛萬苦逃離中國的偷渡客,後來

在美國販毒、犯罪、逃稅，終於腰纏萬貫，然後又被中國使館招安當打手。他們刻意迴避的眞相是：六四屠殺不是中國的歷史問題，而是仍在影響中國現實政治走向的事件。正如德國人不會認爲紀念和反思納粹大屠殺丟臉，紀念六四也不是辱華，而是推動中國民主轉型，讓中國人過上民主自由和有尊嚴的生活。有些海外華人遭遇歧視和懷疑，不是因爲他們的種族身分，而是他們身在美國心在中國，他們享受美國的自由和法治，卻支持中共的暴力和謊言。

這一次，這些福建僑領和中國使館立了大功，他們釣到的不是一個小蝦米，而是一條大魚。當然，這是「周瑜打黃蓋，一個願打，一個願挨」。一個巴掌是拍不響的。中共的統戰工作，近年來已日漸精準化：等待被招安者待價而沽，招安者則像在奴隸市場上挑選奴隸的奴隸主，購買的每個奴隸都是詳加考察、貨眞價實的。也就是說，中共招安的，都是有招安的價值的人。熊焱身上最讓中共看重的身分，不是華而不實、誇誇其談的聯邦眾議院參選人（我不認爲他有當選的可能），而是美軍軍牧。

中共視美國爲頭號敵人，解放軍也視美軍爲頭號勁敵，各種潛伏、滲透、破壞，無所不用其極。此前，美國司法機關偵破了多起華裔美軍軍官幫助中共間諜竊取軍事技術的案件，個個駭人聽聞。軍牧雖不接觸那些核心技術，但有在軍事基地行動的自由，香港資深媒體人程翔指出：「中共滲透是無孔不入的。我認識一個英治時期在鶴嘴電報發射台英軍宿舍餐廳做經理的人，就被成功策反，要他定期詳細報告英軍雷達站的人員出入及伙食配備情況。連這些看似無關重要的資料都不放過。熊焱任軍牧，最能了解軍人的的思想情緒狀況，更由於可以經常出入軍事基地，

對中共來說更是不可多得的軍事資料。」美軍和美國的政府部門,不能任由此類風險蔓延。

我不認為熊焱是真正的基督徒和真正的牧師,儘管他頭上頂著教牧學博士頭銜。我在一次華人基督徒的會議上見過他一面,他的言談舉止浮誇自戀,讓人反感。多年來,他沒有為受中共暴政迫害的中國基督徒弟兄姊妹公開發聲和禱告,反倒站在強權一邊,對受害者落井下石、雪上加霜。這是對基督徒和牧師身分的羞辱,如聖經中所說:「死蒼蠅使做香的膏油發出臭氣。」熊焱與魔鬼共舞,久而久之,就成了群魔之一員。

熊焱是教牧學博士和軍牧,應當比我更熟悉聖經。聖經中記載,出賣耶穌的猶大用得來的賞金買了一塊地,這片地叫亞革大馬,就是「血田」。他沒有享受到這塊地上的出產就死掉了,「身子仆倒、肚腹崩裂、腸子都流出來」。另一個有關猶大悲慘下場的記錄,來自早期基督教領袖帕皮亞:「猶大在世是不虔誠的反面例子;他的身體膨脹之大以至於二輪戰車都過不去,他被戰車碾死,內臟都流了出來。」

古往今來,背叛信仰、背叛真理的人,都只能落得可怕、可憎、可悲的下場。

滕彪何以變成流亡的習近平？
——對滕彪強姦未遂案的精神分析和社會學分析

你們可以聽到
姦淫殘殺、反常悖理的行為，
冥冥之中的判決、意外的屠殺，
借手殺人的狡計，以及陷入自害的結局；
這一切我都可以確確實實地告訴你們。

莎士比亞

2023年6月9日，我突然接到多年未曾謀面的心語關於滕彪對其強姦未遂的投訴，閱讀了她的陳述後，覺得情況極為嚴重。近年來，我在家閉門寫作，一般不過問海外華人異議圈（民運圈）的是非。但為此事發聲，我義不容辭。

心語在台灣出生，在香港成長和工作，生活順遂且優渥，因關切中國人權問題，轉行做記者，曾任自由亞洲電台駐香港記者，主要報導中國人權事件，其專題報導〈馮正虎滯留事件引發國際性廣泛關注〉曾獲得香港記者協會人權新聞獎。她真心實意投入巨大心力幫助中國的人權受害者，這一義舉居然讓自己成為中國人權活動人士滕彪加害的對象，此一事件本身極具荒謬性和

典型性。

　　心語是我做獨立中文筆會副會長的時候加入筆會的，後來她也做過筆會副會長。更具諷刺意味的是，作為加害者的滕彪是現任副會長。我雖早已退出筆會，但不能置身事外、保持沉默。由我這個前副會長發聲，為另一位前副會長心語伸張正義，將現任副會長滕彪的惡行曝光於天下，實在是令人痛心疾首，但唯有如此方能阻止「惡人仍必行惡」。

　　心語揭露的事實是：她以前曾經以記者的身分採訪過滕彪，也與之共同出席過一些人權會議，她欽佩滕彪在中國從事的人權活動，將其作為朋友看待。但滕彪多次向其示愛並有一些踰越普通朋友關係的言行，她明確予以拒絕，並肯定地表示，不可能與有夫之婦談戀愛。

　　2016年4月，心語自費買機票參加由楊建利創辦的「公民力量」組織的一個訪問團，赴流亡藏人行政中央所在地達蘭薩拉考察。正式活動結束後，她要多留一天，正在旅店辦理續住手續時，同團參訪的滕彪突然告訴她，他們那邊有一位人士離開了，房間已付費到隔天，她可以住到「那個人」的房間。心語表示，要搬行李過去很麻煩。滕彪竭力勸說，不會很遠，房間已空在那裡。於是，心語帶著行李過去他們那邊的旅店。

　　誰知一過去，心語就發現滕彪待在房間裡。她很訝異，就問：「房間在哪裡？」滕彪說：「就在這裡。」隨即，凶猛地撲過去，企圖實施強暴。心語長期練習瑜伽，身手敏捷，奮力將其推開。推開後，滕彪再次撲上去。心語開口大叫，要對方不要這樣。滕彪見勢不妙，只好放開心語。心語對此事的定義是：「這已經不是性騷擾，而是強姦未遂。」

此一事件中的包庇者和共犯結構中的另一關鍵人物，是在海外民運圈中比滕彪資歷更深、地位更高、名聲更大的「公民力量」主席楊建利。事發後，心語向楊建利投訴，沒想到楊建利竟然嚴厲質問：「為何給我捅簍子？」

在楊建利看來，「捅簍子」的不是加害者滕彪，而是受害者心語——中國文化中的紅顏禍水論。他一點也不想為受害人主持公道，他在意的唯有參訪團和組織方的面子及大局，為了面子和大局，受害者是可以被犧牲掉的。

滕彪反共的「初心」，不是追求民主自由，而是受「破壞性自戀症」驅動

此前，我早已聽說滕彪的諸多不堪之事。但心語的控訴還是讓我大吃一驚。事發之後，心語隱忍至今：「我覺得很羞辱，恨不得把自己藏起來……所以，這幾年來都沒人知道。我以為傷口蓋起來，就可以慢慢復原。而台灣 Metoo 開始，那些受害者闡述經歷的時候，我的眼淚就無法停止。原來，傷口沒有復原，只是在更深層的地方。」她從香港新聞界前輩那裡得知，還有第二名遭滕彪性侵的受害者，她覺得不能繼續保持沉默，那樣會讓加害者更加肆無忌憚，導致更多無辜女性受害。

滕彪給外界的印象，是樸實誠懇的維權律師和堅定反共的人權活動人士，他是如何變成「披著羊皮的狼」和流亡版的習近平的？除了幫助心語揭露這個惡人，我覺得有必要對此人和此事做初步的心理學和社會學分析——在海外民運及異議圈中，性侵成癮的滕彪並非孤立的個案，但大部分醜行都只是在私下流傳，這是一個臭氣熏天的爛泥潭。中共的最邪惡之處就在於，它能將很

多曾經反對它的人變成它的一部分。

我與滕彪認識已超過四分之一世紀。第一次見面是1998年我的第一本書《火與冰》出版後，也在北大讀書的他跑到我宿舍來跟我討論，那時他眼中還有青春的熾熱和理想主義的光芒。

後來，滕彪等三博士就孫志剛事件發表公開信，一舉成名。隨後，他的言行舉止悄然有了些許變化。這種變化讓我想到《史記》中的兩個段落，一段是項羽見秦始皇的儀仗隊：「秦始皇帝遊會稽，渡浙江，梁與籍俱觀。籍曰：『彼可取而代也。』梁掩其口，曰：『毋妄言，族矣！』」另一段是劉邦見秦始皇的儀仗隊：「高祖常徭咸陽，觀秦皇帝，喟然太息曰：『嗟乎，大丈夫當如此也！』」

滕彪反共，並非單純出於追求民主自由，亦有項羽劉邦式「奪權」的「初心」。據傳，當年有一名洪秀全式的反共教主承諾說，奪權後封滕彪為司法部長，滕彪嫌官太小，不願歸在其麾下——他們的奪權遊戲像小孩過家家，卻像模像樣、行禮如儀。

當然，滕彪在公共場合不會像項羽和劉邦那樣赤裸裸地說出其心聲，而是用一系列關於自由、民主、人權的宏大敘事來對其權力野心加以美化。到西方後，他更發現「政治正確」可用來牟利，甚至可一本萬利，就拿來為其所用。他逐漸跟共產黨一樣喜歡說謊，為了達成目的而不擇手段，比如用告密手段讓跟他觀點不一樣的人閉嘴，比如在《紐約時報》發表文革式大批判文章〈走入歧途的中國自由主義〉將數十個與之政治立場有分歧的人士妖魔化為「種族主義者」。

政治觀點有差異，在西方司空見慣，但將不同觀點的人打成「反革命」、進行人格謀殺，則是共產黨的拿手好戲。從語言暴力

到對異性施加性暴力，僅一線之隔，一步就跨過去了。由此，滕彪走上了尼采描述的不歸路：「與怪物戰鬥的人，應當小心自己不要成為怪物。當你遠遠凝視深淵時，深淵也在凝視你。」

近年來，滕彪的若干言行，儼然是「無冕帝王」，亦如同「流亡中的習近平」。他的絕對自我中心主義和自戀狂，值得進行一系列精神分析。

美國學者布蘭察德在《革命道德：關於革命者的精神分析》一書中指出：「當一個人相信他能夠拯救全人類的時候，那他必定是一個可怕的自我中心主義者。」

這種「自我中心主義」，用心理學家埃利希・弗洛姆的話來說，是一種過度自戀症，「患有自戀症的人會認為，只有自己本人、自己的身體、自己的需求、自己的感受、自己的思想、自己的財產以及和自己發生關聯的人或事才是真實的」。

法國精神分析學家朱莉婭・克里斯蒂瓦在《恐怖的權力：論卑賤》中一針見血地指出：「卑賤是一種自戀癖的發作。」

荷蘭學者曼弗雷德・凱茨・德・弗里斯在《閣樓裡的暴君》一書中分析說：「自戀症的負面反應（尤其是過度的反應性自戀）讓很多領導者最終沉淪。」這種人由此走上「瘋狂的自我毀滅性旅程」。這種人的特點是「放蕩不羈的行為、自負、傲慢以及不願和別人交換意見」、「處處爭奪第一，在利益爭奪中，他們會不惜傷害別人。他們缺少同情心，所以不能設身處地為他人著想。他們將夥伴及朋友看成是自己的延伸物，只要能夠滿足他們的需要，他們就會利用甚至傷害這些朋友。他們會毫無顧忌地貶損周圍的人，以此來消除對方的優越感」、「他們會表現出極其無情、報復、好戰以及殘忍的行為，而且他們意識不到自己行

為的錯誤。他們喜歡控制，而且由於他們很少考慮別人的感受，所以他們會不顧一切地想要獲得這種控制權」、「這些具有反社會傾向的人際關係是一團糟的。這些反社會者沒有愛的能力，無法親密地和別人相處。同情、倫理以及道德觀是人類最基本的特徵，但是他們卻缺乏這些東西」。這些論述，宛如習近平的肖像，也宛如滕彪的肖像。

挑戰惡魔者與惡魔精神同構，如同電影《星球大戰》系列中的安納金・天行者搖身一變成為服務黑暗勢力的「達斯・維達」——劇中完成蛻變的黑武士有一句著名台詞：「安納金・天行者太弱了，是我殺了他。」現實生活中也一樣：強姦罪嫌疑人滕彪對人權律師滕彪說：「人權律師滕彪太弱了，是我殺了他。」滕彪最崇拜的人物，其實是習近平，在流亡路上，他逐漸蛻變成了流亡的習近平。

一點點虛幻的權力與資源，讓受害者搖身一變成為加害者

納粹集中營倖存者、意大利猶太裔作家和化學家普里莫・萊維在關於集中營生活的回憶錄《被淹沒和被拯救的》一書中，描寫了一個名叫蘭科斯基的「猶奸」的故事：此人是一個鰥夫、一個失敗的小實業家以及猶太慈善機構的董事。納粹將其任命為隔離區主席。雖然這是納粹的一個惡作劇，但納粹確實看重他的權力野心、他的外交和組織才能。他很快將自己視為一個高高在上的開明君主，得到納粹的允許在隔離區發行貨幣。他命令設計並印刷以他的肖像為內容的郵票，常常乘坐一輛由瘦骨嶙峋的老馬拉著的馬車穿越他的微型王國的街道。就像所有的獨裁者，他迫不及待建立一支六百人組成的**警察隊伍**，還有數目不明的暗探，

來維持隔離區的秩序。他經常模仿墨索里尼和希特勒的口吻發表演講。在納粹主子眼中，他只是個任人宰割的小人物；但對於地位更低的猶太賤民而言，他卻是無所不能的、擁有寶座和權杖的君王。他既認同壓迫者，又同情被壓迫者，就像指南針在磁極上亂轉一樣。納粹戰敗前夕，這個「猶太人的國王」還是被納粹送進了毒氣室。

通過蘭科斯基這個人物，萊維指出：「權力就像毒品：沒有涉足其中的人不會意識到對它的需要，而一旦開始，對權力的依賴和需要自誕生一刻起便日漸膨脹，正如對現實的否定和權力的幼稚夢想。……由持久而無可置疑的權力所引發的症狀是顯而易見的：扭曲的世界觀、教條式的傲慢、對諂媚的需要、痙攣般地運用命令槓桿，以及對法律的蔑視。」弗里斯的分析也洞中肯綮：「一旦有了權力，許多看似正常的人會突然變得喪心病狂。事實上，我們每個人都有邪惡的一面——它只在某些特定的情況下才會昭示於人，比如擁有權力時。這埋藏在人類性格最深處的暴力因子一旦爆發，毀壞力就會達到令人瞠目結舌的地步。」

在中國身為維權律師的滕彪，也曾與我一樣遭到中共當局黑頭套綁架、活埋威脅和酷刑折磨，是中共暴政的受害者。那時，他無權無勢，且受中共國保特務嚴密監控，或許沒有從事性侵活動的時間、精力與條件。到了海外以後，由於工於心計、善於攀爬，他很快在西方人權活動圈子和中國流亡社群（儘管這兩個圈子都是「邊緣中的邊緣」，但仍能滿足其虛榮心，讓其自得其樂）成為一顆冉冉升起的新星，從美國國會到日內瓦聯合國會議大廳，從常青藤名校到主流媒體，處處都有他長袖善舞、口吐蓮花。他在多達一、二十個人權組織中擔任形形色色的光鮮職務，

儼然成為海外華人反對陣營的代言人和新一代盟主。

一開始，我還樂觀其成——即便摻雜個人權力野心的反共，只要沒有傷害到他人，還是可以予以鼓勵和支持的。後來，我們的交集愈來愈少，我又聽說他在芝加哥大學兼課期間包養情婦的醜聞，當他留在中國的同道許志永等人身陷監獄之際，他卻在自由世界墮落如斯，我與他的來往遂日漸稀疏。

擁有了一定的權力和資源（儘管這些權力和資源大都是虛幻的「浮雲」，而非習近平掌握的那種可對他人實施生殺予奪的真實權力）的滕彪，在各種媒體上的言論也愈發高大，宛如《人民日報》社論的口吻，看得我心驚肉跳。他接受媒體訪問時毫不猶豫地表示：「我是女權主義者。我覺得，男性也應該成為女權主義者，沒有人應該反對男女平權。」在自我表揚之後，他不會忘記踐踏別人：「很多中國異見人士滿腦子父權思想。」他在推特上以最高法院大法官式的權威態度發言：「有人說，女對男產生了感情，所以不可能是強姦／性侵。這完全是法盲的說法，也是對女性的貶低。男權主義者大概理解不了，女性在任何階段都有權說 No。他們大概也不知道，愈來愈多的國家把婚內強姦定為犯罪了。」「如果女性被強姦後墮胎的刑罰比強姦犯的刑罰更重，你就應該知道，這是一場針對女性的戰爭」。

看起來，滕彪對強姦犯恨之入骨，恨不得食肉寢皮。但就在他面對普天之下芸芸眾生發表此類義正詞嚴的宣言的同時，卻繼續實施強姦犯的行徑。

而且，滕彪在答應受害者做出公開道歉後，又找了一個對受害人造成二次傷害的藉口（「外界會覺得妳很淫蕩」）而不了了之。他偏偏忘記了，凡走過的必留下痕跡，他投出的毒箭，轉了

一圈後，悉數回到自己身上。

有一位替滕彪遊說的、曾經坐過中共大牢的人權活動人士給我打電話說：「我們都是受中共迫害的流亡者，你最好筆下留情，以團結爲重。」我立即打斷他的話：「昔日，我們確實都是中共極權暴政的受害者；但今天，在自由的美國，我與滕彪早已不是同類。滕彪已從維塞爾式的人權捍衛者，華麗轉身成爲中國版的蘭科斯基，肆無忌憚加害在權力位階上處於更弱勢地位的女性。我跟滕彪沒有身處同一『陣營』。更何況我從來就不屬於任何『陣營』。」

一個龐大的共犯結構，一個泯滅是非善惡的磁場

滕彪的惡行，逐漸在海外人權組織和華人異議圈中口耳相傳。最早採取行動將其從理事會除名的是一個流亡港人設於英國、支援面臨人權壓迫律師的組織「29原則」——在英國治下受過法治訓練的香港人，在是非善惡問題的判斷上，通常比中國流亡者社群更爲敏銳。

頗有諷刺意味的是，當我在臉書上公布將撰文揭露某重大醜聞之後，發生了一系列後續事件。台灣學者王汎森有一本書名叫《天才爲何成群地來》，我的遭遇則是：遊說者成群結隊地來。有一位我大學時代就認識的老朋友打來電話說，他是來「和稀泥」的，我立即反問他四個問題：第一，你根本不知道基本事實，只聽到作爲加害者的滕彪一方的說法，卻沒有了解受害者的說法，你打電話來，是勸偏架。第二，你跟加害者及包庇者都有利益關係或合作關係。在西方，一個基本原則是，與當事人有利益關係或合作關係的人，必須在事件中迴避。你打這個電話，不

管你要說什麼都錯了。第三，你所謂的團結、大局觀，完全是共產黨的、集體主義的思維方式，既然如此，你何必反對共產黨？第四，你對受害者沒有表現出一丁點同情心，只想保護加害者和息事寧人，你已不是我當年認識的那個嫉惡如仇的新青年了。

楊建利繼續在此事中為加害者保駕護航。從七年前心語第一次投訴，到七年後心語再次投訴並對其昔日的回應方式表示譴責，楊建利始終敷衍塞責、避重就輕、置身事外。2023年6月，他勉強承認，他當時指責心語是因為「不想看到會議出現醜聞」，也承認到目前為止從未與滕彪溝通討論過這件事。他對此的解釋是，若不問青紅皂白地質問滕彪為何性騷，不是也犯了同樣的錯誤嗎？哪怕是今天，他也沒有權威和權力質問滕彪為什麼強姦。他更認為，從嚴格的法律程序角度來講，他沒有能力跟沒有權力和權威去做調查。這種辯解實在是「此地無銀三百兩」：作為活動主辦方的負責人，對於活動期間發生的任何非常事件，都有責任進行調查取證，形成完整的報告，這份報告雖然不是警務部門的權威調查、也不具備法院判決的地位，但可以作為一份供司法機構採用的原始材料。然而，楊建利的完全不作為，是嚴重的失職、瀆職。

據悉，在與心語溝通的過程中，楊建利居然搬出滕彪的家人來對其施加精神壓力。他將問題拋給受害者——滕彪的太太和他的兩個女兒，她們很好，兩個女兒跟爸爸的關係也很好。一旦公開，她們會受到很大打擊，可能家庭關係從此就不一樣了，想來十分痛惜。所以，只要滕彪能表現出「更大的誠意」，就「不必要求他公開了」。楊建利還說，他希望找到既能化解心語的傷痛又能給騰彪一次機會，保護他的妻子和兩個女兒、他的家庭的方

式,為了達到這個目的,「請你告訴我我能做什麼」。

這些冠冕堂皇的說詞背後,是骯髒黑暗的心:按照這種推理,受害者反倒成了一個美滿家庭的破壞者,毀滅這個家庭的難道是受害者人嗎?當滕彪對無辜女性施暴時,難道他沒有想到自己有妻子和兩個女兒,難道沒有想到他的兩個女兒也有可能遇到跟自己一樣的惡狼?楊建利的說法是一種鈍刀子殺人的精神施暴,與滕彪的身體施暴互為表裡。既然他在漫長的七年時間中連向滕彪求證此事的工作都不曾做過,他又通過什麼途徑知道滕彪家庭美滿且與兩個女兒關係親密這樣的私人生活細節呢?他反問心語「我能做什麼」,這是一個多麼荒誕的問題啊!難道你是一名三歲稚童嗎?難道還需要受害者來一一教你嗎?你該做什麼、你的職責是什麼,難道你自己不知道嗎?

真是機關算盡太聰明,聰明反被聰明誤。楊建利不承認自己是包庇者,但他確實扮演了包庇者的角色。正是因為他的包庇行為,導致滕彪繼續為所欲為,又將黑手伸向下一位受害者。楊建利當然不是為了保護滕彪,而是為了保護自己,以維持其「反共大業」旗幟飄揚。為了反共,可以做跟共產黨一模一樣的事情,這就是很多海外反共者的本性。

對於楊建利和滕彪來說,民主人權活動是博取個人名利的工具。在這個領域,加害者、包庇者、遊說者形成一個龐大的權力磁場和共犯結構,一個魯迅所說的「無物之陣」。他們心安理得地打壓受害者,掩蓋真相,並攻擊任何願意幫助受害者揭露真相的人——當我表示要撰文揭露真相之後,有人威脅說,「你將受到鋪天蓋地的攻擊」(這種攻擊,無非就是將受害者和我都污衊為共產黨破壞「民運偉業」的「棋子」)。

我不會退縮，我跟這個鱷魚潭從來沒有什麼利益糾纏和人情關係，我也願意為我寫的文字承擔法律責任——受害者將若干第一手證據都交給了我，未來都可能成為呈堂證供。

我深信，作惡者即便能逃過法律的懲罰和輿論的譴責，卻不能躲過那場來自更高處的審判，正如詩人米沃什所說：

他們稱其為煉獄，你將在那裡服務，
搬運、擦洗、打掃、傾聽，
日復一日，年復一年。
你將認識自己的罪行，
直到承認，自己活該如此。

爛尾國度
主流媒體上看不到的中國眞相

第二輯
生不如死的國度

一張白紙,可以改變中國嗎?

在反抗的徹底性上,白紙抗議或已超越天安門運動

白紙抗議活動是一場遲到的反抗。

韓國的光州抗暴,學生和市民的傷亡超過中國的六四屠殺,但韓國人沒有被嚇破膽,此後多年一直前仆後繼地反抗軍政權,終於在漢城奧運會期間用鮮血澆灌出自由花。然而,六四屠殺讓中國人嚇破了膽,1989年之後三十多年,中國再未發生過有普遍性政治訴求的、全國性的抗議活動——漢源事件和太石村事件等,只是反對地方政府苛政的區域性抗議;「零八憲章」運動主要是知識菁英在紙面上的、相當溫和的政治改革呼籲,儘管它讓發起人之一的劉曉波為之付出了生命代價。

白紙抗議活動正在進行之中,已波及中國的一百多所大學和數十座城市,但很多地方僅數百人、數千人參與,其規模尚遠不能與當年的天安門民主運動相比。當年得到絕大多數民眾支持的天安門民主運動仍然遭到軍隊鎮壓,今天的白紙抗議更難以撼動中共統治的根基。不過,白紙抗議活動反抗者思想意識的進化和反抗的徹底性,已然出現超越天安門民主運動的苗頭。

天安門民主運動是中共建政以來民間自發的、最大規模的反抗運動,數千萬人參與,包括大量體制內乃至國家黨政機關的人

士,持續時間從胡耀邦去世到鄧小平血洗北京城長達一個多月。但是,作為運動主力的1980年代那一代大學生,思想啓蒙與思想解放程度嚴重不足,對民主自由理念的理解非常膚淺,以至於在運動中出現種種自相矛盾的做法:比如,北大學自聯主席等人跪在人民大會堂門口遞交請願書,比之清末公車上書的舉子們還要自我作賤;再比如,廣場指揮部通過表決的方式,將污染毛澤東像的湖南三勇士扭送警察局,以示與「激進做法」清晰地「劃清界限」。

相比之下,這一次的白紙抗議中,學生和市民的言論、標語的水準均讓人刮目相看。比如,一名被譽為「重慶超人哥」的普通市民在社區門口大罵防疫人員是「核酸公司的走狗」,他說:「這個世界只有一種病,它叫不自由和窮,我們現在全占了!」他高喊:「不自由毋寧死!」在最初一輪的抗議活動中,有很多民眾喊出「習近平下台」、「共產黨下台」的口號,他們不單單反對習近平的「清零」暴政,更全面否定共產黨政權的合法性——在1989年,學生和民眾的訴求僅僅是反腐敗及要求官方肯定其是「愛國運動」,這是何其卑微!直到解放軍開槍殺人之後,才有人喊出「共產黨就是法西斯」之類的口號。

極具諷刺意味的是,當國內抗爭者冒著被捕、坐牢、遭受酷刑折磨的風險,擲地有聲地喊出「共產黨下台」的最強音之際,以魏京生、王軍濤為代表的數十位海外民運人士居然發表一份〈緊急呼籲:告中國人民書兼致人大委員長栗戰書、國務院總理李克強、政協主席汪洋公開信〉,信中聲稱「在中華民族面臨生死存亡的關鍵時刻,我們向你們三位國家權力和民意機構領導人發出呼籲。請你們響應民眾號召,順應歷史潮流,行使憲法賦予

你們的權力」，其十條呼籲之一是「剝奪習近平違憲竊取的所有國家權力，追究其以軍隊挾持國家權力機關、顛覆國家政權的刑事責任」。

我讀到這樣的文字，簡直啼笑皆非，感到一股陰溝中的氣味撲面而來。難怪中國海外民運三十多年來一敗塗地、聲名狼藉，即便不說其中的爭權奪利、黨同伐異，單從這封公開信就可看出，其領袖人物雖然多年生活在民主自由的西方世界，卻一點也沒有汲取新思想和新觀念，其思想完全停滯在四十年前，像化石，也像木乃伊。

這封信有三大致命的錯誤。

首先，栗戰書、李克強、汪洋都是習近平的馬仔、鷹犬和共犯，懇求他們推翻習近平，這不是緣木求魚嗎？想要挑撥他們的關係，更是癡心妄想。

其次，所謂全國人大、國務院，根本不是民意機構和合法的國家權力機關，而是共產黨的隨附組織，能寄希望於這些非法機構做合法的事情嗎？

第三，信中承認中共的偽憲法，似乎要「護法」，但這部偽憲法在序言中早已規定了必須「堅持黨的領導」、也即「黨高於法律」的原則，它還是一部真正的憲法嗎？它不過是黨的殺人凶器而已。當牆內人已然拋棄「習近平化」的極權黨之際，牆外人卻還在夢想有「黨內健康力量」出面收拾殘局，這不是認賊作父嗎？

知恥後勇：向香港抗爭者道歉之後，從自由走向獨立

這一批中國年輕人的反抗，比起韓國人的反抗來當然是遲到

了，比起香港人的反抗來也是遲到了。遲到當然不是好事。而且，此前，他們當中的很多人出於大一統觀念，對香港的抗爭者冷嘲熱諷、口誅筆伐。

有一位目前在英國的中國留學生發文梳理了自己三年來觀念的改變：「2019年是香港遊行年，最大的一次遊行的時候火燒地鐵站，我恰巧那天在香港參加SAT考試。我當時住在中環，我在酒店房間聽見樓下『廢青』的聲音，**轟轟**烈烈，轉手給我朋友發消息：『你說他們是不是吃飽了撐的，鬧什麼鬧，還是日子過得太好了。』第二天早上他們砸了一些大型的商店，半夜燒了地鐵站，我沒辦法去考試，拎起行李箱狂奔到路上。那天的SAT考試被延遲，我煩透了這群給我造成困難和麻煩的人。時至今日，我才明白，是我跪了太久，不明白他們要求的只是本屬於自己生而為人的基本權利而已。我看了看我眼下所處的沼澤，我承認這是我的代價。這是我為曾經心安理得做豬，曾經無知，曾經對同民族人的遭遇的冷漠付出的代價。如果能和三年前的我對話，我想問問她，『妳還會叫那群香港人廢青嗎？那妳現在又該如何稱呼妳自己呢？』」

從這段內心獨白可看出，作者出生於後鄧時代中國畸形經濟自由化的既得利益家庭，其父母有經濟能力支持孩子去香港趕考、去海外留學。他們是中產階級歲月靜好的家庭中長大的孩子，對中國本土同步發生的不公不義事件完全一無所知，他們生活在一個「楚門的世界」（The Truman Show）裡，更談不上對香港的逆權運動有什麼「同情的理解」。

三年後，當黨的鐵錘敲打到這個階層頭上時，他們才明白自己不是國色天香的高貴牡丹，而是任黨宰割的可憐韭菜。於是，

他們開始尋找真相，說真話，捍衛個人的基本權利。亡羊補牢未為晚也，但是，遲出發了好幾步，要想與時俱進，就必須動如脫兔。如今，他們仍未跟上香港反抗運動的頻率——香港反抗運動已進化到「香港民族論」之階段，「香港民族」不再是海市蜃樓，而是活生生的人群，有留在香港的，有出走海外的，這個民族與「中華民族」已不是「同一個民族」。

更多覺醒者，公開向過去敵視的香港人、台灣人、西藏人和新疆人道歉。有人寫道：「2019年嘲笑香港，2020年詆毀香港，2021年理解香港，2022年追隨香港。對不起，香港人民，台灣人民，西藏人民，新疆人民。」

還有人寫道：「我三年前還覺得他們有病，那個時候還沒覺醒，真的要向他們道歉。爭取自己的權利是最勇敢的事情，想想以前自己真的好傻。那個時候還不會翻牆，沒有看到多元化的世界，被洗腦了。」

也有人感歎說：「不清醒是要為不清醒付出代價的，當年香港人民為自由抗爭，我們任憑國內媒體操縱輿論，沒有為他們發聲。所以，現在，香港任何不計前嫌的發聲我都表示感謝，同時羞愧，謝謝你們。」

這些表態都是發自肺腑的，希望他們能記住自己說過的這些話，不要因為稍後當局在「清零」暴政上稍稍有所放寬，就「好了傷疤忘了疼」，重新投入黨國懷抱中，繼續唱「兒不嫌母醜」的好戲，乃至又回到戰狼的崗位上。

自由與獨立如鳥之雙翼，缺一不可，只有一隻翅膀的鳥兒是飛不起來的。此前，我寫的標榜「不自由毋寧死」價值的文字，在中國讀者中能引起不少共鳴。但當我寫出支持台獨、港獨、藏

獨、疆獨、蒙獨乃至蜀獨的文字後，立即遭到大多數中國人的反對乃至謾罵。我的若干中學老師和鄉親父老也加入到詛咒者的行列中。

然而，如作家廖亦武所說，「這個帝國必須分裂」，只是反共，不分裂中國，是毫無意義的——即便共產黨政權垮台了，掌權的仍是沒有共產黨之名而有共產黨之實的獨裁者，就如同今天的俄羅斯，普丁並不比史達林慈眉善目。

這一次的白紙抗議，不太可能推翻習近平和共產黨的暴政——白紙畢竟抵抗不住坦克；但是，或許它能持久化、常態化，形成一場「隨風潛入夜，潤物細無聲」的精神啟蒙和心靈覺醒運動，讓自由與獨立這兩種鑽石般珍貴的觀念秩序在中國深入人心。

斷子絕孫是中國年輕人最後的反抗

誰也不能阻止他們殺死自己的精子和卵子

2019年5月11日,上海一名身穿印有「警察」字樣白色防護服的「白衛軍」,要拉一名青年男子去方艙隔離,遭到拒絕,惡狠狠地威脅說:「如果你拒絕被轉運,將會受到治安處罰。處罰以後,要影響你的三代!」這位市民回說:「這是我們最後一代,謝謝!」

「中國數字時代」網站摘錄了部分中國網民轉瞬即逝的評論:

「『我們是最後一代,謝謝』。這句極富悲劇意味的話,表達的是一種最深刻的絕望。說話的人宣布了一個生物學意義的決定:我們不會繁衍後代。這個決定的背後,是一個心理學和存在論意義上的判斷:我們被剝奪了值得嚮往的未來。可以說,這句話是一位年輕人對他所處的時代,可能作出的最強烈的控訴。他說話時的口氣是平靜自然的,但正因為說得平靜自然,才讓人聽得驚心動魄。」

「上聯:這個世界不要俺了;下聯:這是我們最後一代」

「過去常聽人說,中國人是最愛生小孩的,就算是計畫生育也擋不住,拚了命罰著款也要生孩子。如今一句『這是我們最後一代』卻激發了全網的共鳴。任何鼓勵生育的政策,都不如你們

自己加速來得直接。」

「這句話,無意間隨口說出的對白,可能是包括過去幾年、甚至是未來很多年裡,最能記錄這個偉大時代的史詩級對白。」

「民是最後一代,奈何以三代懼之?」

「就在不久之前,他們還在打擊教培、限制遊戲,想盡辦法要讓人生孩子。這些尚未見成效,一輪輪殘酷的封城就將一切打回原形。……『如果孩子生出來只是被他們奴役,如果我們的孩子也必須忍受我們所經歷的一切』,一位朋友寫道,『那我們一起絕育吧』。」

「你的統治到我結束,你給的苦難到我為止。」

「『我們是最後一代。』這也是我的宣言。您自個兒萬壽無疆去吧。」

「不把小孩帶到這個國家、這片土地,是我能做的最大的功德。」

「想起曾經看到過,哪吒自刎是一種精神弒父。『我們這是最後一代』也是一種同樣的報復,無法開口的人用肉身作籌碼向權力刺出一把劍。……命如螻蟻的下位者也可以作出這樣最後的反抗,如同縱身躍入一片大海般義無反顧。」

其實,古代的中國人更有血性,他們忍無可忍時會揭竿為旗、斬木為兵。《書·湯誓》載:「有眾率怠,弗協,曰:『時日曷喪,予及汝皆亡!』」《孔傳》:「眾下相率為怠惰,不與上和合,比桀於日,曰:『是日何時喪,我與汝俱亡!』欲殺身以喪桀。」翻譯成白話文就是,夏朝時,夏桀以天上的太陽自居,認為自己惠澤天下。百姓詛咒說:即使你是天上的太陽,我們寧願與你同歸於盡!明末清初,張岱在〈石匱書後集·流寇死戰諸

臣列傳・總論〉中引用此典故：「城市村落，搜刮無遺。遂使江東父老有時日曷喪之悲。」明朝滅亡，不是因為明朝軍隊被李自成的農民起義軍或滿人的八旗軍打敗，而是暴政自取滅亡、自我解體。

今天的中國人，似乎沒有勇氣像羅馬尼亞人那樣推翻西奧斯古，也沒有勇氣像利比亞人那樣推翻格達費。所以，中國的西奧斯古和格達費在台上不可一世、耀武揚威、殘民以逞。中國人沒有能力殺死獨裁者，就只能殺死自己的精子和卵子，或不讓卵子與精子相遇。這種辦法，能結束這個人類歷史上最邪惡的帝國嗎？

今生不做中國人，改做冰島人？

前兩年，中國年輕人的網路流行語是「內卷」和「躺平」。如今，躺平發展到最高境界：斷子絕孫。有年輕女子將「我們是最後一代」寫在白衣上招搖過市，「斷子絕孫」不再是他人的詛咒，而是一種自我標榜。人的覺醒很不容易，遲到的覺醒亦不再是覺醒。醒來遲了，已然發現身在地獄。

這就是歲月靜好的代價。1989年的天安門民主運動中，余志堅、喻東岳、魯德成三勇士污染毛澤東像時，就寫下「五千年專制到此可以告一段落」和「個人崇拜從今可以休矣」的標語。然而，那時的大多數人無法理解三勇士的行為和思想，就連天安門廣場上的學生也都滿足於「公車上書」──所以才出現三名學生代表跪在人民大會堂外面的台階上遞交請願書的一幕。三勇士隨即被學生糾察隊帶走，一群學運領袖通過投票表決，將三勇士扭送公安局。鄧小平還未出兵鎮壓，他們就先跪下了。這場運動，

剛剛開始就已失敗，鄧小平不必殺人就能完勝，只是鄧小平本性既怯懦又凶殘，他非殺人不可。

幾年前，我寫了一本名為《今生不做中國人》的書，是移民挪威的香港作家鍾祖康的《來生不做中國人》一書的升級版。這本書在台灣出版後，根本沒有機會讀到它的中國人，不知從哪裡聽到一絲風聲，居然個個義憤填膺，就連我的初中班主任都憤怒地在微信圈上辱罵我，說我數典忘祖，說我眾叛親離，哀歎怎麼教育出這麼一個壞學生來。其實，她的兒子早已是美國公民，還當過華為美國分公司的高級工程師，她的三個孫子也都是在美國出生的美國公民。中國人最擅長這種義和團式的愛國，似乎個個都擁有金剛不壞之身，但槍聲響起之際，人人都抱頭鼠竄。

誰也沒有想到，報應來得這麼快。那些剛剛覺得被《今生不做中國人》的書名冒犯的中國人，如今全都迷上「潤學」，爭先恐後地實踐「今生不做中國人」。小說家張愛玲被譽為「潤學天后」、「潤學女神」，被很多上海市民像媽祖一樣拜——希望張愛玲的在天之靈能保佑他們逃出地獄般的中國。

當冰島駐華大使館發布一則宣傳該國取消入境限制、歡迎外國遊客前往觀光的微博之後，一下子如潮水般湧入成百上千的中國人，表達他們濃濃的「思鄉」之情——「什麼時候接我回家」、「我不會停止愛國，我永遠愛我的國家，這是我堅定不移的信仰，哪怕國家真的不要我，我被打落到國際上流浪，我也是冰島人」、「鄉愁是一張小小的機票，送我回冰島」、「我素未謀面的故鄉冰島」。看來，連冰島這個冰天雪地的遙遠國度都成為中國人夢想中的祖國，他們不都是倡議「今生不做中國人」的我的徒子徒孫嗎？

某「最後一代」在網上發出誓言：「福報將至，我從今開始躺平，至死方休。我將不結婚，不買房，不生子。我將遊手好閑，做一天闆以玩三天。我是工位上的摸魚仔，城市中的流浪漢，是抵禦消費主義的鈍劍，劃破內卷陰影的光線，是現代病的藥到病除，是存在與不存在之萬物的尺度。我將懶散與悠閑獻給躺平人，今日如此，日日皆然。」

走不掉的人，還得好死不如賴活著，但這個惡毒的詛咒和循環不能再繼續下去了。中國人總算找到了代價最小的消滅中國人的方式，既然不能讓中國沒有共產黨，至少可以將讓世界沒有中國，沒有中國的世界一定更美好。

署名謝健健的網友寫下一首名為〈致我不再出生的孩子〉的詩：「孩子，爸爸決定不要你了／你還沒有出生，就已被遺棄／這是我的錯，也是環境的／說到底，還是我的錯／爸爸太軟弱，當了半輩子良民／年年歲歲，被生活抽打成了陀螺／疲倦地盤旋在原地，眼看著／遠方那個叫夢想的雪人融化／你要是個男孩，我怕你被世界閹割／在房價、工作、權力的陰影下馴化／你要是個女孩，我怕你被逼良為娼／怕你被一條毒蛇般的鐵鏈，捆住了一生／國是他們二代的國／家也不是我們自己的家／爸爸沒有能力讓你成為二代／爸爸想做最後一代人。」就詩歌技巧或藝術而言，詩不是好詩，卻淋漓盡致地展現了中國人夢想幻滅的過程。

短短十年間，習近平的中國夢就成了煙花的灰燼，白茫茫的大地上，只剩下刺鼻的硝煙味道。

上海萬聖節：你的鬼蜮，我的人間

在上海，萬聖節變成自由表達日

任何西方文化文化到了中國，都會經歷在地化改造，都會被染上中國特色。在美國和西方，「不給糖，就搗蛋」的萬聖節是孩子的節日，但在 2023 年的上海，萬聖節卻變成獨一無二的自由表達日。在巨鹿路一帶，上萬年輕人以千奇百怪的打扮發洩對當下生活的憤怒，試探和觸碰中共的底線。警察對大部分奇裝異服的年輕人熟視無睹，卻勸阻乃至帶走少數打扮和言行「過於敏感」的人士，事後也有多人遭到傳喚審問。

在極權高壓下，如何安全且充分地自由表達，需要勇氣和智慧的完美融合。於是，上海的街道成了一場勇氣和智慧大比拚的舞台，上海又有了一百年前日本作家村松梢風所形容的「魔都」的味道。

有一名女子胸前戴著寫有「文科生」的牌子，一隻手拿金屬碗和二維碼，另一隻手舉起寫著「蛋炒飯」的牌子。估計警察不知道「蛋炒飯」的典故——韓戰時，毛澤東的長子毛岸英違規生火做蛋炒飯，聯合國軍飛行員發現了炊煙，扔下炸彈將其炸死。「蛋炒飯」成了中國人的救星，如果沒有「蛋炒飯」，今天統治中國的說不定是毛三世。當然，習包子未必比毛三世好到哪裡去。

也有人打扮成維尼熊——人人都知道維尼熊影射誰。還有人裝扮成皇帝出巡——人人也都知道今天中國有一個無皇帝之名而有皇帝之實的獨裁者。

有一位女生在襯衫上貼滿 A4 大小的白紙，這是隱喻一年前在上海及全中國爆發的反對封城的白紙抗議。

有人頭戴監控鏡頭模型，上面還寫著 1984，諷刺中國是全世界監視器最多的警察國家。警察大概不知道 1984 的典故。台灣人李明哲被關押在湖南監獄期間，發現監獄圖書館將《動物農莊》歸入農業書籍類別。

有一名男子裝扮成魯迅，手拿「學醫救不了中國人」的紙牌，高聲朗讀魯迅的文章：「願中國青年都擺脫冷氣，不必聽自暴自棄者流的話。能做事的做事，能發聲的發聲。」隨後被警察帶離現場。

一對年輕情侶，男生身上貼著一張不斷下跌的股票指數海報，旁邊的漂亮女生手上拿著一把青翠的韭菜——代表作股市上被像韭菜一樣無情收割的投資散戶。

有多人身穿從頭到腳的「大白」防護服，手持巨型棉棒，躍躍欲試要給周圍市民「做核酸測試」。

有人裝扮成電影《霸王別姬》主人公「程蝶衣」，身穿京劇戲服，脖子上掛著文革時批鬥的木牌，程蝶衣的名字上打了大叉號。這個造型讓人想起程蝶衣自刎前的那句話：「你道今兒個是小人作亂，禍從天降。不是，不對！是咱們自個兒，一步一步，一步步走到這步田地裡來的！報應！」今天的中國，不正是「文革近了」嗎？

有人舉起長長的藍色路牌，宛如一年前白紙抗議後被拆走的

「烏魯木齊路」路牌,上面卻寫著:「我在上海,我要你死。」要誰死呢?人們會想起八九學運時流行的一句話:不該死的死了,該死的沒有死。當年是胡耀邦死了,鄧小平沒有死;如今是李克強死了,習近平沒有死。

還有人戴著屢屢出演「戰狼」的「愛國演員」吳京的面具,高舉「犯我中華者,雖遠必誅」的牌子,諷刺哈瑪斯殺害多名中國公民後,中國政府和「戰狼」無動於衷,依然站在哈瑪斯一邊。

魯迅晚年寫過一篇名為《女吊》的文章,認為中國民間流行女鬼故事和戲劇,是因為底層民眾對當權者有著報仇雪恥的憤懣。觀戲的「下等人」在漫漫無盡的苦難中煎熬著,那一腔苦情是無法、無處可訴的。魯迅研究專家錢理群指出,女鬼出場時唱的一聲「苦呀,天哪!」,簡短四個字,包含無數隱情,喊出底層民眾的心聲。由此激發而出的,是反抗的力量,女吊本身就是以一種自盡的方式來表示復仇之意。今天,在萬聖節的上海出現的一幕幕場景,何嘗不是如此!

上海的沉醉與覺醒

那晚,北京如臨大敵、寂靜無聲,更凸顯出上海的不凡,北京網友自嘲:「上海人玩出了新高度,我只配在北京待著。」更有人在網上稱讚:「這次上海的萬聖節讓我們看到,中國年輕人的想像力還在,幽默細胞還在,勇氣還在,諷刺能力以及批判精神還在,國家希望還在。」

1927 年,南京國民政府剛成立時,蔣介石說過:「若上海特別市不能整理,則中國軍事、經濟、交通等,不能有頭緒。」1933 年,很多作家被邀請來描述心目中未來的上海。作家銘三寫

道，上海是一座建築在「地獄」上的「天堂」，他希望將來的上海是「天堂之上的天堂」。作家劉夢飛說：「上海是一座剝削階級的壓榨機，是一個充滿矛盾的火藥庫！」

中共統治中國之後，上海作為「資產階級的巢穴」受到最嚴厲的整肅，資本家從肉體到精神被摧毀。陳毅當上海市長時，每天早上都問秘書：「今天又有幾個空降兵？」他用如此輕佻的語氣問的是上海資本家跳樓自殺的數字——當時，短短幾個月內上海好幾千資本家喝硫酸、飲毒藥、跳樓、投江、上吊，幾個火葬場來不及火化自殺者的屍體。消滅了資本家，取消了自由市場經濟，上海從此黯淡無光。

1974年，中美關係解凍後，美國學者魏斐德隨訪華代表團抵達上海，住在錦江飯店。他回憶說：「晚上，當我從錦江飯店的客房向外眺望，看到的卻是黑朦朦的一片——1970年代初的上海跟如今是兩回事。城市的昏暗照明和它夜晚的蕭條，覆蓋著它往昔的驚心動魄。我內心感到衝動：我要穿透這座城市昏暗低調的層面，揭示它以往的不凡。可以說這是我寫上海歷史的靈感之一。」

上海的命運直到1990年代江澤民掌權、上海幫崛起以及開發浦東新區才有了轉變。此後，上海成為中國加入世貿、走向全球化最大的受益者。上海人普遍存有重享尊榮、唯我獨尊的滿足感。

1990年代以來，上海沒有像北京、廣州和成都那樣，出現一個有一定規模的異議人士或維權活動人士群體。北京作為首都和政治中心，擁有最多政治異議人士。廣州有以《南方週末》為代表的相對自由化的媒體及其聚集一批自由派知識人，後來更出現

南方街頭運動。天高皇帝遠的成都，從來就孕育天生具有反骨的文人。然而，民國時代文化思想最繁榮、最活躍的上海（因為有租界），最近三十年來卻波瀾不驚，悶聲發大財。「最敢言」的上海作家是韓寒，但他從未與權力發生直接對抗。上海盛產余秋雨那樣「才子加流氓」式的人物，他工於心計地討好官府和大眾，然後功成名就，發出有氣無力的「千年一歎」。

2008 年，我曾到上海與諸多作家學者會面，帶去劉曉波的口信，遊說他們參與《零八憲章》簽名，卻沒有幾個人答應在《零八憲章》上簽名。在《零八憲章》第一批簽名者中，上海遠遠少於北京、廣州、成都、杭州等城市。

直到 2022 年 2 月習近平及其親信、時任上海市委書記的李強下令上海封城，兩千萬人失去自由宛如囚徒，這座一直躲避政治的城市這才恍然大悟：政治的魔咒終究還是躲不開。過去，上海人將上海之外的中國人統統視為鄉下人，當然也包括陝西人習近平。如今，他們驚恐地發現，土包子、土皇帝可以決定他們的命運乃至生死。在那短短的兩個月間，「上海模式」和「上海驕傲」如肥皂泡般幻滅。上海人的「楚門的世界」已然像精美的瓷器被破碎，再也無法完好如初。然後呢？

沉醉之後是覺醒。即便只有萬聖節的那一夜可以有一點點表達自由，但那些在街頭表達愛憎臧否的年輕人，還會在不同的時空中用種種方式對暴政說不，直到有一天，上海乃至全中國，每一天都能像萬聖節一樣在街頭自由表達。

活是苟活，死是慘死

「就像牲畜，我們被侷限於現在」

　　2022 年 9 月 18 日凌晨，一輛載有四十七人的隔離轉運巴士在中國貴州省黔南州三荔高速發生側翻事故，造成二十七人死亡，二十人受傷，其中四十五人為貴陽市雲巖區涉疫社區的居民，要被送往黔南州荔波縣的隔離酒店進行隔離——他們並未確診，仍被強制送走。病毒沒有奪走他們的生命，暴政卻讓他們死無葬身之地。

　　人們只能在網上表達憤怒，只能在各自的陽台上唱歌，街頭抗議幾乎在中國絕跡。人們譴責說——「大家的憤怒，不僅僅是因為一場車禍，而是這場車禍背後荒唐的折騰。勞民傷財、耗費國力、折騰國民、無休無止」、「我們不發聲，每個人都可能在那輛大巴上，而且你沒有不上的理由」、「誰說監獄裝不下十四億人，這不都在嗎」。

　　毛澤東死後的三十多年，中國人以為文革結束了，其實文革從未結束。文革不是被中國人終結的，毛澤東不是被中國人推翻的，毛澤東死於疾病和衰老，毛死掉了文革才暫告一個段落。身為文革受害者的鄧小平，雖然部分否定文革，卻仍然將毛像懸掛在天安門層樓上，並禁止人們探究和討論文革的真相。鄧並不愛

毛,而是因為毛的罪惡,鄧大都有分參與,否定毛,鄧的統治的合法性也就動搖了。

於是,文革成為潛藏在中共體制之中的病毒。很快,文革又以另外的形式捲土重來,比如鄧小平的六四屠殺,比如習近平的封城「清零」,都是另一種版本的文革。習近平家族受文革之害有甚於鄧小平家族,但習近平發現,文革模式是維持共產黨統治的最佳手段。

文革仍像影子一樣跟隨所有中國人。四川某地公開招聘「十戶長」,商鞅的連坐和株連制度延續兩千年,於今為烈。從商鞅到毛澤東,從毛澤東到習近平,光陰如同翻書,無論往前翻還是往後翻,不同的頁碼上,寫的是同樣的內容。

中國人以為自己自由了,富裕了,成群結隊地跑到海外旅遊和購買奢侈品,看哪個國家都覺得又破又舊,洋人售貨員小心翼翼地在一旁侍候,他們心中好不得意。誰知,一場病毒就將中國打回奴隸社會的原形。中國人的自由,自始至終都被共產黨緊緊捏在手中,共產黨可以允許你出國,也可以不允許你出門,全在它一念之間。

十多年前,祕密警察在我家門口安裝攝像頭、紅外線感應器等高科技設備;如今,這些監控設備廣泛安裝在數百萬、數千萬人門口,過去充當旁觀者的人們,發現噩運臨到自己頭上時只能逆來順受。當初,我的抗議險些付出生命代價;現在,人們自願為奴,也半推半就地讓下一代跟著為奴——一段廣為流傳的影片顯示,幾個年幼的孩子穿著大人尺寸的防護服,在上車前被噴灑了消毒劑。「孩子,記住」,影片結尾處的字幕寫道,「將來,路過我們這代人的墳前不要吐口水,直接撒尿」!

集中營倖存者、意大利作家萊維在回憶錄《被淹沒與被拯救的》一書中寫道：「在集中營裡，我們的道德尺度已經改變。而且，我們每一個人都在偷盜——在廚房中，在車間中，在棚屋裡，總之，『從其他人的手中』，從對立面，但仍然是偷盜。有些人（極少數）陷得如此之深，以至於偷盜自己夥伴的麵包。我們不僅忘記了自己的國家和文明，也忘記了我們的家庭、我們的過去、我們曾為自己幻想過的未來，因為，就像牲畜，我們被侷限於現在。」如今，以千萬計、以億計的被封鎖在家中的中國人，跟集中營中的猶太人有何差別？中國人喜歡炫耀中國有若干世界之最，如今，中國成了世界上最大的古拉格、世界上最大的納粹集中營，很光榮嗎？

為什麼習近平可以奴役十四億中國人？

車禍的悲劇觸發了中國人僅存的一點恥辱感。一些人承認，他們對自己沒能站出來抵制習近平的「清零」政策感到羞恥。「我們都在車上」不是比喻，而是寫實，人們意識到，「我們都在車上，只是車還沒翻」、「最難過的不是我們在經歷無謂的死亡，而是我們活得卑微、順從、扭曲，也死得卑微、順從、扭曲。我們沒有在捍衛任何珍貴的東西，死是慘死，活是苟活。」、「21世紀的人宛如豬狗，送上屠宰場也只是因為人想吃人」、「那麼聽話的人民只是想活著而已，為什麼要把我們送向地獄。從看到新聞之後一直難過得喘不上氣」、「這不是時代的一粒沙了，是時代的重錘」。但是，在這重錘之下，還有人敢於挺身反抗嗎？

劍橋大學教授透納假託古羅馬貴族、奴隸主傅可斯之名，寫了一本名為《如何豢養一隻奴隸》的書。書中所寫的，看似古羅

馬的歷史，再仔細一看，活脫脫就是今天的中國。透納指出，奴隸關心的事情有三種：食物、工作和懲罰。如果你給他們食物吃，卻沒有工作可做，會使他們懶惰、張狂。如果你給他們工作和處罰，卻沒有食物，會很快使他們衰弱。到目前為止，最好的辦法就是給他們工作，同時供應足夠的食物。管理不能沒有獎勵，食物就是奴隸的獎勵。奴隸就像正常人一樣，如果表現良好卻沒帶來任何好處，就會變得表現不良，如果奴隸做錯事，也會有處罰可用。這些道理，習近平當然全都明白，習近平並非外界嘲諷的目不識丁的草包。

透納進而指出，奴隸主不可以靠自己一個人的力量管理成百上千的奴隸，必須從奴隸中提拔管家、工頭來實現「間接統治」。奴隸主要讓奴隸處於一盤散沙狀態，然後讓管家和工頭們貫徹其意志，他寫道：「奴隸之間對待彼此往往更加殘酷，甚至比主人的處置有過之而無不及。事實上，你會發現奴隸重視爭奪位置，爭論等級待遇，爭執各種好處。最可能具有霸凌下屬傾向的奴隸，這些人你必須注意，一定要控制在你的掌握之下，讓他們懼怕你。」同樣的道理，為什麼習近平一個人就能奴役十四億中國人呢？因為在奴隸主和奴隸之間，有一個龐大的奴才階層，也就是以「志願者」之名為虎作倀的「大白」們。

習近平成功地對全中國實行了准軍管、准戒嚴，如果有一天發動對台灣或西方的戰爭，只需照葫蘆畫瓢。他比普丁更殘暴、更狡詐，普丁發動烏克蘭戰爭時準備不足，居然還有俄羅斯人上街抗議。一旦習近平要做同樣事情，中國街頭不可能有一個人抗議，中國網路也不會有一點反對的聲音。中國人常常覺得他們比實施伊斯蘭基本教義的伊朗更先進、更文明，但伊朗女子阿米尼

被宗教警察殘害之後，無數伊朗人勇敢地走上街頭抗議，證明伊朗早已走在中國前頭，有中國網民把伊朗抗爭和貴州車禍作對比：「一個女孩死了，全國人為她鬥爭；二十七個生命沒了，是一片連微瀾都沒有的死水。」

王怡寫過一本名為《裝滿鵝的列車》的影評集，如今他被關在獄中，看不到貴州巴士翻車的新聞，否則，他一定會寫一篇續集。「裝滿鵝的列車」的典故來自於俄國電影《毒太陽》，那時俄國導演還能拍出此種深刻反思史達林主義的電影。在《毒太陽》中，音樂老師波里在臨終前充滿沮喪地說：「眞氣人！我渡過了如此多姿多彩的一生，但死之前居然看見了什麼？載滿鵝的火車！眞氣人，我看見的竟然是載滿鵝的火車！老天？」觀衆或許會追問：載滿鵝的火車有什麼不對嗎？載滿鵝的火車意味著什麼？它爲何讓一名音樂家死不瞑目？電影的主人公、祕密警察密迪亞在逮捕了戰爭英雄高托夫後，坐在汽車裡望著窗外飛馳而過的田野，沒有一點勝利者的喜悅和自得，在陰鬱中重覆這句話，「載滿鵝的火車」！這句咒語般的話，讓密迪亞萌生了自殺的念頭。他掌握了權力，但他內心深處曾珍惜的一切──愛情、家庭、音樂──全都被極權暴政碾得粉碎。他不能忍受眼前全是「裝滿鵝的列車」的生活。

在歐洲，鵝是愚蠢的代名詞，類似於中文世界中的豬。想一想裝滿豬的列車，你就明白這個典故的內涵。「裝滿鵝的列車」的意象讓俄國的警察頭子痛苦地自殺，「裝滿豬的列車」的意象卻不能觸動中國的警察頭子──中國的警察頭子如傅政華和孫力軍，即便被判處死緩和終身監禁也不會自殺。而更多的「大白」們依然在傅政華和孫力軍的成功與滅亡之路上奪命狂奔。

生當作人礦，死亦爲標本

你的身體不是你的身體，你的屍體也不是你的屍體

宋代詞人李清照在〈夏日絕句〉中寫道：「生當作人傑，死亦爲鬼雄。至今思項羽，不肯過江東。」如果聯繫當下中國的時事，這首詩歌可以改寫成：「生當作人礦，死亦爲標本。至今思董卓，屍體點天燈。」

董卓是東漢末年挾天子以令諸侯的軍閥，他被呂布殺掉後，被曝屍於集市。史書記載：「卓素肥，膏流浸地，草爲之丹。守屍吏暝以爲大炷，置卓臍中以爲燈，光明達旦，如是積日。」唐代詩人高適感歎說：「懸首燃臍，遺臭萬代，骨肉灰燼，不其快哉！」丁耀亢在《天史》一書中評論說：「燃臍達旦，脂膏自煎，何快也！」

董卓的屍體被當做蠟燭點燃，是他生前屠戮太多，政敵和民眾以此洩憤。今天中國卻有無數無辜平民，死後屍體被盜賣，切割成不同部分來重複使用，死者的遭遇跟董卓差不多。2024 年 8 月 8 日，律師易勝華公開揭露盜賣屍體產業鏈案件，他說自己聽到這個案件後，頓時毛骨悚然，坦言做刑事律師這麼多年，辦過的案子形形色色，還是第一次如此震驚和憤怒，「誰知道自己領回的親人的骨灰是不是真的？」

根據披露的官方資料，在 2015 年至 2023 年間，山西奧瑞生物材料公司涉嫌在四川、廣西、山東等地非法購買遺體與殘肢作為原材料，再將這些屍骨重新加工後用生產「骨植入性材料」產品。總共超過七十五人涉案、盜賣的屍體超過四千多具、總計非法營利三點八億人民幣。全案涉及單位包括山西奧瑞公司、四川恆普科技有限公司、山東青島大學附屬醫院肝病中心、桂林醫學院、桂林市殯儀館、平樂縣殯儀館、永福縣殯儀館等。

該案中最具黑色幽默卻又讓人欲笑又笑不出的一個事實是：幕後操控者山西奧瑞公司總經理李寶興，其專業是人體解剖與組織胚胎學，主持自主研發的「同種骨植入材料」產品獲得九項國家專利，曾被評為「全國勞動模範」。「全國勞動模範」的金字招牌的背後，卻是喪心病狂利用屍體發財的黑心罪犯。

更讓人拍案驚奇的是，隨著「盜賣屍體案」不斷發酵，八月九日中國股市開盤，中國骨科材料概念股集體高開，正海生物、奧精醫療、大博醫療競價漲停，凱利泰、威高骨科、冠昊生物、康拓醫療、春立醫療等高開超百分之七。對此，有網民評論說：「為什麼不是跌停，而是漲停，這到底是什麼社會，真是人間地獄啊。」

比屍體被盜賣更可怕的是，在天網無孔不入、攝像頭超過兩億的中國，每年居然有上百萬人失蹤，其中有很多是青少年。江西少年胡鑫宇離奇死亡案，以及 2017 年武漢數十名大學生失蹤案，均草草結案，引發人們的熱議：這些案件是否跟人體器官移植有關？

據深圳新聞網報導：7 月 14 日上午，深圳市人民醫院順利完成兩台肺移植手術，與肺纖維化患者老楊匹配的肺源是從廣州通

過直升飛機運到深圳的，整個過程僅耗時半小時。有網友披露，老楊正是楊振寧的長子、美籍華人楊光諾。楊振寧晚年投共，果然為家人謀到了在美國求之不得的福利。而肺的來源，報導語焉不詳。

中國是全球最大的器官買賣國。有知情人透露：「牙齒一顆一萬，滿口牙二十八顆二十八萬。肺約六十萬。心臟約三十萬。腎約三十五萬。骨髓約八十萬。眼角膜一隻約十萬，一雙約三十萬。以前人體器官移植，只是一條灰色產業犯罪地帶，雖然血腥惡毒，但尚不致於敢公開收買。被拐騙拐賣的人，運氣好的至少還有條命。現在合法化了，各大醫院明碼標價的大量收購。至於供體來源的合法性，只有天曉得。兒童器官很值錢，但最好的還是十二歲以上、三十歲以下的器官最優質。年齡愈大，器官愈不值錢，但還是有剩餘價值，比如脂肪可以熬屍油，骨頭可以製作鈣片，醫美圈可以用作塑形材料等。在人體器官販子眼裡，一個個孩子，就是一垛垛行走的百萬大鈔。」

誰願意做中國人的孩子？誰願意做中國人的母親？

杜甫的兩句詩歌揭穿了天寶盛世的真相：「朱門酒肉臭，路有凍死骨。」而今天的中國，就連「凍死骨」也要被再利用一次。一個吃人不吐骨頭的時代來臨了。如果不是特權階級，中國人死後不能保有自己的屍體，生前也不能擁有身體的自由。

日前，「中華兒慈會9958兒童緊急救助項目」河南負責人、南陽志願者聯合會副會長、南陽臥龍區自願者協會法定代表人雷克被舉報。舉報稱，雷克要求接受善款的患兒母親陪睡，陪一次給一次錢。

2024年8月5日，有官方人士向澎湃新聞證實，雷克數月前已因涉嫌職務犯罪被相關部門帶走調查，目前案件已轉至檢察機關。對於網上舉報內容是否屬實、是道德問題還是刑事犯罪等問題，相關部門正在進一步核查中。

據網友貼出的微信聊天記錄顯示，本身有家室的雷克向患兒母親發出許多曖昧的話，如「我沒有愛錯女人」等。另一則微博截圖是受害母親的陳述：「為了孩子，失身算什麼。」有網友爆料稱，「雷克讓患病孩子媽媽陪他睡一次，給一點捐款，再睡一次，再給點捐款，直到把患病孩子拖死，把捐款吞了」。

早在2020年，就有網友發帖揭兒慈會藏污納垢，提到一個河南省金牌志願者，拿善款要脅患兒家長，侵犯女性，斥為「渣中之渣」。這名「金牌志願者」就是雷克——他曾榮登河南2017年「中國好人榜」，還被新華社客戶端2019年的報導中譽為「出彩河南人」。可見，中共當局頒發的榮譽多麼名不副實，勞動模範盜取他人的遺體，金牌好人姦淫孩子的母親，清末的諷刺小說家也想像不出這樣的情節來。

在中國，當孩子很不容易。孩子像花朵，祖國卻不是任由花朵綻放的大花園。多年前，新疆克拉瑪依市友誼館發生一場大火，三百二十五人死亡，其中兩百八十八人是中小學生。火災發生時，有人向學生喊：「讓領導先走。」民間盲人歌手周雲蓬寫了一首名為《不要做中國人的孩子》的歌：「不要做克拉瑪依的孩子，火燒痛皮膚讓親娘心焦……不要做中國人的孩子，餓極了他們會把你吃掉，還不如曠野中的老山羊，為保護小羊而目露凶光……不要做中國人的孩子，爸爸媽媽都是些怯懦的人。為證明他們的鐵石心腸，死到臨頭讓領導先走。」無獨有偶，文革期

間,習近平的母親不也在批鬥大會上呼叫打倒自己的丈夫和兒子嗎?習近平今日的暴政,是否為昔日創傷後遺症的總爆發?

其實,中國的父母誠然怯懦,卻也為孩子付出了難以想像的代價。近期在微信上瘋傳一組截圖:一名母親為了孩子能讀上一所好的私立幼稚園,陪睡了校長。這位妻子竟然把這件事告訴丈夫。丈夫表示:「不在這裡上了,寧可回小縣城讀書也不在這裡上了。孩子不需要母親用這樣的方式為他贏得起跑線。母親陪睡的做法是出軌、很丟人。」母親卻為自己辯解說:「為了孩子這點犧牲又算得了什麼呢?我陪校長睡完全是因為丈夫沒有能力,我也非常委屈,這不是出軌。陪睡是我們現在能負擔得起的最輕的東西,我在為整個家庭犧牲。」看到這位母親的這段話,有人感慨說:中國人的母親多麼偉大!

1947年,國共內戰期間,毛澤東為十四歲被國民黨殺害的共產黨員劉胡蘭親筆題字「生的偉大,死的光榮」。十年後,毛再次題字,號召中國的孩子們向劉胡蘭學習。然而,讓劉胡蘭沒有想到的是,更多的中國孩子不是被國民黨殺害,而是死於苛政猛於虎的共產黨政權之手;很多活下來成為母親的中國女子,為了孩子而淪為權貴床上的玩物。如果劉胡蘭知道新中國的真相如作家冉雲飛所說「許多中國人的一生,就是從苟活到枉死的一生」,她還願意為之而死嗎?

這國殺人，那國救人，你願當哪國人？

見義勇為的女英雄為何被辱罵成女漢奸？

2024年6月24日，蘇州高新園區塔園路新地中心公交車站附近，一名中國男子持刀襲擊一對日本母子，連帶攻擊在日本人學校校車上的乘客。凶徒的主要襲擊對象是只有三歲的日本小孩。擔任校車引導員的胡友平女士挺身而出，阻止歹徒行凶，遭連捅數刀，最終傷重不治。

如果被暴徒登上坐滿孩子的校車，後果將不堪設想。來自江蘇淮安農村的胡友平的勇氣和犧牲，感動了日本。北京的日本大使館和上海總領事館，為胡女士降了半旗。日本外務大臣上川陽子在記者會上說：「胡友平女士不顧個人安危挺身而出，避免了校車內的日本學生受到傷害。我謹向此英勇行為致以由衷的感謝和敬意，並表示深切哀悼。」

然而，是否如日本大使館的微博所說「相信胡友平的勇氣與善良代表廣大的中國民眾」？此後發生的一系列事件，與日方樂觀的期待背道而馳。

在中國，像胡友平那樣以血肉之軀擋利刃尖刀的，是少數中的少數；為屠戮婦孺的暴徒叫好並網暴阻止暴力的英雄的，卻是

相對意義上的多數。

在充滿對日仇恨教育的中國，很多人把襲擊日本無辜婦幼的暴徒當成英雄，在網上出現大量支持行兇者的輿論。一段流傳甚廣的短影片說：「雖然抗日戰爭已經結束幾十年，但是日本人的狼子野心早就昭然若揭。所以誰也不敢保證這些純日本人學校到底在做些什麼見不得人的勾當。」一位中國女子給蘇州公安打電話，要求釋放凶手，她說：「周某某是英雄，殺日本人就是殺畜生，殺雞；我們在自己家裡殺一隻雞，有什麼不對嗎？毛爺爺拚命打下的江山，日本人有什麼資格分享我們的教育資源？」有人說：「日本人就該死，包括婦女兒童，這不是底層矛盾，這是國家仇恨。要是哪天爆發戰爭，無論婦女兒童，對於日本人就要見一個殺一個，見一對殺一雙。」有人說：「現在就是一個平民、無辜的日本老人或者日本嬰兒在我面前，我也下得去手！」有人回應說：「我也是，嬰兒就地掐死。」有人說：「惡魔的後代也是惡魔，沒啥下不去手的。」當有人質疑這些說法沒有人性時，有人理直氣壯地反駁說：「你是我華夏子民嗎？換了我一定肢解，做成刺身。不過之前一定要活著打開天靈蓋，來一個油潑日本嬰兒腦。」這些言論才是中國的主流民意。這種主流民意正是中共長期宣傳洗腦形成的。

與此同時，已經去世的胡友平在社交網絡上遭遇大量網暴，有人辱罵她是「女漢奸」，要求對她的身分進行深挖：「那是日本校車，她救的是日本人，憑啥見義勇為了？」還有人說要成立「鋤奸隊」。

連中共官方也覺得這些言論對中國的國際形象不利，趕緊剎車和清除。這些年來對中國形成極端民族主義乃至種族主義立下

汗馬功勞的《環球時報》前總編輯胡錫進也站出來為之降溫，卻被更極端者打成漢奸。胡錫進從來不曾反省自己是暴民政治的始作俑者之一，遭遇反噬是其宿命。

冰凍三尺非一日之寒。長期以來，中共當局將日本當做歐威爾所說的「公共污水溝」，反日教育從孩子做起，效果顯著。比如，山東省棗莊市第三中學舉辦秋季運動會，負責開幕式的高二學生表演安倍晉三遇刺話劇，當飾演安倍的學生中彈，緊接著另一批學生高舉「兩聲槍響屍骨寒，污水排海遺後患」的紅色橫幅，全場歡聲雷動。

當下中國之精神氛圍，與義和團時代一脈相承，正如梁啟超在《中國積弱溯源論》中所說：「夫今日拳匪之禍，論者皆知為一群愚昧之人召之也。然試問全國之民庶，其不與拳匪一般見識者幾何人？全國之官吏，其不與通拳諸臣一般見識者幾何人？國腦不具，則今日一拳匪去，明日一拳匪來耳。」

日本最大的不幸就是與中國為鄰

這個國家的國民在為殺人者叫好並妖魔化英雄，那個國家卻在以舉國之力營救並非其國民的外國遊客。

據日本靜岡電視台7月10日報導，一名中國女遊客7月8日晚在靜岡縣一處海濱浴場下海後失蹤。這名來自中國成都的二十多歲的女子，與朋友擅自闖入未開放的海水浴場游泳，被浪沖走。其朋友急忙報警，用很不流利的日文說「朋友在海裡游泳時失蹤了」。日本警消與海上保安廳調動大批人力進行聯合搜救。但直到當天深夜，搜救人員都沒有找到被沖走的中國女子。

三十六小時後，這位中國遊客在一百公里外的千葉縣海域被

發現,在附近的一艘油輪展開救援行動。雖然從船的最低處放下三米長的梯子,但當事人已虛弱得無法自己爬上來。於是,油輪船員跳入水中救援,由於有兩米高的海浪上下起伏,搜救人員盡力拉住繩子,人也隨著浪高忽上忽下。團隊合作花了約三十分鐘,終於救援成功。隨後,海上保安總部第三管區派出直升機,將該女子送往橫濱市的醫院。該女子有脫水問題,在醫院打點滴輸液,但意識清醒,沒有生命危險。

該女子的朋友後來在社交媒體上披露,當時她與其他朋友撥打中國駐日本大使館的電話,結果是空號;寄電郵給中國大使館,無人回應。隨後,她在小紅書等中國的社交媒體上求救,卻被社交媒體封鎖禁言。

有中國網友在社交網站上討論說,這種海外出了事找不到中國大使館的狀況,可謂是「常規操作」。中國演員吳京演出的民族主義愛國片《戰狼》系列,吹噓拿著中國護照、舉著中國五星旗在天涯海角都會被中國政府救回,其實與現實生活中的情況完全脫節。

這一次,拯救陷入危難中的中國公民的,不是中國政府的駐外機構,而是日本政府和民間團體。日本幾乎是以舉國之力搜救這位中國遊客,僅僅派遣直升機用最快速度將其運送到醫院醫治,其費用就是一筆天文數字。日本政府沒有因為這位中國遊客違反海灘的有關規定就對其置之不理,展現了一個成熟的民主國家的人道主義精神。中國政府不將自己的公民當人看,日本政府卻將中國公民當人看,兩個政府真是天壤之別。

多年前,中國學者和記者馬立誠曾撰寫了一篇題為〈對日外交新思維〉的文章,批評反日的民族主義宣傳,倡導中日「大和

解」，卻被很多中國人辱罵為「漢奸」。馬立誠指出，很多中國憤青以為日本官方從來沒有承認過去侵略過中國。

實際上，中日之間有三個政治文件，其中1998年的《中日聯合宣言》說，日方表示痛感由於過去對中國的侵略，給中國人民帶來了巨大災難和損害，對此表示深刻反省。中日邦交正常化以來，日本政府和領導人在不同場合公開表示反省道歉多達二十五次。中國官方媒體從不報導。

其次，日本是中國現代化建設的最大援助方。自1979年以來，日本向中國提供大量低息貸款，援助了中國一百六十多個重要工程——包括最早的北京地鐵。當時，中國的資金非常缺乏，日本的長期低息貸款堪稱雪中送炭。日元貸款的平均利率是百分之一到百分之二，三十年到五十年償還；而世界銀行的貸款利率是百分之四，三年償還。然而，中國政府對此閉口不提，很多中國人對什麼是政府開發援助一無所知。

這國與那國，中國與日本，誰是野蠻國家，誰是文明國家，桃李不言、下自成蹊。當年我也曾是反日憤青，但當我去日本訪問一次後，對日本的看法就全然改觀，中共的反日宣傳一夜之間灰飛煙滅。這也是中國遊客將日本當做國外旅行首選目的地的原因，也是「潤」出中國的人們對日本趨之若鶩的原因——日本已有百萬中國移民，早知如此，何必抗日？

無論多麼愚蠢的人，也有趨利避害、近善遠惡、並享受文明、禮貌、尊重、清潔之生活的本能。沒有人真正將豬圈當做天堂，也沒有人真正將天堂當豬圈。

中國博士副縣長爲何對
日本孩童被殺叫好？

黃如一是看橫店影視長大的嗎？

2024 年 9 月 19 日，一名居住在中國深圳的日本籍、中日混血的十歲男童，在母親陪伴下前往日僑學校上學途中，遭一名中國男子持刀砍殺身亡。由於事發突然，母親在現場看著孩子被砍到肚破腸流，淒烈地呼救，卻已無力回天。

噩耗傳出，日本駐中國大使館降半旗致哀並表示「事態嚴重」，日本外相譴責此事極爲「卑劣」。不少中國網民卻不以爲然，說過去有中國人在日本被殺時，中國政府向來低調處理，不像日本這樣大張旗鼓。這種質疑反倒表明，日本政府是民選的，重視每一個普通公民的生命；而非民選的中共政權，一邊宣揚「一個也不能少」的戰狼精神，一邊卻對普通民眾的死活漠不關心。

此事發生後，四川省甘孜州新龍縣委常委、副縣長黃如一在微信聊天群的一番高論引起熱議。

黃如一說：「殺一個日本小孩算多大的事呀？」當有人說這是濫殺無辜時，他反駁說：「沒有濫殺無辜，殺的是日本鬼子。」他還將與此事並無關聯的美國拉來陪榜：「日本鬼子的美爹每天

都在殺幾百吧？」中國的極端民族主義者，在反日的同時必定反美，他們早已忘記，在二戰中，如果不是美國幫助中國抗日，中國早已淪為日本的殖民地了。

還有人反駁黃如一說：「我看你的頭像是解放軍，我們解放軍即使在戰爭時期也是有紀律的，不會殺孩子。」黃繼續強辯：「我們的紀律就是殺日本人。」

9月21日，一位知情人士告訴媒體，網傳微信群聊記錄屬實，涉事群聊是百人大群，主要為出版、傳媒等行業的書友群。

9月22日，甘孜州及新龍縣有關部門披露，涉事者黃如一確為新龍縣政府領導成員。新龍縣政府辦一工作人員稱：「這件事情我們這邊已經掌握，也高度重視，正在處理當中。」甘孜州政府辦一值班人員亦表示：「我們已經了解，已經報上去了，肯定要處理。」另據新龍縣一官方人士透露，介入調查此事的部門涉及縣委、公安、宣傳等多部門，「後續的處理結果會公布」。

據公開資訊顯示，黃如一為1983年生人，生於重慶梁平，先後畢業於重慶大學城市建設與環境工程學院建築環境與設備工程專業、建設管理與房地產學院工程管理專業和四川大學建築與環境學院人居環境專業，最高學歷為工學博士。2010年，加入中國共產黨。2021年，升任四川省農村能源發展中心副主任。同年，掛職甘孜州新龍縣委常委、副縣長，負責省直定點幫扶等工作。以黃如一的年齡而論，在官場的升遷速度頗快。如果沒有發生這次的事件，未來一定能平步青雲。

黃如一的言論是「言為心聲」，不足為怪。他是看橫店影視基地拍攝的反日影視作品長大的，也是中共的仇恨教育和宣傳培育出的「觀念殘缺」一代。他擁有博士頭銜，卻不具備基本的常

識、常理、常情，換言之，他並未得到啟蒙。所謂啟蒙，用康德的說法就是「照亮」，就是「人從他咎由自取的受監護狀態中走出來」。

黃如一是受害者，同時又是加害者。英國學者畢可思在《滾出中國》一書中指出，對於二十世紀的中國歷史，「中國共產黨批准的故事是片面且自私的，而且最終會擦搶走火。人們經常聽見新的、氣憤的民族主義示威者大聲要求戰爭，要求殺了日本人。這樣的民族主義蘊含了災難。但這不止牽涉日本。近代以來曾羞辱過中國的國家沒有一個是安全的」。

2012 年 11 月，剛剛掌權的習近平在參觀了中國革命歷史博物館之後表示：「中華民族遭受的苦難之重，付出犧牲之大，在世界各段歷史中均屬罕見。」這是習近平報仇雪恥的「中國夢」的起點。在此意義上，黃如一就是習近平的孩子。

黃如一身上的「毛澤東人格」與「邊緣知識分子」的恨意

黃如一是如何煉成的？這是觀察今天中國民情的一個重要視角。黃如一後來在重慶和成都這樣的大城市讀大學，但他出生於較為貧困和封閉的梁平縣，屬於韓寒所謂的「小鎮青年」。進入 21 世紀，中國的縣城尤其是西部縣城經濟衰敗、治理混亂，導致文化、資訊、知識和共同體精神大幅衰減。受此一時代背景影響，「小鎮青年」在知識結構、精神氣質和思維方式都被烙上「邊緣人」烙印。黃如一通過高考脫離縣城，然後學而優則仕，成了「半個七品芝麻官」的副縣長，但他身上的「邊緣人」人格根深蒂固，所以才會「對世界充滿恨」且「語不驚人死不休」。

史學大師余英時曾批評說，費正清等美國的中國問題專家因

不了解毛澤東邊緣人的複雜心理,不了解中共繼承了中國歷史上邊緣人造反的傳統,而對中共政權做出一而再、再而三的誤判。余英時將中國的共產革命解釋為邊緣人奪取權力、破壞民間社會的過程,隨著革命不斷升級,邊緣人對社會的破壞也愈大。「實際上毛澤東的真本領是在他對於中國下層社會的傳統心理的深刻認識。但這裡所謂『下層社會』並不是千千萬萬安分守己的農民,而是那些三教九流、痞子光棍之類。用價值中立的名詞說,即是社會邊緣的人物」、「革命為中國原有社會中各階層的邊緣人提供了進入社會中心的機會。城市中不得志的知識人、市民、以及鄉村中無業的地痞、流氓等都湧進了革命的行列」。

余英時指出,「毛澤東可以說是集各種『邊緣』之大成的一個人……沒有受過完整的學校教育,但也沾到了知識界的邊緣;他最熟悉的東西是中國的舊文史、舊小說,但又沾到了西方新思潮的邊緣;他在政治上最獨到的是傳統的權謀,但又沾到了『共產國際』的邊緣……。歷史的狡詐把他送回了邊緣人的世界,特別是他最熟悉的中國農村的邊緣世界,他的生命本質終於能發揚得淋漓盡致,這恐怕是連他自己也是始料所不及的」。毛澤東貴為權力比古代皇帝大得多的「主席」,卻滿口粗話,以粗話顯示其權威及羞辱此前瞧不起他的知識分子。這是一種極度自卑和極度自傲結合的「邊緣人」人格的體現。

余英時還注意到,中國寫毛澤東生平的人往往強調他「好讀書」,尤「好讀史」。這當然是真的,毛在晚年眼睛動白內障手術之前,即便是戰爭年代或政治鬥爭激化之際,仍手不釋卷。但比喜歡讀書更重要的是讀什麼書。余英時仔細檢視並分析說,毛早年和中年讀得最有心得的是所謂「稗官野史」,如《水滸傳》、《三

國演義》之類。毛的作品中引用得較多的是這兩部小說中的典故。1945年，重慶國民參議院代表團訪問延安，學者傅斯年感覺毛澤東活像《水滸傳》裡的造反者，發現毛對舊小說非常之熟，這不僅僅是出於消遣，更是為了研究中國下層社會的心理。

在這一點上，黃如一與毛澤東的興趣愛好驚人相似：黃如一並非「學好數理化，走遍天下都不怕」的理工男，他對文史頗有興趣。他喜歡讀書，更喜歡舞文弄墨，不顧官場的繁忙，業餘從事通俗歷史寫作，曾出版《鐵血強宋》、《煮酒話太宗》、《釣魚城保衛戰》、《冰火大明》、《解碼西遊》等作品，在官場堪稱奇葩。但從書名就可以看出，黃如一對中國歷史的認識和闡釋有嚴重偏差，就如同納粹用種族主義來改寫日耳曼人的歷史，就連被公認為軍事上無能的宋朝也被其翻案為「鐵血強宋」。這樣的歷史敘述，很對習近平的胃口。

邊緣人與邊緣人惺惺相惜。習近平雖身為太子黨之一員，但在其父親倒台後，長期淪為邊緣人。邊緣人對社會充滿仇恨，這種仇恨很容易轉化成排外情緒。

中共標榜習近平是一名熟讀中外歷史的偉大領袖，「從讀書中汲取治國理政經驗智慧，用書香涵養民族精神力量」。既然如此，習近平不妨重用文理兼修的黃如一，提拔其當南書房行走，讓其起草講稿，一定不亞於當年的「九評」，讓帝國主義膽戰心驚。

一個自以爲英雄的懦夫的非正常死亡

付國豪在香港自編自演的苦肉計

2019年8月13日，在極端民族主義黃色小報《環球時報》當編輯的付國豪，沒有記者證，卻身穿記者反光衣，跑到香港國際機場，近距離拍攝反送中運動的示威者。這不是記者的所作所爲，而是特務行徑。

付國豪被示威者包圍並抓獲，人們發現他證件上的名字叫付國豪，信用卡卻叫付豪，一人竟有兩個名字，極似國安人員。於是，群情洶湧，將其捆綁起來示衆。其間，付國豪展露出詭異的微笑，還用普通話高喊：「我支持香港警察，你們可以打我了！」一副視死如歸的英雄形象。

此一事件正好被北京當局拿來當做指控香港抗爭者暴力化的證據。中國官媒廣泛報導愛國記者在香港被打。付國豪回北京時，胡錫進等《環球時報》高層親自接機和獻花，《人民日報》亦發表名爲〈付國豪，眞漢子！〉的評論文章。

一夜之間，付國豪名滿天下。無數民間戰狼給他寫信、郵寄禮物，他儼然被視爲「國家英雄」。《環球時報》給他十萬元重獎，胡錫進鼓勵他在北京買房娶妻，似乎要將其培養成「叼飛盤黨」的第二代掌門人。

2021年1月初，付國豪機場遇襲事件中的三名施襲者，被香港法院裁定暴動、襲擊致造成身體傷害、非法禁錮罪罪成，分別被判入獄四年三個月至五年半不等。

然而，付國豪的熱度，來得快，去得也快。一年多之後，付國豪透露，他因收入偏低，無法在北京立足，黯然回到天津。但既然此前曾與香港「結緣」，他產生了到香港工作的意願，多次寄求職信到「成名」之地香港求職——香港已被中國再殖民，適合他的工作單位多如牛毛，如國安處、中聯辦、新華社香港分社、大公報、文匯報等，無一不可讓其大展拳腳。

然而，天不遂人願，據付國豪父親付成學在2021年7月發布的「告兒書」中所說，付國豪到香港工作的理想因「西方勢力滲透香港」而石沉大海：「你（付國豪）雖多方向香港媒體單位寄簡歷求職，然，均未回覆。這不是你的問題，西方勢力滲透香港幾十年，媒體毒滲尤甚，毒媒黃媒曾猖狂鼓譟，記協等港獨組織變本加厲，無所不用其極。深恐之後他們將會孤注一擲，以身施暴，此刻的香港人非常需要正義的聲音，香港人民的聲音！」

看來，付國豪這樣的小粉紅，就像用過的衛生紙，或能量耗盡的電池，很快被主人無情地當做垃圾扔掉。此後，付國豪患上嚴重的抑鬱症。

2022年11月18日，付成學在「今日頭條」平台發文說，兒子在前一年的10月25日已經死了，年僅三十歲，是因病去世，那個病是抑鬱症。抑鬱症通常不會致命，因抑鬱症而死，是自殺。

付成學特別解釋了為何事隔一年多才公布兒子死訊，稱其「不能做出哪怕點滴，不利於國家利益和形象的，一點點細微的

污損」。2021年底,「兩年多的時間裡,中華大地,疫情肆虐,各級政府疲憊之極,百姓心呈焦慮」,加上「台灣當局以虎謀皮,圖謀不軌,台獨企圖暴露無遺」,而且「《國家安全法》雖出台,但香港黑惡勢力仍然猖狂」,付國豪去世的消息若不選擇一個適當的環境和空間公開,很有可能成為「境外居心叵測勢力的投毒素材」。他又指,「西方仇華勢力,虎視眈眈,小動作不斷」、「黨的第二十大召開之際」也是他選擇不披露兒子去世消息的原因之一。

有其父必有其子,有其子也必有其父。付成學的這段解釋,畫虎不成反類犬,將人們對其「英年早逝」的兒子的最後一點同情都消耗殆盡。他將兒子的死亡高度政治化,將兒子塑造成當代屈原或陳天華,不是因為個人不得志而死,而是心憂國事的「第二種忠誠」,所謂「感時花濺淚,恨別鳥驚心」。台獨、「香港黑惡勢力」和「西方仇華勢力」乃是害死兒子的三大元兇,好像是這三大元兇害得他兒子在北京買不起房和娶不到媳婦,而黨國對此一點責任都沒有。

什麼樣的父親,才會津津有味地吃兒子的人血饅頭?

付成學的這番表述,就是當眾吃兒子的人血饅頭。魯迅小說中,吃革命先烈人血饅頭的,是旁觀死刑的路人。在今天的中國,連父親也欣欣然地吃兒子的人血饅頭,比易子而食相差無幾。

付成學無非是以此向官府討要撫恤和恩典。他竭力放大其子的影響力和死亡的價值。其實,他心知肚明,他兒子是螻蟻般的小人物,其死亡不會影響政局,更不會影響國際局勢。但他將兒

子的死亡與「家事,國事,天下事」勾連起來,他兒子頓時變得如同毛澤東為劉胡蘭所寫的題詞那樣「生的光榮,死的偉大」。可惜,中國沒有忠烈祠,否則付國豪一定可進忠烈祠。

其父「過度闡釋」的方式,比其子的死亡方式更具「重新闡釋」的價值。

英國劍橋大學教授透納假借古羅馬奴隸主傅可斯之名出版了《如何豢養一隻奴隸》一書。書中寫道,奴隸這個詞原本的意思是指一個人的奴性特質,但真正的奴隸是那些行為舉止缺乏道德感的人,無論他們是奴隸還是自由人。有的自由人具有奴性,有的奴隸具有高尚的氣質。唯有那種自甘為奴的人,才無藥可救。

從付成學的文字中可看出,他就是「自甘為奴」者。他沒有因兒子的死亡向薄情寡義的中共當局討說法(連打官司的村姑「秋菊」都不如)、討公道,反倒擔心兒子死亡的消息成為敵對勢力的「砲彈」,給習近平的加冕典禮抹黑,由此將兒子死訊封鎖一年,這是「相忍為國」的古風嗎?

透納在回答「如何使奴隸鞠躬盡瘁」這個問題時,如此建議說:除了鞭子之外,需要給予奴隸足夠的食物,需要慷慨地稱讚奴隸。若從該理論出發,付國豪患抑鬱症和死亡的原因,是黨國(奴隸主)沒有給他更多食物(及車子和房子),沒有給他足夠的肯定和稱讚。黨國有負於付國豪。不過,在黨國眼中,付氏父子只是肆意壓榨和使用的奴隸,遠未達到奴才的位分。付氏父子的悲劇在於,身為奴隸,命比紙薄,卻心比天高,想成為奴才而不得,結果付出沉痛代價。

付氏父子,看似勇敢,實則懦弱。無論是付國豪在香港機場高呼口號,還是付成學在黨國和公眾面前演苦情戲,都是精心算

計的買賣。法國思想家波埃西在《論自願爲奴》一書中寫道：「在暴政的統治下，人們必然變得怯懦、軟弱。」這對父子可以做爲今日中國人精神分析的典型案例。

魯迅說過，中國一向少有失敗的英雄，少有韌性的反抗，少有敢單身鏖戰的武人，少有敢撫哭叛徒的吊客。今日亦如是：中國少有四通橋挺身抗暴的勇士，多的是付氏父子這樣自願爲奴的懦夫和走狗。波埃西如此分析此類人物的精神狀態：「人民在受到一個騙子的蠱惑而淪爲奴隸，他們立即陷入墮落狀態，竟然完全忘記了他們的所有權利，幾乎無法再從麻木中喚醒他們，讓他們去重新奪回他們的權利；看著他們如此屈從，又是如此心甘情願，幾乎可以說他們不僅喪失了自由，而且還喪失了對他們奴役狀態的意識，沉淪於麻木和令人遲鈍的奴隸狀態。」

叩拜暴君，必然遠離自由。付國豪沒有資格接近大暴君習近平，只能接近小衙門的小暴君胡錫進──即便是胡錫進，對非正常死亡的前下屬的父親也不會有好臉色。付國豪的悲劇在於，他沒有足夠強大的心理素質和堅韌不拔的意志力，未能煉成胡錫進的接班人。如果他生前仔細閱讀《論自願爲奴》，一定可以活下去，這本書就是他們這類人的心理分析報告：「他們不僅要完成暴君規定的任務，還要猜想他的需要，而且預見到他想要得到什麼，並時常去滿足他的種種慾望，絕不僅僅要對暴君唯命是從，還要設法討好他，爲此他們要放棄自我，勞心傷神，盡心竭力做好暴君交代的事情，因爲他們只以他的快樂爲快樂，他們犧牲自己的愛好去迎合他的愛好，由此扭曲了自己的秉性，離開了他們的天性。自己一無所有，他們的安寧、他們的自由、他們的身體，甚至他們的生命，一切都在他人手中，還有比這更悲慘的的

生活嗎？」如果他讀了這樣的文字，就能像毛澤東勸誡柳亞子那樣「牢騷太盛防腸斷，風物長宜放眼量」，好好活下去，並咬牙打拚。

　　付國豪死掉了，死得其所。他的死亡不會驚醒其他奴隸的黃粱美夢。後來者必定絡繹不絕。

「鐵人三項」與「吉祥三寶」能降低中國的失業率嗎？

「新時代的中國青年」還有出路嗎？

2022年4月，中華人民共和國國務院新聞辦公室發表了一篇題為〈新時代中國青年生逢盛世、共享機遇〉的長文。

該文洋洋灑灑地指出，「新時代中國青年」擁有更高質量的發展條件、獲得更多人生出彩機會、享受更全面的保障支持。該文讚揚說，「新時代中國青年素質過硬、全面發展」，優秀特質包括四個方面：理想信念更為堅定、身心素質向好向強、知識素養不斷提升、社會參與積極主動。最後，該文強調說，「新時代中國青年勇挑重擔、堪當大任」——在平凡崗位上奮鬥奉獻、在急難險重任務中衝鋒在前、在基層一線經受磨礪、在創新創業中走在前列、在社會文明建設中引風氣之先。

這篇文章讓人想起毛澤東對青年人說過的一段話：「世界是你們的，也是我們的，但是歸根結柢是你們的。你們青年人朝氣蓬勃，正在興旺時期，好像早晨八九點鐘的太陽。希望寄託在你們身上。」好像毛澤東真的跟青年一代心連心。然而，話音剛落，毛澤東卻將包括習近平在內的整整一代青年人都送到鄉下當知青，以解決嚴峻的失業問題。如今，習近平用同樣的方式來欺

騙年輕人。文革式的空話、套話、大話，真能掩飾「新時代中國青年」在高失業率之下失望乃至絕望、躺平乃至等死的真相嗎？

由於青年失業率高，儘管大學畢業也不一定能找到工作，中國社會進入所謂的「靈活就業模式」。網上流行「鐵人三項」的說法，意思是體力好的年輕人可以參加「鐵人三項」工作：外賣、快遞和司機；另外還有「吉祥三寶」的說法，意思是年紀大一點人可以參加「吉祥三寶」工作：保安、保姆和保潔。這些工作雖然「低端」，但入行門檻較低，收入可勉強餬口。

此前，媒體曾報導一對父子快遞員的故事：五十多歲的錢灝來自湖北農村，二十年前帶著老婆與獨子北漂到北京奮鬥，希望能改變這個家庭世代務農的命運。由於他只有中學學歷，只能找到在工地當建築工人的體力活。他多年來兢兢業業，一身是傷，卻被包工頭裁掉。後來，中國的快遞行業興起，錢灝當起了快遞員，終於有了一份固定的收入。快遞員的工作風餐露宿，必須忍受夏天的酷熱、冬天的嚴寒，他仍奮力拚搏，別人不跑的地區他跑、別人不接的單他接，只為了能多賺一點錢。

錢灝心中有一個夢，那就是希望獨子錢坤能夠靠著「知識與學歷改變命運」。他在路上跑單時，看著一棟棟的辦公大樓，就希望兒子未來能西裝革履，在大樓裡吹著冷氣辦公。錢灝的夢想支撐著他一路拚搏，到北京二十年後，很爭氣的兒子考進大學並且大學畢業了，似乎前程似錦。

然而，兒子大學畢業之際，正遇上疫情導致的景氣不振，由於沒有北京戶籍，處處應徵、卻處處碰壁。為了活下去，錢坤只好跟著爸爸一起送外遞。錢灝萬分不捨，心中不甘至極——拚搏了二十年，省吃儉用栽培兒子讀大學，最終兒子卻成了跟自己一

樣的外遞員。錢灝表示，職業無貴賤，只是快遞太辛苦了，對兒子跟著他成為快遞業的一員，很心痛。不過，兒子錢坤倒是還看得開，他表示總是要生活，總是要活下去吧，「先幹幾年快遞，存點錢，再看看能不能換工作」。

看到這則新聞，網友們紛紛感歎說，父子一起送快遞不知道是心痛還是溫馨、讀了大學還是逃不了階級固化。奮鬥了二十年，階級固化的大山，還是壓在中國年輕人的頭頂上。

一個名為《皮皮蝦》的節目，在街頭針對「高考能否改變命運」一題，隨機採訪民眾意見，不論是男女老少，幾乎百分之九十五以上的人都認為不可能。

中共能用數字遊戲消滅失業率嗎？

2024年5月23日，習近平與一群精心挑選的企業家和專家舉行關於經濟議題的座談會，當他聽到關於新創投資的發言後，突兀地提出一個問題：「中國獨角獸企業新增數下降的主因為何？」在座眾人，面面相覷。

「獨角獸企業」是指估值達十億美元的民營新創公司。在報導這則新聞時，官媒《人民日報》稱：「問題是時代的聲音，『問題清單』亦是『改革清單』。」馬屁拍得震天響。然而，有微博用戶直言，問題就出在問問題的人，有人甚至反問說：「難道不是因為你？」

此前，著名經濟學者、史丹福大學中國經濟及制度研究中心資深研究員許成鋼接受媒體訪問時指出，中國經濟之所以被習近平搞垮，完全是中共對外害怕發生「顏色革命」，對內又擔心爆發「和平演變」，習近平當局才會全力壓制私有經濟，不惜以犧

牲經濟發展為代價，就是要保住政權而已。

中國經濟加速下行，失業率一路飆升。中國官方數據顯示，2023年5月，十六至二十四歲青年人的失業率升至百分之二十點八，連續兩個月創2018年有統計以來的新高。其中，大學畢業生的情況更糟糕，據國務院發展研究中心研究員卓賢估算，大學生失業率是青年整體失業率的一點四倍，是青年失業人口的主要群體。

隨後，中共當局不再公布此數據。蓋牌半年後，中國國家統計局恢復公布十六歲至二十四歲青年的失業率，在「優化」統計方式、剔除近兩千萬大學應屆畢業生後，失業率下降至百分之十四點九，減幅高達六個百分點。但這也引起中國民眾質疑當局美化數據——在中國，數據居然是可以「美化」的，如同手機拍照時的「美容」功能。北京大學經濟學副教授張丹丹估計，實際的青年失業率恐上看百分之四十六點五，也就是說，接近一半左右的中國青年處於失業狀態。民眾更相信後者的真實性。

中共號稱信奉作為最高級的科學的馬列主義，胡錦濤時代標榜的治國理念就是「科學發展觀」。但實際上，中共認為，「科學」分為兩種，一種是共產黨的科學，一種是非共產黨的科學。非共產黨的科學都是靠不住的；而共產黨的科學，可以超越理性和常識，黨若要人民相信，人民就不得不信，不信的人特別是大聲說自己不信的人就只能進監獄了。比如，大躍進時代，黨聲稱糧食畝產可以上萬斤乃至十萬斤，結果造成餓殍遍野的大饑荒；再比如，天安門大屠殺之後，黨聲稱天安門廣場上一個人都沒有死，於是天安門母親的哭泣被消音。

本來，作為數學分支的統計學絲毫不能造假，但在中國，統

計學卻能「假作眞時眞亦假，無爲有處有還無」──只要黨和黨魁喜歡的數字，統計部門就能照葫蘆畫瓢泡製出來：中國的經濟增長率永遠是世界第一高，中國的失業率則永遠是世界第一低。

就連北京空氣質量的相關數據，也一度是高不可攀的「國家機密」，「屁民」當然不得而知。虧得美國駐華使館從 2008 年起一直在獨立監測北京空氣品質並每天發表精準數據。有一天，美國大使館的官網上，公布北京空氣質量數據時，把傳統形容詞全都用盡，居然稱爲「瘋狂的糟」（crazy bad）。

中共當局不敢封掉美國使館的官網，因爲他們的子弟也要去辦簽證。於是，美國使館公布的數據，迫使中共當局致力於改善北京的空氣質量。中國網民們紛紛感歎說：「記得剛公開數據時，被中國官媒渲染成干涉別國內政、當局強烈抗議美帝國主義干涉我國空氣質量。」更有人說，「天天罵的人卻救了無數人的生命，天天誇的人卻處心積慮致無數人死命」。還有網民表示，「眞的感謝你！可敬可佩的紙老虎（毛澤東曾指美帝國主義是紙老虎）」、「感謝美帝讓屁民知道還有 PM2.5 這個東東」。

中共從來就是科學的敵人，中共公布的各項數據全都是胡編亂造的。中國的失業率不可能通過偽造數據的方式來降低，習近平也永遠不會承認是他和他的馬屁精們毀掉了中國經濟發展的引擎。

誰不是人質,或者人質的人質?

從今天起,不再為公權力口交

在習近平喪心病狂的「清零」政策中,居委會和偽志願者成為忠心耿耿的打手,不是拿著雞毛當令箭,而是拿著令箭當砧板。強行入戶測核酸時,有居委會工作人員對抗議者說:「你的軟肋是你的兒子。」當大學生舉起白紙抗議時,有大學校長赤裸裸地威脅說:「你們的父母也會受牽累。」在他們眼中,中國人都是人質,家庭成員互為人質。

此前,經濟學者、民間教育機構「傳知行」負責人張大軍在被約談時,國保警察恐嚇說,「我們知道你的女兒在哪裡上幼稚園,你最好小心點」。這句話也讓張大軍下了離開中國的決心。維權律師陳建剛的還在上幼稚園的兒子被國保警察用真槍抵著頭部恐嚇,這恐怖的一幕發生後,陳建剛一家決定逃離中國,他本人願意成為殉道者,但不願讓兒子成為犧牲品。

1989年,劉曉波在六四後第一次被捕,那時他的父母是他的人質。在中共的壓力下,他在大學當教授的父親到獄中探監,撲通一聲就向兒子下跪,哀求兒子順從當局的意志寫一份悔過書。面對給自己下跪的父親,劉曉波不得已寫下悔過書,此事成為他終身的懊悔。

2008年，劉曉波最後一次被捕，這一次他的妻子劉霞成了他的人質。這還不夠，中共當局逮捕並重判劉霞的弟弟劉暉，劉暉又成為劉霞的人質，成了「人質的人質」，成了「第二重人質」。中國人的境遇，如同俄羅斯套娃，一個套著一個，永遠沒有自由和獨立。

一旦成了人質，下一步就是淪為奴隸，萬劫不復。在中國，對於愛自由的人來說，坐監獄跟不坐監獄，就是小監獄與大監獄的差別而已。如今在監獄中王怡，早在2005年應邀出席在歐洲布勒格召開的國際筆會第七十一屆年會時，就發表了一篇題為〈我們是作家，不是人質〉的主題演講。他向來自世界各國的作家揭示了中國作家的悲慘處境：「在一個全球化的當代，請諸位看，這是一群多麼卑微的寫作者。他們在接近人類最低的那個起點上開始寫作。這個起點就是一個被損害者的尊嚴。就是活得像一個人，一個自由人。在我的國家，所謂作家，不過就是有能力通過文字、通過寫作使自己活得不像狗的人。……當他以真名出現的時候，他不是作家，他只是一個人質。他的筆也不是筆，而是一副鐐銬。」

如今，很多人懷念十多年前子虛烏有的「胡溫新政」，但就在胡溫當政的時刻，中國作家的言論自由和思想自由早就被剝奪殆盡，王怡一一數算中共的暴政，可謂罄竹難書：「幾年來，中國對寫作自由的壓迫，在某些方面甚至超過了納粹時代。……共產黨的宣傳部門甚至在每天清晨給媒體下達禁止報導的新聞清單。他們在歷史教科書中篡改歷史，隱瞞真相，欺騙孩子。」

胡溫時代，將異議者封鎖在家；習近平時代，將所有人封閉在家。躺平、絕育、學狗爬、遛紙狗……如此這般，中國的年輕

一代並不能擺脫淪為人質和奴隸的厄運。

民國時代，北大學生組織馬克思主義學會，政府袖手旁觀；共產黨時代，憲法中號稱以馬克思主義為官方意識形態，北大的馬克思主義學會卻被國保鐵拳狠狠打擊，成員要麼下獄，要麼開除。中共害怕有人真的信仰馬克思主義，就會發起反對運動將這個假馬克思主義政權推翻。

詩人聞一多（我的老師的老師的老師）說過，「誰猜得透火山的緘默」，如今，一百多所大學的大學生舉起一張薄薄的白紙。「不著一字，盡得風流」，白紙不是起義，也不是革命，但正如最先帶頭舉起白紙抗議的清華大學女學生所說：「如果我們因為害怕被捕，所以就不敢發聲，我覺得我們的人民會對我們失望，我作為清華的學生，我會後悔一輩子！」既然認識到「我們是倖存者，不是旁觀者」的個人境遇，就能清晰地看到「他們會吃人，將來未必不會吃我」的慘澹未來，所以，必須堅持「從今天起，不再為公權力口交」。

你們已經不是人了，你們是靠充電維持的機器

在成都望平街，一群憤怒的民眾聚集起來抗議當局的封控政策。一名領頭的黃衣女子，高聲質問站崗的警察「為什麼要封控」，並悲喊著：「老百姓養著你們，你們就是寄生蟲，而你們還要咬我們，吃掉我們、扒我們的皮、喝我們的血、吃我們的肉。」與之對峙的一群警察，沒有一個敢與示威民眾對視。有民眾高喊：「你們看著我們的眼睛」、「你們應該為人民服務，而不是毆打人民，脫掉衣服加入我們」。但沒有一個警察回應民眾的訴求、讓出通路乃至脫下警服加入到抗議民眾之中。黃衣女子繼

續譴責說：「你們都玩完了，你們都已經不是人了。你們也會成家，你們也會有孩子，你們如何將今天的作為告訴孩子？你們是機器，靠充電來維持。」

從數年前的阿拉伯之春到伊朗的抗議活動再到孟加拉國的學生起義，有很多政府派去鎮壓民眾的軍警脫去制服、匯入民眾的抗議大潮。但在中國，這一幕並未發生。這說明中國軍警的素質比上述國家的軍警更低、中國軍警被黨國洗腦的程度更深，也說明中共的極權主義程度空前絕後——每一個軍警、每一個黨政官員，也都是習近平的人質和幫兇，人質變成幫兇，是人質最可悲的結局。

習近平自稱扛兩百斤擔子走二十里山路不換肩，但他並非超人。若將他送進比賽誰的拳頭大的監獄，他不太可能熬成牢頭獄霸。習近平之無法無天、殘民以逞，另有原因。法國作家波埃西在《論自願為奴》一書中討論了為什麼一個暴君能輕易統治和奴役成千上萬民眾。暴君並不具備神一般的智力和體質，若在戰場上比賽武功，或在考場上比賽智力，民眾中隨便挑選一個競爭者，就能將暴君擊敗。他追問說：「為什麼會有那麼多人、那麼多城鎮、那麼多民族，有時候竟能夠忍受一個獨夫暴君的為所欲為？……這實在是一件令人驚訝的事，然而這居然如此平常，實在應該為此感到悲哀，而不是驚訝。」

波埃西在研究了羅馬帝國時代暴君的統治術之後發現一個規律：在羅馬帝國時代，總是有四到五個人、或五至六人在幫助皇帝奴役整個國家。他們的話暴君能聽得進，他們能接近暴君，或者受到暴君的召喚，成為其暴虐行為的同謀、其娛樂活動的陪伴、其骯髒淫蕩活動的推手，也是其掠奪行為的分贓者。這六個

人將領袖訓練得如此出色，以致他成為全社會的惡人。這個段描述放在當下的中國，完全天衣無縫——習近平與他身邊的六個小矮人組成的中共中央政治局常委會，就是當下中國罪惡的淵藪。

當然，僅僅靠皇帝和六個親信不可能統治龐大的帝國。「六個人手下又有六百人，他們訓練六百人，腐化他們，就像他們腐化暴君一樣。六百人手下又有六千人的支持，他們給六千人加官進爵，或者讓六千人治理行省，或者管理國庫收入，以便讓六千人滿足他們的貪婪，支持他們的暴虐行為，或者讓六千人及時行動，並得以大量作惡。至於六千人之後，人數更為龐大。如果誰想進一步追溯下去，那麼他就會看到不是六千人，而是十萬人，是數百萬人在按此等級關係支持暴君，他們相互之間構成了一張連續不斷的巨網，按此巨網可以一直到達暴君本人」。由此，暴君的統治穩固下來。這就是今日中國的現實：那些將上海抗議民眾抓到大巴上毆打的**警察**，那個面對質疑辯稱「只是看不慣你們的人民群眾」的上海便衣黑**警**姚遠，那些樂此不疲的白衛兵，那個拿孩子來威脅他人的居委會工作人員，那個拿父母來威脅學生的大學校長，都是波埃西所說的「暴君的爪牙」及漢娜・鄂蘭所說的「平庸之惡」。他們是習近平麾下令行禁止的喪屍，是充電之後就伺機而動的機器。喪屍不可能逆轉成人類，機器不可能進化成活人。在這個意義上，共產黨與中國人是分不開的，共產黨像鹽一樣融化在中國社會之中。哪個家庭，哪個人的親戚朋友中，沒有共產黨員，沒有公務員，沒有小官吏？

自由人要爭取到自由，首先要切斷暴君與喪屍和機器之間的聯繫，一旦這種聯繫被切斷，暴君就成了一無是處的孤家寡人，而喪屍和機器也將潰不成軍。

爛尾國度
主流媒體上看不到的中國眞相

第三輯
抓屎敷臉的國度

央視春晚是一場跳艷舞的葬禮

央視春晚：新時代的樣板戲

自從 1983 年春晚這種新時代的精神鴉片誕生之後，2023 年的第四十一屆春晚規模之大、耗資之巨，不能說絕後，也可稱空前。就在粉飾太平、鶯歌燕舞的演播室之外，中國大小城市的火葬場高速運轉，披麻戴孝的家屬排成長龍，還有人自行在院內焚燒親人屍體。

此刻，高速運轉的，不僅是焚屍爐，還有中共宣傳部，一邊焚燒死人的屍體，一邊清洗活人的大腦。共產黨的宣傳機器從來不會閒著，愈是水深火熱、民不聊生，愈是要指鹿為馬、謊話連篇。中共新任宣傳部長李書磊，當年是北大中文系的神童和最年輕的博士，是詩人和文學評論家謝冕門下的高徒，出口成章、下筆千言，如今真博士為假博士效力，如駿馬拉破車，輕車熟路、一日千里。

宣傳部旗下，最大的謊言製造機器就是世界上最大的電視台——中國中央電視台，而央視最經典的洗腦項目就是一年一度的春晚——春晚能夠讓寂寂無名的人物（用央視主持人崔永元的話來說，甚至是一條狗）一夜之間紅遍大江南北。如今，李書磊新官上任三把火，第一把火就是央視春晚。

春晚播出後第二天，央視官網發表報導〈創新高！總台 2023 年春晚全媒體觸達一百一十億人次，再掀海內外關注熱潮〉。該報導指出，2023 年春晚「以溫暖人心的精品節目、亮點滿滿的技術創新、美輪美奐的舞美效果為全球華人送上了一道紅紅火火的文化大餐」。新媒體直播規模和海外傳播量均創歷史新高：電視端，全國電視市場收視總份額達百分之七十六；新媒體端，直播規模達七點六六億。春晚成為各網路社交平台的霸屏話題，五十一個話題詞登上各平台熱搜熱榜第一，並產生千億話題閱讀量。

　　該報導特別指出，春晚海外傳播創下多項新紀錄。中國國際電視台英、西、法、阿、俄語頻道和六十八種語言對外新媒體平台，聯動來自一百七十三個國家和地區的一千多家媒體對春晚進行同步直播和報導。春晚首次實現全球千屏突破，合作傳播遍地開花。美國中文電視台、美國城市衛視、加拿大新動力傳媒、加拿大魅力中國等近三十家海外媒體對春晚進行同步轉播。

　　數字很好看，實際效果究竟如何？以大內宣而論，春晚的洗腦真的有效嗎？有人貼出現場觀眾的表情，讓人一目瞭然。有資格到現場觀摩節目的人，是非富即貴的特權階層。過去，他們坐擁金山銀山，趾高氣揚，笑逐顏開。如今，就連他們都成為習近平暴政的受害者，一個個面如苦瓜、雙目呆滯、印堂發黑、如喪考妣，不像是來欣賞節目，倒像是來參加共產黨的葬禮。看來，試圖靠春晚來「沖喜」並未收到應有效果。過去幾年，能潤的人都潤掉了，潤不掉的人，只能在這座陰雲密布的愁城中，坐等天災人禍漸次降臨。

　　官媒的報導中，更值得民主國家注意的一個事實是：央視得意忘形、一不小心就將其「海外協力者」名單全盤托出。央視報

導中提及與之合作的數十家海外華文媒體及西方主流媒體，到底得到中共大外宣多少經費？

習近平一方面要跟世界尤其是民主世界脫鉤，一方面卻沒有放鬆對全球的文化及制度輸出──這種輸出，比輸出病毒更可怕，病毒危害的是人體免疫系統，中共的文化及制度模式則危害人的精神、心靈和思維。習近平不單單要將十四億中國人變成任由他本人控制、指揮的喪屍，還要將整個地球都變成他的精神殖民地。

過去，西方國家沒有設置「民主的防禦機制」，敞開大門與中國「交流」，結果被中國攻城略地，滲透嚴重，而執法機構找不到中國紅色滲透的蛛絲馬跡；如今，既然央視主動供出「拿人錢財，與人消災」的西方大小媒體和機構，西方國家的執法機構就可按圖索驥、順藤摸瓜，展開一系列調查，肅清從中國輸入的文化毒品，制裁被中國收買的個人和機構，以維護國家安全。

延安窯洞美學是中國式法西斯美學

有趣的是，有網友發現，2023年的春晚，直到結尾時才提到一次習近平，提及習近平的頻率比此前幾屆大大降低。這種現象，不能說明習近平的個人崇拜有所降溫，更不能說明習近平的權力受到挑戰，只能表明李書磊掌管宣傳部後，中共的宣傳策略更加精緻化。有人分析說：「經濟如此之差，死人如此之多，再借助春晚邀功，會起到反作用。他們對人礦心理學研究甚深，怕被反噬。」還有人評論說：「共產黨是任何時候都不會放過往自己臉上貼金的機會。反人類的疫情封控三年，烏魯木齊大火居民死於非命，民企倒閉潮不斷，過年了討不到薪水的農民工維權被

鎮壓，火葬場哀鴻遍野⋯⋯如果過年了還在提黨的偉大，那豈不是抓屎敷臉，遭億萬人痛罵嗎？」

春晚融匯了共產黨的黨文化和若干中國傳統文化膚淺且表層的要素，甚至不惜剽竊日本流行歌曲的元素，某些部分很像法輪功的神韻晚會（兩者互相學習和模仿），另一些部分具備了延安最粗鄙的窯洞文化的特質——習近平的穿著打扮和言行方式，與其說是一名有教養的太子黨和浸染城市文明的北京人，不如說更像延安窯洞中的流氓無產者，如同從毛澤東的《湖南農民運動考察報告》和《延安文藝座談會上的講話》中走出來的「光棍」（余英時稱毛為「打天下的光棍」）。

與其說春晚張藝謀化，不如說春晚習近平化。習近平所代表的，正是中國黃土文化和黃河文化中最黑暗、最封閉、最醜陋的部分，也是當年《河殤》竭力批判和否定的蒙昧專橫、擇惡固執的部分。卻沒有想到，《河殤》問世三十多年後，這些東西再度沉渣泛起，重新占據舞台中心。

春晚是中國式法西斯美學的樣板。法西斯美學是 1930 年代法西斯專政下文藝作品的美學風格的統稱，此概念源自墨索里尼的一句名言：「所謂法西斯主義，首先是一種美。」納粹宣傳部長戈培爾表示，政治「就是現存的最高級的和最綜合的藝術。我們在制訂現代德國政策時，感到我們自己就是藝術家⋯⋯藝術和藝術家的任務在於成形、定形，消除有害的東西，為健康的人創造自由」。納粹官方主導並由名導演瑞芬斯坦拍攝的電影，例如《意志的勝利》和《奧林匹亞》，就是納粹美學的巔峰之作，至今看來，仍然令人時而熱血沸騰，時而毛骨悚然。

與歐洲的法西斯主義美學相比，中共的極權美學等而下之。

從延安的秧歌到央視的春晚,一脈相承。中共來自延安,春晚也來自延安。春晚所凸顯的「美」,是如此不真實,是如此毫無生氣,舞台上所有人都沒有個性。春晚沒有個人,只有群體,只有宏大敘事。推特上一位用戶評論說:「這十幾年,愈來愈乏味的春晚印證了文化與審美的倒退,沒有了時代性與現實性,被架空的文藝創作,讓春晚愈來愈像一具披著國家意志的文藝腐屍。它沒有生命,雖然高歌盛世,但它仍是死的。從腐朽的土地上長出來的文藝,再華麗,也不過是一張空洞沒有靈魂的裹屍袋而已。」

春晚是謊言,是鴉片,是幻術,是催眠。阿根廷學者芬切爾斯坦在《法西斯謊言簡史》中指出,對法西斯分子來說,真理是一種在權力中並通過權力揭示的祕密,權力具有完全先驗的地位,強大的、暴力的、厲害的東西就是真實和正當的,因為它表現了關於人民和國家的超歷史的、神話的趨勢。以此而論,央視春晚試圖傳達一種甜得發膩的幸福感,讓觀眾們像吸毒一般情緒高亢、抽離現實,一如逃離北韓的脫北者的回憶,那是一種「我們最幸福」的欺騙與自我欺騙。

網上流傳一份中國各省春晚收視率的資料,大致有兩個規律:愈往南方,收視率愈低;愈接近海洋,收視率愈低。也就是說,西化和現代化程度愈高的地方,經濟文化愈發達的地方,民眾對春晚這種精神毒品愈有免疫力;西化和現代化程度愈低的地方,經濟文化愈落後,民眾精神生活極度貧乏,對春晚這種精神鴉片就有強烈的需求。

若要讓春晚這種法西斯宣傳品退出歷史舞台,中國民間社會應當努力推動自我啓蒙、自我解放。

毛澤東是屎尿屁文化的始作俑者

從毛澤東到賈平凹父女：滿紙屎尿屁，下流當風流

中國作家賈平凹的女兒賈淺淺，日前入選中國作家協會「2022年協會發展會員」，而她的「代表作」大都是充斥「屎尿屁」的新詩，一度在網上瘋傳。普通網友冷嘲熱諷，偏偏是名校中文系教授跳出來為之保駕護航。

賈淺淺除了有個著名老爸之外，本身亦大有來頭，為西北大學文學博士、中文系副教授、陝西省青年作家協會副主席，獲「2017《詩人文摘》年度詩人」、「2019年名人堂年度十大詩人」等殊榮。

有網友爆料，賈淺淺高考只考了兩百五十分（果然是二百五），一般人若是這個成績，連專科都上不了，她卻順利進入重點大學西北大學，一直念到博士。她的的碩士論文寫的是《賈平凹的書畫藝術》，光看這個題目就知道水準如何——賈平凹不是書畫家，其書畫作品根本不足以作為碩士論文的研究對象，但女兒寫老爸，真是近水樓台先得月。而且，賈淺淺讀博時的導師是一個謎，連博士論文也查不到。更傳奇的是，她一開始讀博，就拿到副教授職稱，這一職稱是如何獲得的？

今天的中國，仍是文革時遇羅克付出生命代價來反對的「血

統論」的中國，如文革時那副對聯所寫：「上聯：老子英雄兒好漢；下聯：老子反動兒混蛋；橫批：基本如此。」官場上有「官二代」，文壇上有「文二代」，貧寒子弟要想出人頭地，門都沒有。

賈淺淺的「屎尿屁」文學在網上引起熱議，連中央級媒體「中國新聞社」也看不過去，發表評論文章加以批評。文章認為：「文學鼓勵傳承，但不應該『世襲』。對於優秀的文學家來說，也不能僅僅是作品優秀，還應該注重家庭、家教、家風。」這個批評頗為委婉，但對賈府而言，卻如同「響鼓不用重錘」，足以膽戰心驚。

賈平凹是西北文化代言人之一，深受陝西和西安地方政府器重，但這一次事件，已超出地方政府控制範疇，他的女兒被網民批評，他無能為力。官府沒有出手保護，反倒落井下石，因為賈平凹不是作協主席鐵凝、副主席莫言那樣在政治上跟當局亦步亦趨的御用作家，當局樂見他成為被封控政策搞得怨氣沖天的民眾的出氣筒。隨即，中國作家協會發表聲明，將賈淺淺予以除名。其實，官辦作協向來藏污納垢，還有更多醜聞未被揭發出來。

官媒譴責賈家的世襲及家風不好，卻故意迴避更可怕的世襲是政治權力的世襲。習近平就是典型代表，他資質平庸，若非有個高官老爸，不可能脫穎而出、成為「一尊」。而習近平造成的危害比賈淺淺大千萬倍。

官媒更應當順藤摸瓜，在文化層面，賈淺淺庸俗不堪的詩文，源於毛澤東。毛才是當代中國屎尿屁文化的開創者，學習毛澤東這個好榜樣的，不單單是賈氏父女，更有刻意拿粗鄙語言來炫耀的習近平。習近平那些粗魯無文、漏洞百出的講話，早已在

國內國際淪為笑柄，他本人卻視之為「接地氣」的「正能量」——這一切的判斷標準，都始於毛的《延安文藝做談話上的講話》。

毛澤東在這篇劃定中共文藝政策的講話中說，「拿未曾改造的知識分子和工人農民比較，就覺得知識分子不乾淨了，最乾淨的還是工人農民，盡管他們手是黑的，腳上有牛屎，還是比資產階級和小資產階級知識分子都乾淨」。他特別加入「牛屎」這個細節，來顛覆乾淨與不乾淨的概念，來瓦解知識分子的尊嚴，知識分子階層要被中共踩在腳下。當時國統區大部分知識分子都沒有注意到這篇講話，如熱心農村改革的梁漱溟等人，稀里糊塗跟著毛走，成為中共政治運動的犧牲品。

打天下的光棍，只會說流氓的行話

毛在吟詩作賦、公開講話和私下言談中，都喜歡使用「屁」這個字眼。毛的崇拜者稱讚，這是大雅大俗、大開大合、隨心所欲而不逾矩。

據毛的保健醫生王鶴濱回憶，他初到領袖身邊工作，毛高聲發話：「王醫生，在我這裡工作不要拘束，有話就說有屁就放——啊？」這句話說出後，毛失控地大笑起來，笑得連雙肩和頸部也抖起來。王一時不知如何應答。

毛將異議者的批評斥為「放屁」。反右運動時，他召集省市自治區黨委書記開會，布置將右派引蛇出洞再一網打盡的「陽謀」。他說：「他們有屁就讓他們放，放出來有利，讓大家聞一聞，是香的還是臭的⋯⋯」

毛在接見外賓時，也常常不顧基本禮儀，說粗話，甚至色情笑話，以顯示其「勞動人民」本色。但他其實出身於大地主家

庭，從未幹過一天農活。據美國前總統老布希回憶，他在擔任美國駐北京聯絡處處長時，曾與毛會談：「毛澤東也來自農村，在外交會談正常進行中，經常用一些粗話，比如在談論另一個話題時，他把美中關係中的某個特殊問題，說成是比『屁』無關緊要。他的一位負責的女翻譯照翻不誤。」

毛還將屎尿屁寫入詩詞，在〈念奴嬌・鳥兒問答〉中寫道：「借問君去何方，雀兒答道：有仙山瓊閣。不見前年秋月朗，訂了三家條約。還有吃的，土豆燒熟了，再加牛肉。不須放屁！試看天地翻覆。」毛用這首詞來顛覆赫魯雪夫定義的「土豆加牛肉」的社會主義。那時，中國人飢腸轆轆，勉強果腹，哪裡有能力放屁！「放屁」是酒足飯飽的毛的特權。

毛最後一個貼身護士和情婦孟錦雲，在與毛打情罵俏時，曾提及毛「不須放屁」的大作。孟說：「主席，您寫不許放屁，可您今天放了二十八個屁。我都給您數著呢。」毛說：「噢，你還給我記著黑帳。活人哪個不放屁，屁，人之氣也，五穀雜糧之氣也。放屁者洋洋得意，聞屁者垂頭喪氣。」毛的意思是說，他放屁給赫魯雪夫聞，赫魯雪夫被他打敗了。

孟錦雲在毛身邊工作，小心翼翼地伺候毛，滿足毛的性慾，每天聞毛放的屁，連生孩子的權利都被毛剝奪。有一次，孟錦雲對張玉鳳透露說：「張姐，我都快三十歲了，我真想要個小孩呢，你跟主席替我說說。」她不敢直接跟毛講，可見對毛有多麼畏懼。張玉鳳把孟的意思轉達給毛：「主席，孟夫子想要個小孟夫子啦。」毛冷冷地回答：「再等一年吧，等我死了，她再要吧。」獨裁者連女人的子宮都要掌控。

毛喜歡使用的比屎尿屁更粗鄙的字眼是「操娘」。在廬山會

議上，彭德懷與毛澤東用這個難聽的詞彙對罵，中共上層的政治鬥爭往往從罵娘開始。彭被毛逼到絕路上，當眾絕望地大吼：「在延安，你操了我四十天娘，我操你二十天的娘還不行？」毛胸有成竹，緩緩回應說：「（延安時）華北座談會操了四十天娘，補足二十天，這次也四十天！滿足操娘要求，操夠……」彭已成甕中之鱉，毛是關門打狗。從這番對話中看出，中共是土匪團體，流氓本色，不加掩飾。

　　毛的「造反有理」，其實是「強盜有理」，強盜可隨意放屁、隨地大小便。難怪李登輝在千島湖事件之後，譴責中國是一個「土匪國家」。李登輝指出：「官員眼中沒有國民和人民，只是一味地中飽私囊，為了家族而『儲蓄』。中國人這樣的價值觀，到了現代也沒有改變，所以演變成共產黨全體幹部的貪汙問題。要讓中國人能理解他人的權利和人權，還有很長的路要走。」

健康碼是中國的第五大發明

馬曉東：轉世到中國的「納粹醫生」

中國病毒流行以來，健康碼、出行碼和核酸檢測已成為中國人日常生活的「三大件」，比衣食住行還要重要和必需。中國官媒宣稱，正是健康碼等數碼高科技為中國築起銅牆鐵壁般的現代長城，拯救無數人的生命。如果沒有這些高科技手段，中國必定像中國之外的很多國家，早已是鬼哭狼嚎、民不聊生，早已是「白骨露於野，千里無雞鳴」。

為了賦予健康碼以更具溫情與魅力的外貌，中國官媒大肆宣揚其發明者、「科技天才」馬曉東。

馬曉東於 1986 年出生於寧夏固原，2006 年考入湖南大學，在校期間帶領團隊完成與 Google、IBM 合作的大數據項目。畢業後，入職阿里，成為阿里大數據首席負責人。2011 年，馬曉東組建蘇州國雲數據科技有限公司，正式創業。2014 年，他的「大數據魔鏡」項目吸引了來自 IBM、淘寶、華為、微軟、中科院的菁英加入，與中石油、京東、中國移動、中國聯通大型企業等展開戰略合作。同年，他被國家授予「中國十大時代楷模青年」稱號，「國雲數據」榮登「中國大數據服務客戶滿意首選品牌」。

大疫肆虐，馬曉東被點名征召，研發健康碼。中國官媒披

露，馬曉東開發的健康碼和行程碼，「為中國抗擊疫情提供了有力的數據支持」、「大數據在每個人的生活中至關重要，對於很多行業來說就是指路的明燈，特別是疫情的行蹤排查來說，大數據之下才無所遁形，這一切都離不開像馬曉東這樣的優秀青年」、「健康碼為中國人帶來健康，十四億中國人都要感謝他」。

不過，民眾的反響與官媒大相徑庭。很多人在官媒報導下留言說──「中國人民感謝你八輩祖宗」、「技術含量很低，害人誤國極大！」、「祝他絕後」、「流芳百世，遺臭萬年」、「聽我說謝謝你，彈窗彈死你」、「這個垃圾害了多少人啊」、「大數據，也是大兇器」、「看到都是罵他的，我就放心了」。

健康碼是中國偉大的第五大發明，更是中共數位極權主義的最新成果。此前的人們無法想像會有這種輕易控制十四億人言行舉止的科技發明：1948 年，歐威爾寫《1984》時，只能想像一個出現在電視屏幕上、時刻盯著你的「老大哥」；十年前，王力雄寫《大典》時，只能想像國家在人們的鞋子中設置一種跟蹤器，以此建構「鞋聯網」。誰能想像到，一個強迫手機用戶使用的健康碼，就能徹底剝奪十四億人的自由和憲法賦予公民的基本人權？

馬曉東是天才，邪惡的天才，他與當年參與希特勒大屠殺的醫生一樣，其危害性有過之而無不及──健康碼並未拯救中國人的生命，被它害死的中國人成千上萬。

美國學者利夫斯在《納粹醫生：醫學屠殺與種族滅絕心理學》一書中研究了納粹醫生是如何養成的，未來中共政權崩潰之後，若有機會，我一定去監獄中探訪馬曉東，寫一本《馬曉東及中共數位極權主義的參與者們》。

利夫斯在書中指出，種族滅絕項目需要受過教育的專業人員——醫生、科學家、工程師、軍事統帥、律師、神職人員、大學教授——的積極參與。希特勒承認其政權需要一些特定的專業群體，這個政權也決定要發揮這些專業人員的作用。專業人員以提供「科學幫助」之名，走向最大程度的邪惡之地。這個旅程要求沉迷於這種意識形態及其承諾的統一的世界觀，要求將知識用於狂熱的目的，這種沉迷是受教育者尤其容易有的。諾貝爾獎得主支持「雅利安物理學」的概念，精神分析學大師則認為其學說僅適用於雅利安人，細菌學家以使用病毒消滅猶太人的議題給納粹高級軍官講課時語氣清晰而平靜。為納粹大屠殺服務的醫生是「半吊子受教育者」和「半吊子知識分子」，他們真誠地相信一些虛假的理論，在合謀過程中得到特權，有著超正常的光環。

在今天的中國，馬曉東等人不正是如此嗎？

當紅二代陶斯亮成為健康碼的犧牲品，誰又能「置身碼外」？

2022年11月5日，知名「紅二代」、中國市長協會副會長陶斯亮在微信公眾號「天道合聖」發文譴責健康碼勞民傷財，後來作者又將該文刪去。

當時八十一歲的陶斯亮是原中共政治局常委、國務院副總理陶鑄的女兒，其身世比習近平更顯赫。陶鑄在文革中一度紅得發紫、在政治局常委中名列第四，後因偏離文革路線，被毛澤東免職、下獄、整死。陶斯亮在文革初期是意氣風發的紅衛兵，曾在毛澤東面前告軍方高級將領邱會作的「御狀」。文革後，陶斯亮發表悼念父親的文章〈一封終於發出的信——給我的爸爸陶鑄〉，感動無數國人。她曾任統戰部六局副局長，1989年的學運期間，因同情

學生、反對武力鎮壓，與統戰部長閻明復一起被罷官。

陶斯亮早已退休，但畢竟父輩為常委級，是頂級「紅二代」，日子過得頗為瀟灑，以慈善家身分活躍於社交圈。在民眾被「清零」暴政折騰得苦不堪言之際，她與丈夫一起去浙江湖州參加全國高爾夫總經理聯誼會，這種活動，參與者非富即貴，遠非韭菜所能享受。

就在準備回京前，陶斯亮發現其手機出現了「彈窗」——「彈窗」即是「北京健康寶」彈出的告示，禁止在外地的北京人回家。陶斯亮為此「無數次地填寫申訴表格，幾十次地打熱線電話，一直打到深夜還不甘心」，都無法解決問題。她說：「我一向是個有定力的人，但這次慌亂，因為第一次嘗到了有家不能歸的茫然和無助。」

「彈窗」像能施展魔法一樣，讓無數人，無論在何時何地，瞬間動彈不得。更讓陶斯亮感到奇怪的是，她同丈夫來自同一個社區，同乘一趟高鐵，結果她彈窗了，丈夫竟然沒事，這又作何解釋？難道「大數據」還看碟下菜？否則只能說明「大數據」不專業，太粗糙，太隨機。

養尊處優的陶斯亮對被困在江南小城的抱怨，確實太過奢侈——她與丈夫一時無法回京，但無需擔心衣食和醫療問題。

健康碼的罪魁禍首不在馬曉東，而在習近平。習近平是從陶斯亮所在的那個太子黨小圈子中脫穎而出的，現在陶斯亮才大夢初醒般開始批評習近平，無疑太遲了——習近平已如脫韁野馬般奪命狂奔，沒有人能拉得住韁繩。習近平及其數位極權主義，已成為所有中國人的「共業」。

健康碼不會曇花一現，即便病毒逝去，健康碼將在中國人的

生活中深深扎根，實現「常態化」。2022 年 11 月 10 日，中國衛健委等部門發布《「十四五」全民健康資訊化規畫》，其中提出，到 2025 年，「每個居民擁有一份動態管理的電子健康檔案和一個功能完備的電子健康碼」。

美國南加州大學教授孫天澍撰文指出，中共應對疫情的方式，逐漸從應對真實疫情演變成「以疫情為理由開展的大規模數字監控社會實驗」，「基於數字科技、大數據的健康碼、行程碼正在逐漸淪為中共對人口流動、維持穩定的宏觀調控工具」。

習近平的防疫政策，絲毫不看重人的生命，而是以防疫為名達成維穩之目標。長期研究愛滋病、痲瘋病、毒品及公共衛生問題的台灣社會學家劉紹華，用此前的研究經驗來觀察中國的防疫政策，敏銳地指出：「恐懼蔓延、污名標籤、過度防疫、醫師無助，這些反應與做法，歷久不衰。人性如常，手段未變。持續無能，生靈塗炭。」她呼籲說：「如果能安然躲過這一波疫情，懇請中國倖存的眾人關注與挖掘歷史，明白配合主體意識形態的桎梏所付出的代價。」

中共當局平日就經常因愛面子而容忍縱容有問題的治理措施、宣揚主體意識形態來攻擊國際批評。當有人揭露令人憤怒的真相時，當局卻將指控的手指頭戳向吹哨者，「那麼當下一次新興疫病又來危及人口稠密的土地時，這個學不會歷史教訓的政府仍然將搭上遮羞布，將依然無法保護你、以及你所鐘愛的國家」。

殺死一座城市與殺死一首歌

石家莊人：不做核酸就活不下去

2020 年 11 月 14 日至 20 日這一週，河北石家莊宣布取消全員強制核酸檢測，關閉一些常態化核酸檢測點，進出公共場所和搭乘公共交通不再查驗核酸，並要求當地單位及時復工、學生返校。這一系列舉措引發輿論熱議，人們紛紛猜測「石家莊是不是要嘗試放開了」、「是否成為了全國首個放開的試點城市」。

這裡的「放開」不是「開放」——「改革開放」的「開放」，是從毛時代的閉關鎖國變為向世界「開放」（至少在貿易和技術領域）；而此時的「放開」，則是從動輒封城的「清零」政策中「放開」。在中央集權體制下，如此重大的「新政」，若沒有中央許可是不可思議的。

河北是中國北方一個政治僵化而經濟落後的省分，而石家莊就像它的名字一樣——像石頭一樣僵硬，是村莊而不是現代都市。多年前，我作為北大新生的一員，在石家莊接受軍訓，覺得這個骯髒雜亂、風沙撲面、還有馬車出現的城市，跟故鄉成都相差太遠。多年來，石家莊及河北發展緩慢，也是貪官輩出之地。中央選擇在石家莊「試點」防疫新政策，不是因為這裡官民思想開放、敢為天下先，而是因為石家莊是一個規模較小的省會城

市,即便實驗失敗,也不至於對周邊區域造成太大影響。

就在幾天之前,石家莊的一些營業場所仍要求二十四小時核酸,這種嚴格的查驗要求在其他省市較為罕見,可見當地人長期生活在過度防疫的主基調中。11月中旬毫無任何徵兆與過渡的急轉向,立即激起大量民眾的驚慌與不安:當學校結束網課、要求學生返回學校,一些家長卻表示不敢把孩子送去上學,有的班級出現全班學生請病假的奇觀;當小區解除封控,年輕人不敢出門去上班,老年人也不願下樓活動身體。人們似乎習慣了封鎖在家的生活,一旦得到出門的自由,反倒不願擁有和實踐這一自由。

當年的戊戌變法持續一百天,史稱「百日維新」;今天的石家莊防疫新政只實行短短一個星期,就無疾而終。很快,一些免費核酸點又重新恢復運行,計畫聚會的老人被通知不得外出,如此「鬆緊反覆」的防疫政策令民眾疲於應對,人們在諸多不確定性中仍乖乖排隊做核酸、搶購感冒藥、謹慎觀望。

在社交媒體上,不少人為石家莊人自我審查、自願為奴的心態感到不可思議卻無可奈何。

有人說:「留辮子的時候要死要活,剪辮子的時候也要死要活。」

有人說:「之前新華社帶頭宣傳美國開放不負責,死了一百多萬沒人權,現在怎麼圓啊。」

有人說:「把人腦子洗壞了,這下還拉不回來了。」

還有人直截了當地指出:「對病毒的恐懼到了一定程度,其實也是一種社會疾病。」

這就是習近平和中央政府希望達到的效果——不用宣布戒嚴和軍管,不用出動全副武裝的軍隊,不用像1989年那樣將坦克

開上街頭，人民就像被催眠一般，乖乖跟著吹魔笛的領袖走向深淵。如此一來，下一步無論是發動對台戰爭還是發生大饑荒，都不會有人反對乃至反抗。

習近平的「清零」政策就是洗腦和奴化政策，正如法國思想家波埃西在《論自願為奴》一書中所說：「在犯罪之前，哪怕最令人反感的罪行，他們總要先來一番動聽的言論，內容關於整體利益、公共秩序，還有窮人的救濟。你們都清楚地知道他們使用的言論，千篇一律，言而無信。他們當中有些人說話，完全沒有任何細膩可言，不知羞恥到極點。」即便如此，仍然能「讓人民陷於幻覺之中，讓人民對尚未見過之物充分發揮其想像力」，以至於「習慣為暴君效勞，他們愈是不了解自己的主人，甚至也不知道是否有這樣一個主人，他們愈會自願地效勞」，「他們由此生活在對主人的恐懼之中，儘管從未有人見過主人」。

痛徹心扉的哀歌，被改寫成恬不知恥的頌歌

作為中國最不為人所知的省會城市，石家莊卻因為搖滾樂團「萬能青年旅店」的一首名曲《殺死那個石家莊的人》而間暴得大名。這首歌吟唱上世紀末本世紀初國企倒閉、職工下崗的往事──「傍晚六點下班／換掉藥廠的衣裳／妻子在熬粥／我去喝幾瓶啤酒／如此生活三十年／直到大廈崩塌／雲層深處的黑暗啊／淹沒心底的景觀」、「在八角櫃檯／瘋狂的人民商場／用一張假鈔／買一把假槍／保衛她的生活／直到大廈崩塌／夜幕覆蓋華北平原／憂傷浸透她的臉」、「河北師大附中／乒乓少年背向我／沉默地注視／無法離開的教室／生活在經驗裡／直到大廈崩塌／一萬匹脫韁的馬／在他腦海中奔跑」。

三個段落，憂傷、悲憤和絕望層層疊加。在封鎖與放開、嚴刑峻法與撒手躺平之間無所適從的石家莊人，突然在網上瘋狂轉發這首歌。他們故意歪曲這首歌的本意。如果說石家莊成了一夜之間寸草不生的龐培古城，那麼所有石家莊人都成爲死難者和犧牲品。石家莊被殺死了，被鄧小平、江澤民、朱鎔基、胡錦濤和溫家寶殺死了，凶手還有曾在石家莊郊區正定縣當過縣委書記的習近平。

　　中共當局不會樂見這首含有強烈的諷刺和抗議味道的歌曲廣爲傳播。河北省共青團拋出重金，將這首歌改頭換面成爲《殺不死的石家莊人》，使之比國歌還要主旋律——「燃起夢的篝火／昂首邁步進發／黎明再臨華北平原／重拾散落的信念／淹沒心底的景觀」、「重逢在春天裡／無悔的石家莊／正青春不負韶華／不甘平凡的宣告」、「翻天覆地二十年／奮進的國際莊／匯聚起騰飛夢想／走向沖鋒的號角」、「日新月異二十年／初心指向航向／迎風展翅的鴻雁啊／譜寫恢弘的新篇」。

　　這首歌或許可以作爲石家莊的市歌。共產黨總是擅於化神奇爲腐朽。這番改寫，宛如佛頭著糞，充斥著央視春節聯歡晚會上陰溝的味道，更有習近平講話「接地氣」的風格——不是接土地之氣，而是接地獄之氣。共青團有權改寫這首歌，此前「萬能青年旅店」貝斯手姬賡已獲批成爲「2020年度石家莊市政府特殊津貼專家」，每月享受五百元專家崗位工作津貼——錢雖少，意義十分重大，搖滾青年變成備受尊崇的「老專家」，意味著招安已經完成。

　　對於這番改編，有人評論說：「《馬賽曲》變成了《上帝賜福路易國王》，《國際歌》變成了《今天我要給老板免費加班》，

還真是魯迅那句名言：紅腫之處，艷若桃花；潰爛之時，美如乳酪。」

有人說：「華北平原成了一個任人打扮的小姑娘，我們每個人都在欣賞她的新妝。」

有人說：「你有病，你有大病。你把白事辦成喜事，把淚水說成酒水，把千萬人沉默的集體回憶扔進染缸，染成一件新衣。你還穿著這件新衣來問我們好不好看？我燒了你的心都有。」

有人說：「伯明翰學派代表人物之一的迪克·赫伯迪格認為：任何亞文化最終都將以意識形態和商品的形式收編到主流文化之中，失去戰鬥鋒芒而變成折中的東西。我只是沒想到能這麼慘烈。我倒是覺得這種墳頭蹦迪的行為使得作品的意義更加完整了。」

有人說：「昔日的哀歌被挪用為今朝的禮樂。被埋葬的記憶成為盛世的祭品。被沉默的是誰？在舞台上喧鬧的是誰？難道只是一首歌遭受了這種命運？」

還有人說：「殺了你，不允許你為被殺感到可悲，現在還要一邊否認殺害的事實，一邊歌頌你是殺不死的，真偉大！所以，誰殺死的石家莊人？這是現實的注腳，是我們魔幻現實主義荒誕劇其中的一幕。」

此刻正在發生的，不單單是一首歌的死亡，不單單是一個人的死亡，也不單單是一座城市的死亡，而是一個國家的死亡。所有的中國人都是石家莊人，都是跟隨著吆屍人習近平奔向萬丈深淵的喪屍。

莫言和劉慈欣：
粉紅必然遭到血紅的清算

莫言與毛星火：本是同根生、相煎何太急？

　　毛粉毛星火起訴莫言一事鬧得沸沸揚揚。毛星火的論據主要來自莫言的小說《紅高粱家族》，他認爲莫言的小說「涉嫌污衊英烈」、「涉嫌美化日本侵略者」，應當予以查禁。

　　毛星火原名吳萬爭，因爲崇拜毛，改毛姓，且以毛的文章《星星之火可以燎原》爲名。他是一名頗有戰鬥力的紅衛兵，但這次卻是大水沖倒龍王廟，自家人打了自家人。毛星火大概忘了一個重要事實：莫言跟他一樣，是毛澤東的好學生，擁有比他更老資格的毛粉的光榮履歷。

　　2011 年 11 月，莫言爲當時在重慶掀起「唱紅打黑」運動、欲以此問鼎中樞的薄熙來背書，寫了一首〈打油詩贈重慶文友〉：「唱紅打黑聲勢隆，舉國翹首望重慶。……中流砥柱君子格，丹崖如火照嘉陵。」跪舐腳丫，醜態百出。薄熙來倒台後，莫言再也不好意思公開展示這首詩，也沒有將其收入文集。

　　2012 年 4 月，莫言在接受英國文學雜誌《格蘭塔》訪問時說，中國的言論審查有利於創作。他還在另外一場場合，用機場安檢措施來形容言論審查的必要性，但又自相矛盾地宣示：「我

們生活在一個言論自由的時代。」

2012年5月，莫言與前文化部長王蒙、中國作家協會主席鐵凝等一百名中國作家公開表演抄寫毛澤東《延安文藝座談會上的講話》。毛的這篇講話是中共當局七十年來扼殺創作自由的綱領性文件，當年直接導致對異見作家王實味的殘殺和對數以千計身在延安的知識分子的殘酷迫害；1949年之後，更成為鉗制言論自由和思想自由的金科玉律。此事引發巨大爭議，莫言卻強硬地表示，毛的《講話》在當時具有「歷史的必然性」，「發揮了積極的作用」，「我至今認為，我抄了，我不後悔」。

莫言被錯誤地頒發諾貝爾文學獎之際，我參與了數百名異議作家和民主人權活動人士的一封抗議信的簽名，並參與對這封信的修訂。這封信指出，瑞典文學院諾貝爾獎評審委員會頒獎給莫言是對諾貝爾文學獎的褻瀆，因為頒獎給作為中共黨員和官方作協副主席的莫言這樣一個身上充滿紅色基因、讚美中共體制、摒棄良知、道德冷漠的作家，是對中國民間社會的侮辱和對人權和自由價值的背離、對勇氣和良知的詛咒。

我在這封信中特別增加了一段對莫言作品的評估：僅以文學本身而論，莫言的文學成就有限，他的語言粗糙、浮華、冗長，遠非一流作家的洗練、簡潔、傳神，他對當代漢語並沒有作出創造性貢獻。他的小說創作手法照搬自拉美魔幻現實主義，與中國本土的歷史與現實的對接並未水乳交融。他在作品中所體現出的思想與價值立場，並不符合諾貝爾文學獎強調的理想主義趨向。將諾貝爾文學獎授予莫言，損害了諾貝爾文學獎的公信力，玷污了該獎創始人諾貝爾的榮譽。

這封信在最後表示：「將值得世人尊敬的諾貝爾文學獎頒給

這樣一位與極權主義一起作惡的奴才，我們甚至不得不懷疑瑞典文學院諾貝爾獎評審委員會是否與中共當局存在私下交易。因此，我們對瑞典文學院諾貝爾獎評審委員會授予莫言2012年諾貝爾文學獎表示強烈譴責與抗議，我們同時要求取消授予莫言2012年度的諾貝爾文學獎。」

莫言從來都假裝劉曉波不存在，如中國網友所言，莫言得獎，「諾貝爾評獎委員會可能會遭遇自從評獎的一百一十二年以來之超級大笑話，即第一位面對採訪不敢誠實地說出自己國家早已有人獲諾貝爾獎並公布其名字的事實」。頗為諷刺的是，莫言對劉曉波的受難視若無睹，卻沒有料到，努力將自己染紅之後，他在戰狼眼中仍然是一個不夠革命的壞人。

法西斯主義作家劉慈欣遭遇網路霸凌，是因為他不夠法西斯

近期遭遇同樣命運的還有科幻小說家劉慈欣。根據劉慈欣原著改編的網飛科幻影集《三體》上線後引爆全球輿論熱議。中國國內可以觀看的版本經過刪節，但有翻牆到海外看到完整版的小粉紅成群結隊地痛斥該劇「嚴重辱華」、「害中國人丟臉」、「抹黑中國」。戰狼們進而指責劉慈欣寫作《三體》時「故意無視彼時祖國的嶄新面貌，非要把作品時間設定在那十年（即文革）」。批判之後，他們還號召發動集體抵制與「刷負評」行動。

在劇中，紅衛兵批鬥大學教授葉哲泰時，痛斥「愛因斯坦有奶便是娘，去給美國人造原子彈」；許多小粉紅對於劉慈欣將小說版權賣給美國的編導，也大罵「劉慈欣有奶便是娘，居然將改編版權賣給美國人」。

劇集中有一段讓小粉紅感到十分不快的情節：文革中，紅衛

兵批鬥知識分子，場景野蠻而殘暴。這不符合習近平時代教科書對文革的描述：2018年版教育部組織編寫的中學歷史課本中，將此前「文化大革命」一章撤銷，合併為一個專題列入《艱辛探索與建設成就》這一章之內，並刪除舊版教科書中「毛澤東錯誤地認為，黨中央出了修正主義，黨和國家面臨著資本主義復辟的危險」中的「錯誤」二字和「黨中央出了修正主義」的表述。該版課文指文革「給黨、國家和人民帶來新中國成立後最嚴重的挫折」，但「它的發動，有複雜的社會歷史原因」，並帶有辯護意味地稱，「社會主義國家的歷史很短，我們黨對什麼是社會主義，怎樣建設社會主義沒有完全搞清楚，因而在探索中走了彎路」。作為文革受害者的習近平企圖重搞文革的野心亦昭然若揭。

該教科書出爐後，遭到民眾強烈反對，2020年版又悄然縮回鄧小平時代中共通過的《歷史決議》的論調上，在課文重點提示「學習聚焦」部門特別註明「文化大革命的理論和實踐都是錯誤的」。

文革爆發時，劉慈欣只有三歲；文革結束時，他已十六歲，其童年和少年時代都是在文革時期度過的。儘管他算是文革的遲到者，沒有當上打打殺殺的紅衛兵，但文革意識形態在其身上打上深刻烙印。任教加拿大的台灣學者沈榮欽指出，長期在國營事業工作的劉慈欣，其敘事核心充斥對「社會叢林法則」的追捧之情，與中共所崇尚的「社會達爾文主義」強烈共鳴。在中國發展「兩彈一星」之後受教育的中國人，或多或少都受到這種思想的影響。劉慈欣的作品中，對極權體制的讚美、推崇毫不掩飾，認為唯有專制極權才會讓人類擁有充足的競爭力與戰鬥力，才能保護地球文明。反之，除專制極權外的任何制度，都只會使人低效

且渙散，無以完成偉大、崇高的使命。習近平反覆強調恢復昔日革命精神，要將國企做強做大，除了召喚昔日毛澤東主義的幽靈之外，也是這種「集中力量辦大事」想法的延伸。

在劉慈欣和上海大學教授江曉原的一次對談中，江曉原提出，如果非得吃人才能活下去，他不會吃人，因為「我們吃了他就失去人性」。劉慈欣則表示，他是科學技術至上的理性主義者，會毫不猶豫地吃人以求活下去，因為沒有人，何來人性？

2019年，劉慈欣接受《紐約客》專訪，被問到對於中共在新疆作為的看法時，表示「是為了幫助他們提升經濟發展，讓他們有機會擺脫貧窮」——他認為中共營造關押百萬人的集中營乃是為了解決經濟發展。他的作品裡，從來沒有同情、慈愛等價值的存身之地，芸芸眾生卑賤如螞蟻。

這種思想，始於近代思想家嚴復錯誤地翻譯《天演論》。蘇聯十月革命之後，強調絕對理性、將人物化和工具化的馬列主義風靡中國，然後納粹德國模式成為蔣介石和毛澤東的樣板，中國遂一路向極權暴政的方向奪命狂奔。

如今，明明是法西斯吹鼓手的劉慈欣，遭受了跟莫言一樣被更紅的戰狼追殺的命運，他們的境遇絲毫不值得同情，他們只是種瓜得瓜種豆得豆、恰到好處而已。

女權主義者李銀河對共產黨的「虐戀」

李銀河的「有史以來最大的幸福」感從何而來？

2022年6月10日，擁有美國匹茲堡大學社會學博士學位的社會學家李銀河在微博發表一篇驚世駭俗的短文〈我們是中國有史以來最幸運的一代人〉。文章引述哈佛大學肯尼迪政府學院對中美經濟的比較研究的一份報告認為，若用購買力平價（Purchasing Power Parity，PPP）來衡量，中國已經高出美國百分之十五。「能親眼見到、親身經歷這個變化，是此前千百萬代中國人沒有過的幸運。本人生於1950年代，應當說我們這代人是中國有史以來最幸運的一代人。」

除了哈佛報告，李銀河列出的兩大「如此幸運」的論據是：其一，出生於戰亂結束的年代，如今進入古稀之年時，已經僥倖過了七十個和平的年頭。其二，這代人親身見證了中國經濟的劇變，如今可以隨心所欲買到所有生活必需品，享受消費完全不用現金的現代生活方式。所以，「我們是中國有史以來最幸運的一代人，這已經成為一個無可更改的事實」。

然而，這兩大論據都大有值得推敲之處。其一，李銀河出生以來的七十年，中國並非沒有戰爭，中國捲入韓戰、台海危機、中印和中越戰爭，戰死官兵多達數十萬人，比八路軍在抗戰中死

的人多得多。

中共內部的政治運動與殺戮，慘烈程度遠甚於戰爭。毛時代的大饑荒，活活餓死數千萬人，超過中國在二戰中軍民的死亡總人數。和平年代的 1989 年，鄧小平調動野戰軍進北京城屠殺數萬手無寸鐵的學生市民，當時在北京的李銀河難道如此善忘？

其二，中國經濟固然發生了劇變，但就連中共總理李克強都承認，六億民眾月收入僅千元，這些人不可能像李銀河所說的那樣「隨心所欲買到所有生活必需品」。而李銀河引用的哈佛報告中的有關數據，源頭都來自中國政府，這些數據當不得真。

李克強曾親口對前美國駐華大使雷德說，中國的 GDP 數據是「人造」的——這算不算是洩露國家機密呢？

李銀河不是第一次發出此類奇談怪論。2010 年，薄熙來垮台之前，她曾在微博上發表短文〈薄熙來才是真正的共產黨人〉，文章寫道：「在重慶成功掃黑之後，薄熙來又開始發動反腐，採取獎勵實名舉報的辦法，重慶的吏治將會更加清明起來。」她的結論是：「在我看來，薄熙來的作為說明他是一個真正理想主義的共產黨人。……如果有一批薄熙來這樣的人，共產黨就還有希望。」幾個月後，薄熙來垮台了，她保持沉默。

三年後，李銀河又發表一篇題為〈從習近平吃包子說開去〉的文章，聲情並茂地寫道：「近日，習近平走進一家包子店，吃了幾個包子，自己掏出二十一元錢結了帳。這件事引起普遍好感，對於新一屆領導人要做的事情，大家的信任感與日俱增。」她的結論是：「從習近平吃包子這件小事可以看出，共產黨的官員完全可以是一個現代社會的奉公守法沒什麼特殊利益的公務員，現代政治家，而並不一定要成為傳統中國只知道作威作福的

大官;共產黨完全可以成為一個現代社會的遵守憲法的執政黨,而並不一定要成為傳統中國專制獨裁式的統治者。」

這兩篇文章自相矛盾,非常有趣。看來,在美國名校獲得博士學位,不一定具有基本的生活和政治常識;與絕頂聰明的作家王小波做了十八年夫妻,也不一定接受了丈夫堅持的自由民主價值觀。李銀河的幸福感,來自於她本人是既得利益階層——其父母是1930年代奔赴延安的革命青年和「老八路」,後來成為《人民日報》創社元老。她從非一流大學的山西大學畢業,卻能進入國務院研究室,1982年拿到公派留學美國的稀缺名額。在所謂改革開放時代,她又能憑藉留美博士學歷,進入中國第一個文科博士流動站——北大博士後流動站,然後進入中國社科院,後來又成為超級暢銷書作家。

你以為自己是老闆,其實是行貨

李銀河為公眾所知,不是因為她的社會學研究,而是因為她是王小波的遺孀;正如張香華被公眾所知,不是因為她是詩人,而是因為她是柏楊的遺孀。張香華決定禁止出版柏楊的《醜陋的中國人》,李銀河成為薄熙來和習近平的粉絲,身為「未亡人」,卻自告奮勇充當已故先生的敵人。

2009年,號稱女權倡導者的李銀河曾為中共殘暴的計畫生育政策辯護:「一旦取消計畫生育,就像是撤消了禁賽令,家家戶戶又都上了賽道,看誰跑得快,生得多。……我們如果按照中國的資源狀況定一個人口四億的目標,那麼計畫生育就不是危險的使中國衰落的政策,就不必叫停,也不必鼓勵生育。」中國人口要下降到四億,大概只有實行希特勒式的種族滅絕才能實現。

那就先從少數民族開始，這就是習近平在新疆對維吾爾人做的事情。李銀河的高論發表十多年後，中國快速進入老齡化社會，人口紅利消耗殆盡，中共意識到計畫生育政策的危害，開放二胎乃至三胎，似乎是狠狠打臉李銀河。

李銀河以老闆的身分高談闊論治國安邦，卻不知道她只是行貨。什麼是行貨？王小波在〈行貨感和文化相對主義〉一文中（李銀河未必讀過），從《水滸傳》中神行太保戴宗與宋江間的一段故事講起，宋江被刺配到江州，戴宗是監獄長，居高臨下地說：「你就是我的行貨，我想怎麼弄你就怎麼弄。」王小波由此聯想到自己的身世——上山下鄉時代，被呼來喚去，被指示著幹盡荒唐事，十足一個行貨。所謂行貨，其實就是奴隸，人家支配你幹什麼或對你有怎樣的定義，都無須向你解釋或徵得你的同意。

王小波和李銀河都當過知青，知青就是行貨，就是奴隸——毛澤東讓上千萬城市青年奔赴山鄉，不會徵求他們本人的意見，也不在乎他們內心願意或不願意。王小波從自身的切膚之痛中得出結論：「中國的許多典籍，自孔孟以來，講的全是行貨言論。」中國的諸子百家，大都是研究愚民政策和奴隸哲學。

王小波特別敏感於專制政權對人的捉弄。捉弄，源於不尊重，甚至對人的蔑視，也就是不把人當人看，這在中國是一個歷史悠久的「偉大」傳統。王小波在〈人性的逆轉〉一文中寫道：「有些人認為這種（知青）經歷是一種崇高的感受，我就斷然反對，而且認為這種想法是病態的⋯⋯七十年代對於大多數中國人來說，是個極痛苦的年代。很多年輕人做出了巨大的自我犧牲，而且這種犧牲毫無價值。」王小波說，「假如人生活在一種無力改變的痛苦中，就會轉而愛上這種痛苦，把它視為一種快樂」，

繼而認定在忍受了那些痛苦、做出了犧牲之後，能產生克服困難的崇高的審美衝動，那就近乎是一種受虐狂的特徵。美化此種經歷，就是斯德哥爾摩綜合征。

王小波寫這段話時，大概不會想到他深愛的妻子卻是一個受虐狂。王小波去世多年之後，李銀河在自傳中透露了她對於虐戀的喜愛：「我的性傾向中有很深的虐戀色彩，成因不明，但是感覺是不會錯的。我畢生研究和寫作的衝動全部應當追溯到我對虐戀的喜愛。」由於對虐戀的喜愛，她還寫了一本關於虐戀的性學研究著作《虐戀亞文化》。她後來有一個同性伴侶，彼此虐戀，這是她個人的性取向，她洋洋得意地公開展示，但並無多少討論的價值；真正有討論價值的是，李銀河還有另一個虐戀對象——中國共產黨。

王小波認為，毛時代，乃至整個共產黨統治時代，是一段無理智、無趣、荒唐的年代，它唯一的價值就是告訴人們，什麼樣的時代是最醜陋的時代。他對此做了個簡單而準確的解釋：「就是伽利略認罪，承認地球不轉的年代，也是拉瓦錫上斷頭台的年代；是茨威格服毒自殺的年代，也是老舍跳進太平湖的年代。」今天的中國，絕對不是李銀河所說的最幸運、最幸福的時代，而是王小波所說的最恐怖、最黑暗的時代。王小波被這樣一個時代吞噬了，李銀河卻為這樣時代添磚加瓦、塗脂抹粉。

李娟筆下的阿勒泰,有草莓,卻沒有骨灰

她是漢族中最卑賤的流浪者,她也是東突厥斯坦的遷占者與殖民者

離開中國十年後,我對如今中國流行哪些作家、哪些作品,興趣缺缺。在沒有言論自由和出版自由的地方,公開出版物尤其是人人都叫好的暢銷文學的水準可想而知。

一次偶然的機會,我在豆瓣網上赫然發現,本土文學排行榜上,前十名的書有四本為同一位作家所寫——生於 1979 年的李娟。文人墨客對李娟的讚美不絕如縷——上海作家陳村說:「這樣的文字是教不出來的。」香港「知道分子」梁文道難掩激動地稱讚:「她的文字,讓我覺得驚為天人。」

一開始,李娟的寫作不是有意迎合中共當局的宣傳政策,但當她的作品意外流行後,變化接踵而至——她成為書商搶奪的超級暢銷書作家,成為媒體吹捧的青年領袖,成為國家級的人民文學獎和魯迅文學獎得主,成為黨國重點招安的對象,成為官方作協寫作基金的資助者。隨後,李娟的作品被改編和拍攝成電視連續劇《我的阿勒泰》,火遍大江南北。中共終於找到了一個不同於索然無味的外交部發言人的新疆的代言人。

李娟的書中，有阿勒泰美得讓人窒息的異域風情，更有一種安貧樂道的「小確幸」和「我說有自由就有自由」式的精神勝利法——「我想說的，是一種比和諧更和諧、比公平更公平、比優美更優美的東西」、「她腳步自由，神情自由。自由就是自然吧？而她又多麼孤獨。自由就是孤獨吧？而她對這孤獨無所謂，自由就是對什麼都無所謂吧」。用編劇史航的話來說：「李娟，就是這樣把世間的美好，若無其事地乘以二的人。」

　　在後疫情時代的中國，在失業和「隱形失業」人口超過四成的中國，在抑鬱症成為第一大病的中國，李娟的書不是書，而是藥，用一名普通讀者的話來說：「不用過多評價了。心裡難過的時候，覺得日子過不下去的時候，李娟是最好的止痛藥，且無任何副作用。」

　　李娟出生於新疆生產建設兵團農七師一二三團（位於塔城地區烏蘇市車排子鎮），童年時代在四川外婆家和新疆離異的母親家輾轉往返。李娟說：「媽媽、媽媽，我只是為了配合你的流浪，才那樣的瘦小。我為了配合你四處漂泊，才安靜無聲。」李娟高中即輟學，曾有過一段在阿勒泰山區跟著母親做裁縫、賣小百貨，與牧民一起「轉場」的短暫經歷。此後，她曾到烏魯木齊打工，做過一年多流水線工人，因幹活太慢被老闆解僱。她是漢族中最底層的勞動者之一。

　　另一方面，對於這片土地上的原住民而言，李娟毫無疑問是外來者，是遷占者和殖民者。李娟在書中可以隱藏後者，只是有時在不經意間透露出一點蛛絲馬跡，比如在寫到她媽媽時，「她老人家作為半道開閃的兵團職工，前兩年剛剛把手續又辦回了兵團，為此交了一大筆費用。但是從今年開始正式領退休金了，每

個月一千多」。從這個收入水平看，老人家在食物鏈上處於低端位置，但畢竟是兵團員工，比社保體系之外的農民工以及作為當地原住民的少數族裔強多了。

兵團對於新疆原住民來說意味著什麼，不言而喻。這是全世界都找不到第二個的軍政和民政合一的組織，擁有比歐洲大國還要廣袤的土地以及百萬計奴隸勞工，永遠實行軍管體制，永遠不會「解嚴」。

誰是真正的新疆人呢？李娟有點自知之明，欲說還休地承認自己不是新疆人：「我在新疆出生，大部分時間在新疆長大。我所了解的這片土地，是一片絕大部分才剛剛開始承載人的活動的廣袤大地。在這裡，泥土還不熟悉糧食，道路還不熟悉腳印，水不熟悉井，火不熟悉煤。在這裡，我們報不出上溯三代以上的祖先的名字，我們的孩子比遠離故土更加遠離我們。哪怕再在這裡生活一百年，我仍不能說自己是『新疆人』。」

真正的新疆人被剝奪了表達的自由，不是新疆人的李娟卻掌握了書寫新疆的話語權，這是中國式的荒謬。漢人所說的新疆，其實是維吾爾人心中的東突厥斯坦。兩個地名，兩種定義，兩種認同和兩種價值觀，截然對立。

阿勒泰是「香格里拉」，還是「夢想集中營」？

李娟筆下阿勒泰牧民的生活，以及生活在遊牧文化邊緣的小鎮上的她自己的生活，是今天的都市人難以理解和想像的——「長達半年的冬季以及土地的貧瘠，使哈薩克人的祖先不得不選擇了遊牧這種艱辛動盪的生產生活方式，年復一年恪守自然的規律在大地上穿梭。從阿勒泰深山一直到天山北部的開闊地帶，牧

人們每年遷徙距離逾千里。搬遷次數最多的,一年之中平均每四天就得搬一次家。」、「搬家轉場,路途遙遠又艱險,也定要盛裝打扮,以最得體的面容去迎接未知生活」、「春天接羔,夏天催膘,秋天配種,冬天孕育。羊的一生是牧人的一年,牧人的一生呢」、「在荒野裡,人需要向動物靠攏,向植物靠攏。荒野沒有僥倖,沒有一絲額外之物」。

李娟說,這個國度最後一點的良善,或許保存在遊牧民族那裡。李娟寫阿勒泰,就像當年賽珍珠寫中國農村——只要一涉及到農民與土地這一主題之時,賽珍珠那種博愛式的同情、浪漫式的理想主義便為嚴酷的現實抹上一層絢麗的光彩,甚至會以寬容、理解的筆調描繪中國農民身上的弱點,把愚昧、順從和封閉作為一種美德加以讚揚,把原始的農業文明視為人性完美的標誌。賽珍珠像法國的盧梭以及浪漫主義時代的文人,也像中國的老莊、陶淵明,把原始的刀耕火種和封閉、落後的農村昇華到田園詩般的境界。她明確地表示過:「農村裡的生活才是中國的真實而原本的生活。這種生活欣幸地尚未沾染上駁雜的摩登習氣而能保持她純潔健全的天真。」

中國的小資和文青喜歡讀李娟寫阿勒泰的文字,如同他們喜歡讀西藏、雲南等「邊陲之地」的旅遊書。遠在天邊的「香格里拉」能滿足他們對「異域」的獵奇心態,讓他們平庸的日常生活增添幾分浪漫色彩。

在李娟唯美輕快的文字中,看不到統治她和統治新疆的共產政權的蛛絲馬跡——好像她和新疆人都生活在某種黃老之學「無為而治」的理想狀態之下,生活在權力的真空之中。但實際情形是,中共政權是這個星球上有史以來控制人民最嚴密的政權,新

疆是中國專制政治表現得最為嚴酷的地方，有了數位科技幫助的中共的統治術，連納粹都自歎不如。即便那些永遠在路上的牧民，也躲不開先進的電子設備的監控。無人機和衛星無處不在，哪裡都不是可以躲避中共暴政的「樂土」。

李娟的書中沒有提及中共在新疆的種族清洗政策及阿勒泰當地的民族矛盾——她常年生活在該區域，不可能對此一無所知。或許她早已經過一番「自我審查」、對這部分沉默是金；或許她寫了，卻被出版社和宣傳部刪去。但結果就是：她的書扭曲了當地的真相。人們若只讀李娟，會以為阿勒泰及整個新疆都如同桃花源，沒有發生西方及維吾爾等少數族裔流亡族群所譴責的人權災難。

這讓人想起電影《夢想集中營》——這部電影故事描述奧斯威辛集中營指揮官魯道夫·霍斯與妻子海德薇的美好生活。他們在與集中營一牆之隔的官邸中，為六個孩子打造了一種「田園式」、「自然」的幸福生活，他們擁有美麗的大花園、菜圃、游泳池，讓小孩子可以在裡面自在玩耍。霍斯是好丈夫和好父親，在處理集中營事務之外的空檔，經常帶孩子去附近的山林、湖泊踏青、釣魚飲酒或是騎馬嬉遊。海德薇是好妻子和好母親，當丈夫升遷調動到其他地方，她還對這個宛如天堂的家戀戀不捨。電影中沒有出現，而在現實生活中上演的一個細節是：他們搬遷時，帶走了從集中營的猶太死囚身上剝奪的幾十箱金銀財寶。集中營裡的槍聲、慘叫、火光、煙霧，彷彿與這家人毫無瓜葛。對這家人來說，「奧斯威辛」代指了生命中最美好的時光，是他們不願離開的夢想之地。

一位影片人寫道，《夢想集中營》所呈現與解剖的，似乎更

像是一種「日常化」的暴力。這種「日常」的暴力不是物理上的肢體攻擊，也非言語上的欺侮，而是讓人隨著時間的流逝去慢慢習慣周遭正在發生的事，並產生分心和疏離的反應，最後對於現實的日常感到理所當然。

多年後，霍斯家族的第三代作為訪客來到奧斯威辛，獲准參觀不對外開放的故居。他想起祖母曾說，以前在院子裡採草莓，一定要洗得很乾淨。祖母沒多說原因，現在他知道了，甜美的草莓上頭，恆常附著一層煙灰——那是從集中營的焚屍爐中飄出來的死囚的骨灰。

如果用這個故事對照李娟的阿勒泰書寫，就一目瞭然：她寫到了草莓（以及一切美味的食物和美好的事物），卻對草莓上的骨灰隻字不提。

李娟不是梭羅，她不知道什麼是公民，更不敢抗命

李娟此前曾主動擺脫被體制化的命運。2003 年，李娟成為阿勒泰地委宣傳部的公務員——她沒有大學文憑和黨員身分，這次任用，對一個蘿蔔一個坑的宣傳部門而言，顯然是破格錄取。當局看中的，是李娟不同凡響的文字功夫。李娟在這個機關工作了五年時間，寫過不少官樣宣傳材料。大概她意識到宣傳幹部與作家這兩種身分無法並存於一身，遂辭職從事全職寫作。這還是頗有勇氣的。然而，李娟脫離了體制，卻沒有拒絕種種軟性的招安，如作協寫作基金和官方媒體的採訪報導，也沒有拒絕非正式的新疆代言人的新身分。

中共文宣部門敏銳地意識到，李娟的作品可配合其大內宣和大外宣，最低限度可「治癒不安」。李娟可以起到李子柒的功

用——後者是共青團精心打造的「新時代知識青年下鄉創業」網紅：在其小視頻中演繹了一個世外桃源的世界，她住在深山，親手洗羊毛、搓羊毛、制作羊毛粗線，再染色、編織，粗粗地織成一款淡紫色的連帽長披風，站在一派冬日蕭瑟的山坡上，美得不可方物。她製作各種美食，採摘自種的天然食材，在庭院裡打水、在土灶上生火做飯，在夜幕中透著昏黃燈光的屋簷下，和一位老奶奶一起享用。在都市生活的內卷和重壓下「艱於呼吸視聽」的人們，看到此種影片、圖片和文字描述，被深深吸引。隨後，以李子柒爲名的各種食品品牌迅速走紅，她本人亦成爲巨富。

有人將李娟比喻爲梭羅。然而，李娟跟梭羅只是形似，而無神似。

梭羅是美國文學成熟的標誌，梭羅的自然主義、環保主義背後，有清教徒的抗議精神。他所書寫的，不單單是人與自然的關係，更是公民與政府的關係。

梭羅不是不問世事的隱居者，而是廢奴運動的長期支持者，通過「地下鐵道」幫助過很多黑奴逃到北方自由州。他與廢奴運動激進領導人約翰・布朗是好朋友。一八五九年十月，布朗在哈帕斯渡口發動起義失敗之後，梭羅在市政廳發表名爲〈爲約翰・布朗請願〉的演說。十一月，法庭判處布朗絞刑。布朗死後，當地禁止給布朗舉辦葬禮，梭羅來到市政廳敲響大鐘，召集群眾爲之舉行追悼儀式，他尊布朗爲廢奴運動烈士。

梭羅挺身對抗社會不公和惡法，甚至不惜以身試法。他曾因拒絕納稅而被捕入獄，被關押一天後釋放。獄卒對他彬彬有禮，監獄的房間比他的湖濱小屋還整潔。但他由衷地認可「最好的政府治理得最少」的箴言。他在〈論公民的不服從〉一文中寫道：

「當政府的暴政或無能非常嚴重且無法忍受時，公民有權拒絕向它效忠，並抵抗它。在非正義地監禁無論哪個人的政府的統治之下，正義人士的真正去處也就是監獄。」

梭羅的反抗精神影響了後世很多人。1906年，甘地在印度發起爭取民族獨立的反抗運動時，讀到梭羅的〈湖濱散記〉和〈論公民的不服從〉，深受啟發。甘地後來說：「梭羅的理念對我影響很深，我採用了很多，而且向每一位爭取印度獨立的同胞推薦這本書。我甚至以『公民的不服從』來為我們的運動命名。」

馬丁・路德・金恩在自傳中說，1944年他首次閱讀〈論公民的不服從〉深受衝擊，他寫道：「梭羅提倡不和惡勢力妥協的理念使我震撼不已，讓我一讀再讀。我開始相信，不向惡勢力妥協是一種道德責任，就和行善一樣。」

達賴喇嘛和劉曉波也都是梭羅的讀者和景仰者。

所以，與其說李娟像梭羅，不如說她更像是德國哲學家海德格。海德格一邊描述「詩意的棲居」、一邊為納粹統治尋找理論依據——納粹具有「內在真理與偉大」，納粹的興起代表「德國人終於覺醒了，開始理解並掌握自己的命運」。為極權暴政服務的哲學，早已背離了哲學求真的本質；為極權暴政服務的文學，也背離了文學求美的本質。

朱天心為什麼喜歡李娟：從奴役中尋出美來

李娟說：「人之所以能夠感到幸福，不是因為生活得舒適，而是因為生活得有希望。」李娟的伯樂、同樣是描述新疆風土人情的作家劉亮程說：「我為讀到這樣的散文感到幸福，因為我們這個時代的作家已經很難寫出這種東西了。」

我完全不能認同這兩種似是而非的說法。不自由的人怎麼會幸福呢？不幸福的人又怎麼能在文字中展現眞實的幸福？若在奴役中也能活得很有滋有味，不就是魯迅所說的「奴在心者」嗎？沒有人強迫所有的寫作者都要批判中共的暴政，但一名優秀的作家不可能對身邊他人的苦難視而不見。

李娟的書中，唯一的一點點對現實的批評，是對環境惡化的擔憂：「九八年再回來，額河已由蔚藍變成了墨綠。森林沒了，骷髏架子似的新樓突兀地一座座立了起來，而且清一色全是白的，貼的瓷磚跟人家洗手間貼的那種一樣。城市改建的進程在一日日進行。」寫到這裡，她立即點到爲止。

李娟寫過一篇短文，寫她媽媽到台灣旅遊的故事：「自從我媽從台灣旅遊回來，可嫌棄我們大陸了，一會兒嫌烏魯木齊太吵，一會兒嫌紅墩鄉太髒。整天一副『這日子簡直沒法過下去』的模樣。抱怨完畢，換了衣服，立刻投入清理牛圈打掃雞糞的勞動中，毫不含糊。」她媽媽第一次近距離接觸大海，感到憂心忡忡，說：「太危險了，也不修個護欄啥的。你不知道那浪有多大！水往後退的時候，跑不及的人肯定得給捲走！會游泳？游個屁，那麼深，咋游！」內陸民族與海洋民族的差異在，這一句話中表現得淋漓盡致。

這篇文字頗爲幽默的文章，迴避了關於台灣的所有敏感性話題，連韓寒那篇可以在中國公開發表的寫台灣的文章〈台灣最美的風景是人〉都不如。李娟並沒有讀者想像的那麼單純，那麼「思無邪」，她清楚地知道在中國寫什麼是安全的、寫什麼是不安全的，不可觸碰的紅線在哪裡，以及如何才能戴著鐐銬跳舞。

有趣的是，最欣賞李娟的台灣作家是朱天心。朱天心說，

「李娟寫新疆，一點兒也不獵奇也不異國情調，與我們很近」。她認為：「李娟筆下的新疆生活，換成我們這樣的人去生活，恐怕體會到的只有苦……但李娟沒有覺得苦，一切在她那裡都富有詩意，即便她寫到一點苦，那是一句話，沒有抱怨和牢騷。這該是怎樣熱愛生活的一個人。……只要我們打開一本書，我們就到了哥倫比亞的馬奎斯的馬康多小鎮。我在台北，我讀到了李娟，真不可思議，我同時就在李娟那唯一無二的新疆。我要像她一樣去熱愛我的生活。」

老太太向中年女性學習如何熱愛生活，實在太過矯情。矯揉造作是朱文和李文共同的風格。其實，朱天心對李娟有深刻共鳴的原因很簡單：她們是高等台灣人或高等新疆人，對於當地原住民而言，她們就是外來殖民者。朱天心離不開天龍國，正如李娟離不開兵團，魯迅說得好：「如果從奴隸生活中尋出『美』來，讚歎，撫摩，陶醉，那可簡直是萬劫不復的奴才了！他使自己和別人永遠安住於這生活。」

台灣作家楊索說：「朱家是台灣的文學幫派，順我者昌、逆我者亡。」朱家在眷村，卻不是住在「茅屋為秋風所破」的「克難」建築中，朱天心的父親朱西寧是在白色恐怖時代也有「創作自由」並獲得無數官方獎項、擁有上校軍銜的「軍中作家」。

直到台灣民主化之後，這個所謂的「台灣第一文學家庭」才對稍稍失去特權地位而充滿怨恨，恨不得回到兩蔣時代。朱天心從不掩飾其統派立場：2006 年底，她積極參與倒扁活動；2008 年的立委選舉中，她曾為北一女同學、新黨候選人雷倩站台。

有人說，朱氏姊妹不過是台灣文學圈的大小 S，這個比喻很恰如其分，其背後的含義是：在中國賺錢，吃香喝辣的，然後死

賴在台灣不走。

單單讀李娟的書，是無法認識真正的新疆（東突厥斯坦）的。關於新疆（東突厥斯坦），有另一位作家的書應當列入必讀書目：1999 年 1 月，作家王力雄赴新疆收集資料，準備寫新疆民族問題的著作。中國國安部以涉嫌洩漏國家機密爲由將其逮捕，王力雄在獄中以自殺抗議，關押四十二天後才僥倖獲釋。他將這一經歷寫成《新疆追記》，後來又完成《你的西域，我的東土》一書。如果眞正的關心那片土地和那裡的人們，一定要讀一讀這本書。

西域只是你獵奇的對象，而東土是他們被踩躪的家園。

台灣影星林依晨呈現的
「美麗新疆」是真的嗎？

台女不知新疆恨，隔江猶唱後庭花

中共大外宣不惜血本，重金聘用來自巴西、哥倫比亞、墨西哥、巴基斯坦、西班牙、泰國、英國和越南等八國的網紅，參與「新疆——了解中國現代化道路」國際交流活動。他們走訪烏魯木齊、和田市和喀什市等地，說是為了感知新疆歷史底蘊，探索「新時代的新疆發展故事」。

日光之下無新事，為共產暴政洗地的「有用的白癡」，從史達林和毛澤東時代就有了，如羅曼・羅蘭、埃德加・斯諾等名滿天下的人物，真個是「江山代有白癡出，各領風騷三五天」。

在這一輪大外宣中，當然少不了台灣面孔。在中共糖衣砲彈誘惑下，很多台灣網紅和藝人應邀到新疆旅遊或取景，大讚當地的人文和自然景觀。其中，影響最大的是藝人林依晨，她在社交媒體 IG 上分享大量美不勝收的照片，並留言說：「新疆一直是我很想去的地方，完完全全被大自然包圍的感覺，超級放鬆和療癒。」

林依晨在一篇訪談中詳細描述：「印象深刻的是，路旁家家戶戶都有幾株杏子樹，樹上的果子摘都摘不完，所以他們都會在

鄰近馬路處擺攤販賣。我們是跟一對老夫婦買，他們的大孫女就在旁邊牧羊，我們要求跟他們合照，他們也笑嘻嘻地答應了，這樣純樸的笑容在大都會區很少見了。而不管是新鮮的杏子或被太陽曬乾的杏子乾都非常好吃，我更喜歡後者，感覺更多的陽光讓它們又多了許多耐人尋味的複雜層次。」她還說買回三罐奶粉當戰利品，包括駱駝奶粉、驢奶粉和馬奶粉，「其他就是一些比較異域風情的傳統服飾，買給我女兒和我弟的小孩們，有的很正式華麗，有的很休閒舒適，大家都非常喜歡」。

林依晨在一戶維吾爾人家中的照片尤其引人矚目。她身穿雅緻的白色絲綢洋裝，半臥在紅色地毯上，刻意伸展纖細長腿，展示千嬌百媚的風姿。給她當配角或背景的，是這家的主人：一位滿臉溝壑的維吾爾人老太太，一位豆蔻年華的維吾爾人女孩，她們的臉上表情木訥，有一種欲蓋彌彰的哀愁。眼高於頂的林依晨不會留意主人的情緒，她想當然地認為新疆的維吾爾人家家戶戶都過著天人合一的美好生活。這張照片發表後，有細心的讀者不禁追問：「妳在新疆搔首弄姿的時候，可曾有一點點的觀察力？可曾試圖理解妳旁邊這兩位女性背後隱藏的巨大悲劇？可曾問過：男人都去哪裡了？」

林依晨在新疆和中國的一系列言行招致很多網友批評，她在社交媒體上呼籲彼此「理解」，卻招致更多批評。有人斥責說：「我覺得林依晨真是不跪則已，一跪驚人，打趴檯面上所有人，我甚至認為，要她物理上的吃人，價位到了，她也能開懷的吃給人看。」還有人反駁說：「我知道妳要大家理解妳只是為了賺錢，所以人家要妳說什麼妳就說什麼，但是我更加理解的是，既然妳只在乎錢，那麼等到戰爭的時候，是不是敵人只要給妳錢，要妳

說什麼妳就說什麼？妳說妳是藝人，但我不認為，請問那種只要有錢拿就什麼都可以做的職業，叫做什麼？」

林依晨配合中國官方做戲，果然得到豐厚回報。她到中國錄製娛樂節目《心動的信號》，一集酬勞約七十九萬人民幣，一趟錄完十集就賺進七百九十萬人民幣，真是拿錢拿到手軟。她在台北買下價值一點五億台幣的豪宅，其中有多少是從中國拿的昧良心錢？夜深人靜時，成千上萬被中國折磨致死的維吾爾人，會進入這位高顏值空心人的夢中嗎？她會有午夜驚醒的時分嗎？德國文豪歌德曾在《浮士德》中發出追問：你把靈魂賣給魔鬼，但還能用什麼贖回你的靈魂？這一追問，也是對今天的林依晨及其同伴們說的。

我沒有看過林依晨演的電影和電視劇，我聽說她的一部近作名為《不夠善良的我們》，在現實生活中，林依晨們不是不夠善良，而是足夠邪惡。

那是「有去無回」的地方，那是「等待夜裡被捕」的地方

德國哲學家叔本華認為，同情是一種高尚的道德，「同情」的意思是「共苦」，即把別人的痛苦當做自己的痛苦。同情的表現就是哭，人在反省自己錯誤或想像他人苦難時就會哭，「哭是以愛的能力、同情的能力和想像的能力為前提的，所以容易哭的人既不是心腸硬的人，也不是沒有想像力的人。哭，甚至於往往被當做性格上一定程度的善看待」。

儘管林依晨獲得過許多演藝界的大獎，但我更相信，一個沒有同情心的演員，不可能拍出優秀的作品來。

林依晨與其呼籲批評者對她表示「理解」，不如認真讀幾本

經歷巨大苦難的流亡維吾爾人所寫的書，在此基礎上找回「老吾老以及人之老，幼吾幼以及人之幼」的同情心。

我首先推薦林依晨讀的是維吾爾女性米日古麗·圖爾蓀的回憶錄《那有去無回的地方》。同為女性，同為母親，這本書或許能喚起林依晨的共鳴。

米日古麗·圖爾蓀，1989年出生於新疆，比自稱「成都人」的林依晨小七歲。她後來留學埃及，與埃及公民結婚並育有三個孩子。他們全家回新疆探親時，她與三個孩子一起被警察強行帶走。她被帶到「再教育營」，每日每夜遭受慘無人道的酷刑折磨，並被迫實施絕育手術。她目睹同室獄友被強暴、被殺害；全天被攝影機監控，不能說話，只能蹲著或站著睡覺；不一定能吃到稀粥和饅頭，但常常吃到電擊棒的滋味；唱革命歌曲、喊口號、背紅書和習語錄，沒有一分鐘能自主思考。在被拘捕期間，她的一個孩子在中國當局監管下不明死亡。

幸虧她的丈夫通過埃及政府不斷與中國當局交涉，最後她和倖存的兩個孩子終於獲釋並得以離開中國。再後來，她與家人移居美國，決心挺身而出，不再沉默，勇敢公開親身經歷，向世界昭告中共集中營的黑幕。她在回憶錄中寫道：「我倖存下來，就是要向全世界揭發此事。日後再沒有人可以辯稱，他們對這椿人間慘劇一無所知。」

我還想向林依晨推薦維吾爾詩人、導演塔依爾·哈穆特·伊茲格爾的回憶錄《等待在夜裡被捕》，這位作者與林依晨算是半個同行，或許林依晨在對新疆議題發言前應當聽聽當事人怎麼說，如此才不至於造成無法彌補的公關災難。

伊茲格爾寫詩、拍電影，與妻女在烏魯木齊過著恬靜的生

活。然而，在少數民族備受歧視的中共政權底下，伊茲格爾與族人的性命和自由，始終都操縱在別人手中。他有過被捕入獄的經歷，每天都像在等候著**警察深夜前來逮捕自己**。他身邊很多維吾爾知識分子朋友，就是半夜在家裡被帶走的，**警察敲開門後，會確認姓名，把手銬往人手腕上一銬，隨即把人帶走**，甚至讓他們換件衣服都不准。當下那人穿的是什麼，也就只剩下什麼。有的人穿著睡衣就被帶走。因此，伊茲格爾就想：「如果夜半有人來敲我家的門，我打算先換上暖和的衣服和秋靴再去開門。」

等待被捕的滋味比被捕還要難受。伊茲格爾和家人最終選擇了逃亡，並在美國出版回憶錄。美國桂冠詩人崔西‧K‧史密斯評論說：「我被伊茲格爾寫下有關監視、拘留、暴力迫害與奇蹟般逃亡的回憶吸引，並感到**警惕**。維吾爾人面臨的人道危機，是對所有國家與人們的控訴。伊茲格爾晶瑩勇敢的散文，對所有深信自由與其可能性的人而言，都是一記警鐘。」

有人選擇站著掙錢，比如陳昇；有人選擇跪下賺錢，比如林依晨。下跪是一種自由選擇，民主的台灣，不會因為林依晨下跪就對她如何如何。但是，自己下跪是一回事，將自己的財富建築在他人的痛苦之上又是一回事——對於後者，不能「理解」，只能譴責。因為，如果人人都不分善惡，為虎作倀，那麼我們與惡的距離就是零距離，甚至我們自己就已淪為惡的一部分。

在厲害國，古有核舟，今有手工晶片

中國人的手真巧，不僅能搓麻將，還能搓晶片

2024 年 5 月 1 日，中國央視軍事頻道在一則新聞報導中宣稱，航天科工二院六九九廠特級技師葉輝用手工研磨出精度五奈米級別的晶片。

新聞中說：「兩塊鑄鐵平板，少許研磨砂，再加上這股巧勁，微米級已不在話下，甚至是頭髮絲萬分之一的奈米級，葉輝都能達到。」新聞更指出，葉輝早年右手掌曾被刺穿，三根手指筋斷裂，只剩拇指和食指能活動，但他把研磨當復健，成了中國頂尖的超薄材料精密研磨師。「葉輝發現，數據起伏可能是手指按壓後，指紋印在薄片上導致的，於是他用砂紙將自己的指紋磨掉，再按住薄片研磨。」

中國人自稱是世界上最心靈手巧的人種，尤其是手巧。中國人沒有美國人那樣工具齊全的車庫，不會換汽車輪胎，不會修理電器和水管，不會打理花園（大都沒有花園），卻在搓麻將的功夫上天下無雙。香港電影《賭神》中情節，並非無中生有，在世界各地的賭場裡，到處充斥著「瘋狂的中國富豪」的身影。就連鄧小平都是橋牌迷，一把紙牌在手上玩得宛如天女散花，他無需像電影中的賭神周潤發，直接使用紙牌當做殺人武器，只用下一

道口頭命令,就能讓首都屍橫遍街、血海飄香。

　　大躍進時代,中國官媒有畝產萬斤乃至數萬斤的報導,包括毛澤東在內的中共領導人都是農民出身,偏偏信以為真;今天又出現手工打造晶片的報導,中國有那麼多留美歸來的博士,卻沒有人敢出面駁斥,中國奔跑在「再蒙昧化」的康莊大道上。我自然而然地想起中學時代學過的古文《核舟記》。那是明朝名不見經傳的秀才魏學洢寫的一篇短文,他靠著這篇短文而名垂青史。

　　這篇文章細緻地描寫了一件微雕工藝品──「核舟」,開篇寫道:「明有奇巧人曰王叔遠,能以徑寸之木,為宮室、器皿、人物,以至鳥獸、木石,罔不因勢象形,各具情態。嘗貽余核舟一,蓋大蘇泛赤壁云。」接著他統計了這件工藝品所包含的豐富形象:「通計一舟:為人者五,為窗者八,為箬篷,為楫,為爐,為壺,為手卷,為念珠者各一;對聯、題名並篆文,為字共三十有四。而計其長,曾不盈寸,蓋簡桃核修狹者為之。」最後,他感歎說:《莊子》、《列子》書中所記載的能工巧匠,被稱讚像是鬼斧神工的很多,可是有誰能在不到一寸的材料上運刀輕鬆自如地雕刻,而又能刻得鬍鬚眉毛都十分清楚呢?

　　中學課綱要求學生必須背誦這篇課文,我至今還能朗朗上口。但當時我就想:既然中國擁有王叔遠這樣的人物,為何沒有人能像瓦特那樣發明蒸汽機,進而帶領中國邁入工業革命呢?中國人未能發明蒸汽機,甚至連螺絲釘都沒有發明出來:在歐洲整個機械發展史上,有一個東西──螺絲釘──為中國所無,卻是決定武力、火力發展與否的關鍵。明朝的天啟皇帝熱衷於「復刻」各種精美的木工製品,還設計出新的木工傢俱,卻不知道有螺絲釘這種東西。與之差不多同時代的達文西,則設計出減少摩擦的

滾柱軸承、萬向接頭、皮帶傳頭、扁鏈、傘齒輪、螺旋齒輪、飛輪、連續運動車床等，甚至還設計出直升機、降落傘、潛水艇和坦克車等現代武器。他們的差異究竟在哪裡呢？

中國人或許真有一雙巧手，卻缺少理性和邏輯，也沒有形成保障私有財產、智慧財產權的法律體系和法治傳統。所以，中國人很早就擁有「四大發明」之類的技術（即便是真的），卻無法將技術提升到科學層面，更無法讓其帶來生產力的重大突破。中國人確實能製造出像核舟這樣的藝術品，卻只能供皇宮大內、文人雅士等少數特權階級把玩，而無法在市場上成為可以規模生產並盈利的商品。

習近平新時代的大躍進，世界第一指日可待

古有核舟，今有手工晶片；古有王叔遠，今有葉輝——葉輝比打遍天下無敵手的功夫大師葉問更厲害：葉問擊敗東洋和西洋武士，為中國掙到了面子；葉輝用人力取代西方先進科技，為中國掙到了裡子。古代的王叔遠雕刻核舟，只能供特權階級欣賞；今天的葉輝打磨晶片，卻能突破帝國主義的封鎖，讓中國的宇宙飛船翱翔天際。厲害了，國寶葉輝！葉輝的一雙手若要投保，應當比夢露的玉腿的保費還要高。

《環球時報》轉發這則新聞時，大肆吹噓「一雙巧手實現五奈米超精密研磨」。中國網民像打了雞血般振奮，紛紛留言詢問：這是否代表離手造晶片不遠了？然而，央視小編澄清說，葉輝手工打造的五奈米，指的是零件的表面粗糙度，跟晶片五奈米概念不同，要製造晶片，靠手是搓不出來的。

此前，華為在被美國和西方制裁之後，推出新款手機。中國

官媒洋洋得意地宣布，美國對中國「卡脖子」無濟於事。但事後有專家發現，其手機使用的是中芯國際的七奈米晶片技術，製成良率低於五成，而產業標準為九成或更高。哥本哈根商學院研究晶片產業的學者富勒表示：「美國限制措施讓中國受限的生產技術成本高昂，不過北京政府可能會為此買單。」

隨後，華為再度推出最新筆記型電腦，其所搭載的晶片是否為中國國產技術一樣受人關注。《彭博社》與研究公司TechInsights合作，拆解了這台筆電後發現，它使用的是台積電於2020年生產的五奈米晶片，並非中國國產技術。《彭博社》解讀，華為使用的這款晶片是美國制裁前後所採購。

看來，華為的「突圍」並未成功，其使用的是囤積的晶片及數年前獲取的技術，這種方法只能暫時糊弄過關，而不能讓其鹹魚翻身乃至彎道超車。於是，中國的鎂光燈聚集在葉輝身上——中國只有一個葉輝是不夠的，如果有一萬乃至一百萬個葉輝，手工打磨晶片就能實現「量產」。毛澤東說過「人多力量大」的名言，林彪說，毛的話「句句是真理」，「一句頂萬句」。以此而論，既然中國有足夠多人，就沒有辦不到的事。習近平應立即下旨，停辦北大清華，將北大清華改為以葉輝命名的「葉輝技術學校」，讓所有菁英學生都向葉輝學習手工打磨晶片技術，用不了三五年，一定能培養出一大批頂尖技師，個個都能手工打磨晶片。那時，中國不必「師夷長技」就能「制夷」了。

然而，今天的中國民智漸開，已非閉關鎖國的毛時代，民眾對官方宣傳的真假已能做出基本判斷。微博網友諷刺說：「曾經的畝產二十萬斤糧食，跟這個技術比起來，我都覺得這也太謙虛了」、「嗯，又一頂尖技術卡了西方脖子」、「手搓光刻機不是

夢」、「網友搓一個一奈米的晶片給遙遙領先用吧，還用啥光刻機啊」、「馬斯克 spaceX 甘拜下風」、「精神病震驚全世界」、「美國嚇尿了，歐洲震驚了，日本嚇傻了，澳大利亞坐不住了，整個西方都要崩潰了」、「一粒米刻上六千部紅樓夢小說，厲害了我的祖國」。

「知乎」網友更評論說：「宣傳手工作坊的這種畫風，用來做非物質文化遺產的手工活宣傳還行，放到機械生產的宣傳就很迷惑。給人的觀感就是，合著第二次工業革命替代手工作坊的老成果愣是給還回去了？五奈米手工也是相當炸裂，就算老師傅當眞功夫了得外加生產件數足夠少，但是這樣的人才和技能想必不太容易復現吧？」

還有網友在 X 上反駁中共宣傳部門公然造假、誇大宣傳，完全不顧常識，直追大躍進時代：「這大概算習近平新時代『畝產萬斤』的黨新聞」、「新質生產力代表」。毛習本來就一脈相承。

或許，兩三百年後，故宮博物院會將王叔遠的核舟和葉輝的手工晶片放在一起展覽。這兩件文物代表著兩個朝代中國工藝的最高成就，必定相映生輝、相映成趣，讓每一個前來參觀的中國人都爲祖先的聰明才智感到無比自豪，進而愼終追遠、聞雞起舞，誰還敢數典忘祖呢？

凡是俄國的一切，中國都無條件支持

中國人為何樂意看到俄羅斯擊敗美國的幻象？

　　普丁發動侵略烏克蘭的戰爭之後，中國國內的社交媒體上充斥著形形色色的假消息，無一例外都是俄羅斯大獲全勝、烏克蘭兵敗如山倒，美國和西方吃癟等內容。有的是官方系統性編造並傳播的，有的則是民間的小粉紅自發製作的。

　　近日，一位名叫「保羅・柯察鐵」的播主在抖音上爆紅，他自稱是俄羅斯車臣人，滿臉大鬍子，看上去很彪悍。他專門拍片分享為自己和戰友痛擊美軍的經歷和感想，深受中國網民歡迎，短短兩個月內粉絲增加了三十萬，他亦趁機把抖音帳號改名為「王抗美」，直播帶貨販售俄羅斯特產，成功賣出數百件商品，賺得腰包鼓鼓。

　　後來，有眼尖的人發現，保羅・柯察鐵上載的圍剿美軍的影片均是網上現成資源，而且很多並非烏克蘭戰爭期間的畫面和視頻。但他加以配音解說，說得繪聲繪色，彷彿他真的在前線奮戰。不過，片中亦寫有「拍戲現場，影視劇情」的字句，就好像很多電影開頭的說明文字：「本劇情節純屬虛構，請勿對號入座。」但不少中國網民信以為真，紛紛留言稱讚保爾・柯察鐵勇戰美軍，屢立大功，還稱他為「俄羅斯兵王」、「俄羅斯戰神」！

不久後，保羅・柯察鐵被揭穿眞身爲中國人，一直以 AR 技術假冒外國人拍片。這場鬧劇才落幕。

「保羅・柯察鐵」這個名字顯然來自於「保爾・柯察金」——蘇聯紅色經典小說《鋼鐵是怎樣煉成的》之主人公的名字。奧斯特洛夫斯基的《鋼鐵是怎樣煉成的》的片段被選入中國中學語文課本，是共產中國幾代人「入腦入心入魂」的青春記憶。這個使用「保羅・柯察鐵」名字的中國網紅，大概是 90 後的年輕人，但他們這一代仍是蘇俄鐵粉，仍是中共親蘇俄洗腦教育批量生產的腦殘。

最早將蘇俄革命模式引入中國的是北大教授、北大圖書館館長李大釗。李大釗因拿蘇俄的錢從事顚覆中華民國政府的活動，被張作霖的憲兵從北京蘇聯使館中抓捕並處以死刑。中共將其塑造成革命烈士，其實他是死有餘辜的賣國賊。

眞正靠蘇俄扶持奪取天下並沿襲蘇俄模式鞏固政權的，是毛澤東。法國學者畢仰高在《歷史的覆轍：中俄革命之比較》一書中特別強調《聯共（布）黨史簡明教程》對毛的影響。這本書是史達林親自主持編寫的，其中的辯證唯物主義和歷史唯物主義部分更是史達林一字一句推敲出來的。史達林提出人類歷史的五個階段進化觀，脫胎於馬克思主義，也有其原創部分。蘇俄異議歷史學家沃爾科戈諾夫在《史達林傳》中指出：「臭名昭著的《聯共（布）黨史簡明教程》成了眞正的教條主義百科全書，半眞理和反眞理的木乃伊大全。它出版了三百多版，印數約四千三百萬冊。……最後三章七十多頁，卻有六十多條史達林的評語、引文和結論。這種教條主義的、按內容來說反歷史的精神糧食，造成了精神的貧乏、理論的簡單化和原始化。史達林爲培養一個龐大

的頭腦簡單者階層準備了肥沃的土壤。從這些人中不斷地招募鑽營分子、告密者、勤勤懇懇的辦事員、不懂腦筋的執行者，由這個階層來補充官僚機構、懲罰機關和各級幹部隊伍。」

早在 1940 年代的延安，毛澤東就認為這本書是中國革命的「葵花寶典」，不僅自己讀了至少十遍，還要所有黨員仔細學習。毛曾說，馬克思沒有革命實踐的經驗，巴黎公社只有四十天，但列寧和史達林卻有參與和領導俄國一百多年共產運動的經驗，更有十月革命奪取國家政權，建立社會主義國家的經驗。所以不僅要好好學習這一本史達林的經典，而且要全心全意地認真學習。

鋼鐵是怎樣沒有煉成的？

不過，這本枯燥乏味的書，很難吸引年輕人的興趣。於是，感性且煽情的《鋼鐵是怎樣煉成的》就成了其文學化的普及版。奧斯特洛夫斯基講述的，是自己如何被煉成沒有思想的「鋼鐵」的故事。但在現實生活中，奧斯特洛夫斯基短暫的一生卻在證明了「鋼鐵是怎樣沒有煉成的」之故事。

2006 年 11 月 26 日的《莫斯科共青團員報》刊登了一篇記者斯維特蘭娜‧薩莫捷洛娃採寫的題為〈重鑄的生平〉的文章。記者採訪了奧斯特洛夫斯基的外甥女加林娜‧奧斯特洛夫斯卡婭，加林娜的媽媽葉卡捷琳娜是奧斯特洛夫斯基的姐姐，也是其生命最後階段病中的「護理保姆」，對其情況非常熟悉。據加林娜回憶：奧斯特洛夫斯基出生於烏克蘭軍人家庭，父親參加過巴爾幹戰爭，在戰鬥中表現英勇，曾被授予兩枚十字勳章。母親出生於捷克林業局主任家庭，是一個非凡的女性，會講六種語言，還寫過詩。奧斯特洛夫斯基十五歲參加紅軍，幫助紅軍鎮壓烏克蘭獨

立運動，十六歲身受重傷，二十七歲完全癱瘓，三十二歲溘然長逝。隨著《鋼鐵是怎樣煉成的》一書的問世，他迅速成名，名字傳遍廣袤的蘇聯大地，本人被授予各種極高榮譽。但實際上，他不止一次對朋友抱怨：「我們所建成的，與我們為之奮鬥的完全兩樣……」他生前的摯友薩爾達托夫說：「尼古拉的個性太率直了，如果他不在 1936 年病逝，遲早也會有人『幫助』他結束生命的。」

我少年時代讀《鋼鐵是怎樣煉成的》，對裝腔作勢的男主人公保爾·柯察金沒有什麼興趣，倒是對書中被作者妖魔化的、主人公的初戀女友冬妮婭念念不忘。小說中的那些革命說教，我早已忘得一乾二淨，只記得這段描寫冬妮婭的文字：「她穿著領子上有藍條的白色水手服和淺灰色短裙。一雙帶花邊的短襪緊緊裹住了曬黑的勻稱的小腿，腳上穿著棕色的便鞋。栗色的頭髮梳成了粗大的辮子。」小說中的冬妮婭，出生於一個林業局官員家庭，充滿剝削階級思想，最終與保爾分道揚鑣。作者如此醜化冬妮婭，不惜將自己的家庭出身安在冬妮婭身上，也許是出於某種自我洗白，也是向組織上遞交一份背叛其家庭的投名狀。

今天的中國，沒有人相信保爾·柯察金的故事是真的，也沒有人相信其中國版本雷鋒的故事是真的——人們質疑說：在雷鋒短暫的二十二歲生命中，拍過的照片有六、七百張。一個普普通通的解放軍戰士，在那個年代能拍這麼多照片是罕見的。可以說，1949 年以來，通過影像傳播給中國公眾帶來影響的人物，一個是毛澤東，另一個可能就是雷鋒。當年為雷鋒拍照的主要有兩個攝影師，一位叫張峻，另一位叫季增，據兩人回憶，後來傳世的雷鋒照片，幾乎很少有現場抓拍的，絕大多數都是他們根據當

時的政治需要和上級指示創作的。在這些照片中，有一部分是拍攝者根據當年流傳的、經過加工的雷鋒事跡「補拍」的。

　　有趣的是，當年蘇俄的保爾・柯察金對革命確實抱有一種理想主義的熱忱，而今天的中國網紅，不管叫「保羅・柯察鐵」還是「王抗美」，對俄國或革命的支持卻如同注水豬肉，最終指向「帶貨」的目標。這是極度功利主義的民族主義者，他知道為俄國背書和反美這兩個話題在中國擁有龐大市場，他的個人表演和形象塑造，能為其帶來巨大的經濟利益。至於歷史的真相和正常的邏輯──近代以來，俄羅斯是侵占中國領土和掠奪中國財富最多的國家，真正的中國民族主義者，首當其衝應當將矛頭指向俄羅斯──他卻根本不會去做這樣的深思，更何況這樣的思考背離了中國的主旋律。

　　鋼鐵沒有煉成，不算失敗，只要還有取之不盡、用之不竭的韭菜和人礦，黨的統治就能穩如磐石。而「保羅・柯察鐵」這樣的小魚小蝦，也能在這場人肉盛宴中分到一點殘羹冷炙。

爛尾國度
主流媒體上看不到的中國眞相

第四輯

畫地爲牢的國度

御用學者同時論證「閉關鎖國」與「攻伐台灣」

肯定歷史上的閉關鎖國，乃是為現實中的閉關鎖國找理由

2019 年，中國社會科學院將下屬的歷史研究所升格為歷史研究院——上級單位的名稱是院，下級單位的名稱也是院，主事者似乎不覺得疊床架屋。不過，更讓人莫名驚詫的是歷史研究院院長兼黨委書記的任命——這兩個職位都由正部級的中國社科院黨組副書記高翔兼任。

高翔是何許人也？高翔為中國人民大學中國古代史博士，比起假博士習近平來，確實是歷史科班出身的真博士。他在社科院工作多年，一路攀爬到社科院黨組成員和副秘書長，於 2016 年出任中共福建省省委常委、宣傳部部長。福建是習近平的老巢，高翔出任此職，必定是受到習近平賞識，先到地方歷練，然後再有大用。果然，一年後，高翔調回北京，出任中央網路安全和資訊化委員會辦公室副主任、國家互聯網資訊辦公室副主任。這個職位無比重要，一方面是控制網路的操盤手，另一方面也是運用網路為「今上」塗脂抹粉的「總化妝師」。又過了一年，高翔回到社科院，先後被任命為社科院黨組副書記和歷史研究院院長兼黨委書記。中共政權沒有國史館的設置，社科院旗下的歷史研究

院類似古代王朝的國史館。

歷史研究院成立時，習近平發去親筆賀信，希望「加快構建中國特色歷史學學科體系、學術體系、話語體系」。習近平特別要求，這個新成立的機構集中資源分析研究明、清帝國時期面對西方侵略、殖民，為保護國家利益與主權而採取長時間「閉關鎖國」政策的各項優點。把缺點當成優點，是習近平的思維慣性。

中國最高智囊機構社會科學院的角色非常特殊，專門為中共的意識形態定調；社科院研究員都必須與共產黨高階公務員保持緊密聯繫。習近平如此重視歷史研究院以及下達具體的研究任務，可看出習近平企圖加強對學術界的控制，利用其研究能力為其政策服務。

高翔謹遵諭旨，掛帥主持名為《明清時期「閉關鎖國」問題探索》的課題研究。在隨後發表的論文中指出，明清面對西方殖民勢力的步步進逼，兩朝統治者從軍事、經濟、文化等不同層面，採取「自主限關」政策，其動機是維護國土安全、文化安全。過去對「閉關鎖國」的全盤否定並不正確，朝廷面對外部侵擾，特別是西方殖民侵略威脅時，採取的防禦性自我保護策略是明智之舉，「維護小農業和家庭手工業的自給自足經濟」，且維護了國家安全，值得肯定。

這篇論文引起海內外熱議。這是先有結論再找證據的「聽將令」式研究。過去三年，習近平實行「內防反彈、外防輸入」政策（防疫如是，文化思想亦如是），加上在經濟上提出「內循環」，令中國幾乎「與世隔絕」。正如一條微博所言，中國人靠二十年前出的書、十年前流行的音樂、五年前拍的旅遊照片、去年掙的錢、三個月前封控時買的凍餃子、昨天的核酸檢測結果和今

天剛出爐的蘇聯笑話過活。而高翔領銜的研究，不僅為明清「閉關鎖國」翻案，更是為現實政治辯護——習近平推動的「新文革」，重要策略就是重新關上國門，享受「自己造成與國際迫使的孤立」。

高翔立了大功，得到習近平重用。2022年10月，成為中央委員；12月，升任社科院長、黨組書記。

習近平對高翔的重用，與此前對邱水平的重用一樣——2018年至2022年出任北大黨委書記的邱水平，曾任北京市政法委常務副書記並兼任北京市國家安全局黨委書記。特務頭子當北大黨委書記，中共建政以來是第一次，從中可見習近平的用人風格。

習近平讓在上海實施暴力封城的李強當總理、在北京清理「低端人口」的蔡奇當政治局常委兼中辦主任（這種兼職在中共建政以來前所未有），這些人都是雞鳴狗盜之徒。什麼樣的主子，重用什麼樣的奴才。

中國沒有歷史，只有皇帝下令砲製的偽歷史

社科院沒有社會科學，歷史研究院沒有歷史，這就是中國學術界的現狀。歷史學的使命是追尋和接近真相。但是，一旦發現真相是殘酷的、讓人難堪的，如同傷疤被揭開會感到巨大疼痛，很多人就不願直面了，反過來掩蓋真相、迫害揭示真相的學者。

高翔主持的論文發表後，有學者發表〈批駁歷史研究院「閉國鎖國有利論」〉一文，指〈明清時期「閉關鎖國」問題新探〉美化、讚揚、合理化「閉關鎖國」政策，沒有任何新穎、有說服力的史料，大量充斥的是「某歷史學家認為」「某學者指出」這樣的「論據」。文章認為，「閉關鎖國」不是「自主限關」，也不

是維護國家安全，只是維護愛新覺羅一家的統治，清廷千方百計阻止國人與西方交流，就是害怕西方的思想、宗教、科技文化傳到國內，會開拓國人的眼界，產生自由思想，滋生反抗情緒。清朝閉關鎖國，維護的只是愛新覺羅和滿人權貴的利益。然而，該文迅速被從網上刪除。

2022年9月5日，已故中共總書記胡耀邦的長子胡德平於「北京大成企業研究院」的微信公眾號刊登短文〈看看馬克思、恩格斯對「閉關鎖國」是怎麼說的〉。文章指出，馬克思、恩格斯從19世紀50年代開始，即對中國等東方大國，做了大量的研究工作，並得出中國必然會「門戶開放」以及中國「閉關自守已經不可能」的觀點。馬克思和恩格斯的這些觀點，均是對中國專制王朝「閉關鎖國」現狀的歷史性批判，馬恩二人把中國「閉關鎖國」的前因後果的基本輪廓都說清楚了。

胡德平的文章認為：「馬恩關於中國開放的觀點，與其說對過去有意義，不如說對當下的中國更有意義，希望看到研究院在這方面有更多現實指導意義的文章。」他還直言，「近日又看到煌煌新作〈明清時期「閉關鎖國」問題新探〉，心存唏歔，繼生技癢，很想談談馬恩對此話題說了些什麼。以茲與對方作一有趣探討，是否我過於教條了？是否明清兩朝的帝王真有為其臣民維護國家主權的意識？特發微信，以表互相切磋之意。」

胡德平的文章，不敢直接呈現自己的觀點，只能抬出馬克思、恩格斯兩個「老祖宗」來，儼然是搬出鐘馗打小鬼的策略。這也是體制內開明派慣用的方法。儘管如此，胡德平的文章也無法在有影響力的紙媒發表，只能在網上發表，讀者有限，聊勝於無──此前，胡德平擔任社長的、敢說一些真話的《炎黃春秋》

雜誌早已被掌權者橫刀奪走，改造成官方喉舌。胡德平進入辦公室，還遭到安保人員粗暴攔阻。

高翔卻被習近平視爲王滬寧和李書磊之後的新一代文膽。法國情資數位媒體「情報在線」（Intelligence Online）報導指出，習近平對台企圖愈加明顯，指派有宣傳背景的高翔出任中國社會科學院院長，可視爲習近平想要掌控台灣的最新架構布局。高翔曾在福建任職，熟稔台海宣傳議題，也是其被重用的原因之一。高翔接獲指示，正召集一群歷史與經濟研究者，繼續研究中國如果武力犯台如何因應經濟孤立的相關衝擊。文章分析，習近平持續關注並研究台灣議題，希望社科院可以更進一步與中共中央宣傳部在台灣議題上合作，以沙盤推演各種意外狀況，「其中最大的不確定因素就是武力侵台後，國際祭出大規模制裁，企圖讓中國深陷經濟孤立時所帶來的後果」。報導指出，歷史學者的任務是幫政府未來恐怕必須經濟封閉的選擇找解套說詞；經濟學家的任務則是制定緊急時期策略，好讓中共政權即使面對「自己造成與國際迫使的孤立」，也能依據中國現在的經濟體系特色，繼續保持良好的繁榮發展。

高翔之流，將學術作爲敲門磚，作爲升官發財的終南捷徑，不惜指鹿爲馬、信口雌黃，雖平步青雲、峨冠博帶，卻應了明末思想家顧炎武的話，「士大夫之無恥，是謂國恥」、「世衰道微，棄禮義，捐廉恥，非一朝一夕之故」。

長城再圖騰化，中國回到《河殤》批判的原點

「愛我中華，修我長城」又成中共洗腦口號

中秋之夜，「雄關皓月，長城之約」北京長城文化節居庸關主會場活動暨「居庸山月」中秋詩歌晚會在居庸關長城腳下盛大呈現。

中共官媒對此活動予以長篇報導，網上也有視訊播放。官媒報導說，本次晚會以「月滿居庸關，天涯共此時」為主題，包含雄關月韻、鄉關何處、山河共夢三個篇章，共十五個節目。晚會以中國傳統文化為情感核心，通過國風歌曲、少林武術、民族音樂、歷史故事、詩歌朗誦、器樂演奏等多種藝術表現形式，展示以「天下第一雄關」居庸關長城為代表的「人類歷史上宏偉壯麗的建築奇蹟和無與倫比的歷史文化景觀」。

官媒更形容，晚會「以城牆投影秀開場，序幕拉開，音樂響起，鐳射精細地雕刻出居庸關的輪廓，隨後靜默的石磚復甦，形成居庸關、山脈、明月等形態，將古老的長城與現代科技完美融合」。中國不是沒有現代科技，但在中國現代科技卻被用來砲製木乃伊和裹腳布。

官媒還總結說，晚會「以長城為媒介，以文化為紐帶，用富

有時代感的視聽語言,向全球觀眾展現跨越千年時光蜿蜒而來的巍巍長城,展現可信可愛可敬的中國形象」。也就是說,中共重新將長城當做中國的民族精神的象徵物。

與晚會相配合的還有一場文化沙龍,圍繞「關隘文化與中華文明的突出特性」的主題,邀請相關專家學者作主旨發言。專家學者當然個個都對長城及其文化內涵讚不絕口。

1980年代,那個中國最接近民主自由的時代,電視政論片《河殤》破空而出,批判中國傳統文化,破除代表蒙昧主義的黃河、黃土、龍和長城的圖騰地位。我就是被《河殤》啓蒙的一代少年人之一。我記得當時自己還是初中生,每天晚上與全家一起熬夜觀看《河殤》——中宣部只允許央視在午夜時分這樣的「垃圾時間」播出,殊不知《河殤》仍然創下那個時代收視率的最高峰。

《河殤》中有一段解說詞,對我而言簡直是振聾發聵:「有了城防,對外可以抵擋遊牧民族的劫掠,對內則產生一種凝聚力,把城內的人民壓向一個權力核心。因此,誰修了長城,誰好像就擁有了長城以內的土地,山河與人民,長城也就成了他家的院牆。」也就是說,長城從來都是秦始皇的長城,而不是孟姜女的長城。

當年那些率先睜眼看世界的自由知識分子,要麼進監獄,要麼流亡異國他鄉。三十多年後的中國,又開始唱起了老調子——在「居庸山月」晚會上,專門安排了這樣一個節目:「五代長城守護人」深情寄語,教誨年輕一代傳承並發揚「愛我中華,修我長城」的精神。統治者最樂於看到的情形是:孟姜女不再哭長城,孟姜女也來膜拜長城。這樣,統治者才能放心大膽地在中國

修築和增高第二道長城——網上的長城（所謂的「防火牆」）。

中國的歷史是循環往復的，有時候，你以為已經向前推進了一大段距離，但當你停下來定睛一看，就突然發現，一切又回到了起點。你以為已經告別了毛澤東和文革，但毛澤東仍在天安門城樓上俯瞰著芸芸眾生，升級版的文革再度粉墨登場。你以為改革開放已經數十年了，然而每個中國人的頭腦中，仍然還矗立著一道牢不可破的長城。如果用已故香港作家倪匡的話來說就是：共產黨和以往不一樣的地方，就和非洲的食人族一樣，派很多子弟去英美留學，然後再回到非洲。現在的共產黨改穿西裝，用刀叉吃起人肉了。長城就是這場巨大的人肉宴席的一道屏風。

甘願為奴的人民，把我們的血肉，築起我們新的長城

多年後，《河殤》總撰稿人蘇曉康接受媒體訪問時指出：「至於長城，其實是一個很淺近的圖騰，在歷史上找不到什麼描述。對它大概只能追溯到抗日戰爭時期，它成為從歷史上借來的『抵禦外寇』的一個符號。可是如果你梳理一下歷史，會發現完全不是那回事，是個錯覺。滿清八旗就是踏破長城，滅了朱明。這個明長城，還比早先那個秦長城，退縮了一千華里，哪裡談得上『抵禦』？黃仁宇說『十五英寸降水線』是農耕文明的邊界，正好跟明長城重合。最妙的是，一部關於長城的電視片裡，又在陝西的長城拍到了『華夷天塹』四個字！」

在中共的民族主義敘事中，長城這一文化圖騰的內在矛盾被悄然抹去：長城歷來被視為華夏與蠻夷的分界線，但長城並沒有在軍事層面起到防禦作用，蒙古人和滿族人輕而易舉地突破長城，將漢族聚居的「中國」當做殖民地。在此意義上，長城與二

戰時法國的馬奇諾防線一樣，是漢民族的恥辱柱。

然而，中共不以為恥、反以為榮，使出阿Q的精神勝利法，頓時天下無敵：中共御用歷史學家們大肆炫耀滿清帝國將明帝國的疆域拓展了兩倍，將長城之外的大片疆土納為己有。中國各色人等都推崇雄才大略的康熙大帝，卻又不提康熙以勝利者和殖民者之姿說的一句名言：修築長城，實屬無益。

這種自相矛盾、難以自圓其說的歷史觀，卻成功洗腦了一代代中國人，讓他們在各自的長城內，畫地為牢，自願為奴。當中國人歌頌長城時，同時也放棄了對自由的渴望。

1972年，美國總統尼克森訪華，毛澤東和周恩來親自安排客人行程。參觀長城是不可或缺的旅遊節目。2月24日上午，尼克森與夫人在長城上漫步的場景，成為中美關係轉折的象徵，這一幕本身就具有內在的矛盾和反諷。

尼克森是一個善於塑造公眾形象的政客。隨行的美國記者發現，慣於操縱媒體的尼克森將長城當做其表演的背景，「總統的視線透露了他知道每台重要攝影機的位置」。尼克森一度被宏偉的長城震撼得說不出話來，停頓幾秒後對記者說：「我想你也只能下這樣的結論：這是一座偉大的長城。」尼克森還說，毛主席說過，「不到長城非好漢」，現在我們都是好漢了。

尼克森不知道另一個細節：2月23日晚上和24日清晨，在從尼克森下榻的釣魚台國賓館到八達嶺長城長達八十多公里的公路上，無數北京市民和農民被緊急動員起來掃雪，北京市派出全部灑水車在沿途撒鹽水幫助化雪。西方媒體記者估計，當時至少有數十萬人被動員起來為尼克森掃雪。

沒有一個美國總統可以用「量中華之物力，結與國之歡心」

的方式接待外國客人。美國人做不到的事情還有：中國政府提前幾天清理八達嶺長城附近的各色人等，並將景區對遊人關閉一天。一些政治上可靠的幹部和群眾被組織起來，假扮成遊客。這些冒牌的遊客本身就構成另一道密不透風的長城。

美國是一個自由奔放的海洋國家，美國人無法理解長城內安土重遷的中國人的所思所想。尼克森既看不懂紅色芭蕾舞劇《紅色娘子軍》，也無法理解長城的真實內涵——尼克森以為他可以對中國實施「和平演變」，讓美國「不戰而勝」，殊不知，周恩來含笑看著他在長城上艱難攀登，心裡早已打好算盤：美國的「門戶開放」政策在中國一定行不通。多年後，周恩來的繼任者楊潔篪與美國人談判時，怒氣沖沖地表示，「二十年前，中國人就不吃美國那一套」。

長城的再圖騰化，顯示中國再度回到閉關鎖國的毛澤東時代。中國就像是一頭蝸牛，從硬殼中伸出頭來，探視外面的世界一番，又縮回去了。中國以中日戰爭時代膾炙人口的歌曲《義勇軍進行曲》為國歌，但經過香港的反送中運動和中國本土的白紙抗議活動後，連「不願做奴隸的人們」這句歌詞也成了高度「敏感詞」。在中共眼中，這分明就是反賊的口頭禪。那麼，為了避免淪為敏感詞，中國國歌開頭的這一句，不妨改動一個字，就能與時俱進，完全契合當下中國人的普遍心態和境況了：「甘願做奴隸的人民，把我們的血肉，築成我們新的長城！」

中國爲何走不進自由的窄廊？

王滬寧爲中國人打造一個超級版的「楚門的世界」

2022 年 5 月，浙江等省的手機用戶陸續接到電信公司簡訊通知，國際及台港澳電話及簡訊功能將自動設置爲關閉，用戶若需要接收國際電話及簡訊，必須向電信公司申請並登記。中國移動、中國聯通及中國電信三大電信公司都已證實此事，正式的紅頭文件也在網上流傳，包括浙江、河南、江西、遼寧、貴州等省的電信公司都已陸續公告。

三大電信公司提出的理由是「打擊境外詐騙電話」。這個小小的理由與三大國有電信公司的大動作相比，顯然不成比例。爲了預防一種犯罪活動，而封鎖中國與國際社會的聯繫，就如同發現水中有一粒沙子，就要將在水中洗澡的嬰孩一起倒掉一樣。境外電話詐騙固然猖獗，但境內的電話詐騙更爲層出不窮、千變萬化，難道下一步爲了根除境內電話詐騙電話，就要徹底取消電話、手機和網路嗎？

據海外媒體披露，此一看似技術面的措施，竟是由中共中央政治局常委王滬寧下達的政治命令。王滬寧是復旦大學如假包換的博士及政治學教授，比起假博士習近平來，顯然更懂政治，深知資訊的自由流通會危及極權統治的根基，所以才會悍然下達這

個帶有強烈閉關鎖國信號的命令。

中國正在實施嚴厲的「清零」封控政策,並且企圖將這一政策作爲打造動物農莊的實驗,以及戰爭動員的預演。就連溫順如綿羊的中國民眾也開始對於這種文革式和納粹式的奴役政策感到愈發不滿,北大、北師大、復旦、天津大學已出現多次學生聚眾抗議,甚至有學生直接喊出「打倒官僚主義,打倒習近平」的口號。中共當局更加擔心西方國家在「共存」模式下正常生活的眞實情況傳入中國境內、引起民眾的更大反彈。所以,逐步斷絕中國與國外的通話和資訊交流,就成了確保中共的江山不變色的唯一選擇。

在中共現任七常委中,王滬寧是最低調、最少新聞報導、最不苟言笑的一個。這不是因爲他謙虛,而是因爲他更喜歡躲藏在幕後操作。作爲江澤民、胡錦濤和習近平三代黨魁的心腹智囊,王滬寧經歷三朝而不倒,在中共歷史乃至中國歷史上都是一個奇蹟。

王滬寧大概永遠都不會寫日記,不會給後世留下他的眞實面目和思想的記錄。所以,讀希特勒的「精神導師」、納粹黨「大祭司」阿爾弗雷德·羅森堡的日記,就如同一面照出王滬寧眞面目的鏡子。羅森堡是元首的意識形態代言人,他的理論「傑作」《二十世紀的神話》賣了超過一百萬冊,跟希特勒的自傳《我的奮鬥》一樣,被當成納粹意識形態經典。

羅森堡的「惡魔日記」在消失半個多世紀後,經過一名聯邦調查局探員孜孜不倦的努力,終於重新被發現、整理並發表。這本日記中記錄了從 1934 年至 1944 年間,羅森堡與希特勒的交往、第三帝國高層的複雜鬥爭等隱密內幕,被研究者視爲研究希

特勒思想演變及第三帝國興亡史的重要史料。「無論你需要多少錢，我都給。羅森堡，屬於你的偉大時刻已經來臨」，希特勒對他忠貞的副手說。「我沒必要用長篇大論的文字來表達此刻的心情」，飄飄然的羅森堡在日記中這樣寫道。從此，他假希特勒之手，將自己的思想變成了現實，把屠殺數百萬猶太人的惡行變成了「合理又合法」的事情。

當年，希特勒和羅森堡如何屠殺猶太人；今天，習近平和王滬寧就在用相似的方式屠殺維吾爾人等遭到中國殖民統治的少數族裔。當年，希特勒和羅森堡如何對德國人洗腦；今天，習近平和王滬寧就在用相似的方式將中國人封閉起來再洗腦，他們做得更加成功。

中國人申請護照為何愈來愈難？

電信公司切斷中國與外界的通信並非孤立的個案。5月10日，中國國家移民管理局召開黨組會議指出：「要嚴格執行從嚴從緊的出入境政策，從嚴限制中國公民非必要出境活動，嚴格出入境證件審批簽發。」移民管理局新聞發言人還稱，「境內人員仍需繼續堅持非必要非緊急不出境，確保個人健康安全，共同維護來之不易的防疫抗疫重大戰略成果」。

從一年多之前，官媒早已傳出消息，中國暫停辦理護照，暫停辦理非緊急的出入境簽證安排。過去一年，中國護照的簽發量暴跌百分之九十八，很多在美華人也無法續簽新本，有人回國等候大半年，也沒能更新護照，無法再出境。很多網友反映，他們在美國有工作，但是護照更新時卻沒有獲准。

現在的政策是「暫不簽發普通護照等出入境證件」，很多人

也將其理解為「暫時」,而不是「永久」。也有人認為,這項政策並不是一步到位,而是在一步一步地收緊。更有專業人士表示,暫停發出非緊急出入境證件,與疫情有一定關係,但非主要原因。該措施是要集中資源力量,應對對美國的貿易和金融戰,是為配合實現內循環和與美國脫鉤做準備。

與之相對應,從5月下旬起,英國、加拿大、丹麥、意大利、紐西蘭等國先後宣布關閉在北京的簽證中心,所有預約都被取消。有網友哀歎,原本以為2020年最難,沒有想到2021年更難,更沒有想到2022年出國比前兩年還要難。

中共正在重蹈明朝閉關鎖國的覆轍。自鄭和下西洋之後,明帝國對遠洋航行和海外貿易失去了興趣。1477年,有人重提派寶船航行的做法,當時海外對大明的瓷器、茶葉有著巨大的需求量,派人再下西洋,拓寬銷售渠道,多賺點銀子回來,也是順理成章的事情。然而,以兵部車駕司郎中劉大夏為首一些儒家教條主義者,卻悍然燒毀鄭和的航海日誌、造船圖紙等資料。劉大夏振振有詞地宣稱:「鄭和前往西方的航海浪費了上百萬的金錢和穀物,而且成千上萬的人死於此……這是一個極其糟糕的行動,大臣們本應該予以強烈反對,即使這些舊資料現在還保存著,也應該被燒毀。」當時的兵部尚書附和說:「你的陰德不小,這個位置遲早是你的!」劉大夏後來果然當上了兵部尚書。而劉大夏並非庸碌之輩,他曾毛遂自薦治理黃河水災,黃河兩岸很多地方的百姓,把他尊為河神,每年都要進行祭拜。

美國學者戴倫‧艾塞默魯和詹姆斯‧羅賓森在《自由的窄廊》一書中指出,明朝是中國命運逆轉的時代,根本原因在於「朝廷設法嚴密規範和控制社會,國家的專制力量消除了大部分中國

人的經濟機會和誘因」。與此同時，西方卻大步走向大航海、宗教改革和文藝復興。這兩位學者認為，共產黨中國打造的發展模式，不可能在根據專制路線安排的經濟體系中，確保強而有力的創新。中國已經達成快速的經濟成長，但其成功是出於解決狹隘領域的特定問題，出於因應政府的要求。然而，「攸關未來成長的廣泛領域中的多元化和持續創新，不但取決於解決現有的問題，也取決於夢想出新問題，這樣就需要自主性和實驗。你可以提供巨量資源，可以命令個人努力工作，卻不能命令眾人生出創意。創意是持續創新的要素，極度依賴大量的個人實驗、然後用自己與眾不同的方式思考，打破常規，經歷失敗，而且偶爾碰到成功。但是，如果沒有自由，你怎麼可能實現這一切」？所以，兩位學者的結論是，中國像所有專制式成長的前例一樣，在這項任務上不可能成功。

如今，中國再次閉關鎖國，證明中國無法走進自由的窄廊。

中華民族不是「共同體」，而是梁啓超閉門造車的發明

鑄牢中華民族共同體意識研究院真能鑄牢「中華民族共同體意識」嗎？

2023 年 10 月 26 日，鑄牢中華民族共同體意識研究院成立大會暨鑄牢中華民族共同體意識思政課系列講座啓動儀式在中國人民大學舉行。半年前，人民大學正式進入中央統戰部、中央宣傳部、教育部和國家民委四部委批准的鑄牢中華民族共同體意識研究基地的二十八家高校科研院所名單。以此爲契機，人民大學決定整合已有力量，成立鑄牢中華民族共同體意識研究院，「構築新的學術創新平台和智庫建設平台」。

中國人民大學並非第一個建立這個名稱冗長而拗口的學院的大學，此前已有數十所大學建立此學院，大多數都是名稱中有「民族」一詞的大學，也就是專門爲各少數民族學生設立的大學──中共當局認爲，對少數民族年輕一代菁英學生進行洗腦，消除其民族分裂主義思想是重中之重。如今，此學院在非民族大學的名校中國人民大學設立，表明所有漢族學生也要接受此種洗腦教育，民族主義已然成爲中共的核心意識形態。

人民大學校長林尙立表示，「中華民族共同體意識是國家統

一之基、民族團結之本、精神力量之魂」，要「在各個層級學生中開展鑄牢中華民族共同體意識教育，讓中華民族共同體意識根植青少年學生心靈深處」。若干所謂的專家學者在舞台上賣力表演，宛如當年為希特勒尋找日耳曼種族優越論的御用學者。

以中共的個性而言，向來是缺少什麼就要強烈地宣揚什麼。比如，中共踐踏法治，卻又強調依法治國。如今，中共耗費巨資在各大學廣泛設立鑄牢中華民族共同體意識研究院，正說明此種共同體意識在中國已然四分五裂。一般的研究院，通常以學科或研究對象命名，而該研究院一定要在前面加上動詞「鑄」，不僅「鑄」，還要「牢」，表明「共同體意識」不是靠邏輯和說理來建立的，而是靠暴力來灌輸的，是用鐵水來「鑄造」的，還必須像孫悟空的緊箍咒一樣牢牢安裝在被教育者頭上，讓其一生都無法取下來。由此可見，當下中國的民族問題已是圖窮匕見、病入膏肓。

此前，中共當局抓捕台灣出版人富察延賀，並非富察延賀真正做了什麼顛覆國家政權的政治活動，而是他主持的八旗文化出版社出版了一系列解構大中華史觀或「中華民族共同體意識」的學術著作，比如將清帝國視為內亞帝國而非中華帝國，中共遂視之為釜底抽薪的陰謀。

幾乎與此同時，中共湖南省委宣傳部和湖南省廣電局聯合出品五集電視宣傳片《當馬克思遇見孔夫子》，該劇號稱以習近平所提倡的「將馬克思主義基本原理與中華傳統文化相結合」為宗旨。《人民日報》發文讚揚此一創意：「馬克思主義是魂脈，中華優秀傳統文化是根脈。堅守根和魂，馬克思與孔夫子的相遇和會談，照見的正是馬克思主義基本原理與中國具體實際、與中華優

秀傳統文化相結合的現實。」不同時空中的孔夫子和馬克思，都被中共搬過來作為其統治合法性的神主牌。

然而，被中共視為「老祖宗」的馬克思和恩格斯，肯定國際主義，對民族主義卻持否定和批判態度。他們在談論民族主義時，大多使用負評，稱之為「狹隘的民族主義情緒」、「利己的民族主義情緒」、「虛假的民族主義」、「狂熱的民族主義」等。馬克思全然否定馬志尼領導的意大利民族主義運動：「馬志尼用他那一套民族主義主張帶領意大利走向了軍事專制。」他們批評當時流行的泛斯拉夫主義，將其定性為「反動」，認為這一運動是服務於俄國霸權的「鞭子」，「將會把一千年來歷史所創造的一切事物化為烏有」。

言猶在耳，習近平卻自詡為「中華民族共同體意識」的執牛耳者，殊不知，他在宣稱「工人階級無祖國」的「老祖宗」眼中，必定是個「反動分子」。

民族主義是受創傷的產物，是最危險的力量

極具諷刺意味的是，「民族」一詞，是一個外來詞彙，是19世紀末從日本傳入中國的。在「民族」一詞傳入中國後，產生了「中華民族」這個民族學詞彙。中共既然號召民眾將一切有日本特色的東西全都清除乾淨——包括日本贈送的櫻花，為什麼不把來自日本的「民族」這個詞彙也送回日本呢？

中共御用學者竭力迴避「中華民族」的概念是梁啟超發明的，因為梁啟超晚年對中共的批判不遺餘力，認為中共奪權會讓中國成為血的海洋。而梁啟超之所以發明「中華民族」，是擔心此前革命黨人的口號「驅除韃虜，恢復中華」會造成民族衝突，

不利於推翻清帝國之後共和國全盤繼承清帝國的版圖和人民。

1901年,梁啟超發表《中國史敘論》一文,首次提出「中國民族」的概念。1905年,梁啟超寫了〈歷史上中國民族之觀察〉一文,下結論說:「中華民族自始本非一族,實由多民族混合而成。」他希望以民族主義重塑國家認同。

隨後,文人楊度指出,「中國向來雖無民族二字之名詞,實有民族之稱號。華之所以為華,以文化言,不以血統言」,也就是說,中華民族不能以生理特徵界定,而要以文化來界定,這樣可將更多種族納入其中。但是,維吾爾、圖博、蒙古等很多民族,在歷史文化、語言文字、宗教信仰上都與中土的華夏民族迥異。中華民族這個概念,無論在哪個層面上,都是非驢非馬的四不像。

1917年初,北大教授、中共創黨者之一的李大釗在《甲寅》日刊發表〈新中華民族主義〉和〈大亞細亞主義〉兩文,針對日本人宣揚的以日本民族為中心的大亞細亞主義,提出一種以中華各民族融合為基礎的「新中華民族」主義。他認為,各民族已完全融合、漸趨一致,又隸於同一個自由、平等、共和的國體之下,則滿、漢、蒙、回、藏等民族區分,已成為「歷史上殘留之名詞」,「今已早無是界,凡籍隸於中華民國之人,皆為新中華民族矣」。所以,「言大亞細亞主義者,當以中華國家之再造,中華民族之復活為絕大關鍵」。在李大釗這裡,民族差異已然不存在,民族認同服從於國家認同,這又是睜開眼睛說瞎話——既然民族融合已完全達成,那麼民族歧視為何屢禁不絕?

更具反諷意味的是,當專制政府在無情整肅和迫害少數族裔之時,卻又將自己描述成近代以來帝國主義殖民侵略的受害者。

這種百年悲情很容易激發出民族復興的狂熱，它又成為中共極權統治的粉飾。英國思想家以賽亞・伯林指出：「民族主義在今天大概是最強大也最危險的力量。它常常是創傷的產物。如果路易十四沒有進攻並掠奪德國人，德國人在19世紀早期用他們猛烈的民族主義反對拿破崙時，也許不會變得如此富有進攻性。同樣，在19世紀，如果俄國人沒有被西方視為野蠻的大眾，中國人沒有在鴉片戰爭或更普遍的剝削中受羞辱，他們也許不會那麼容易聽信那種學說：允許他們——借助誰也無法阻止的歷史力量——粉碎帝國主義者並取而代之。」

20世紀以來，中華民族這個「共同體」，不僅是想像出來的，更是國共兩黨的宣傳洗腦術打造出來的。如果你不是漢族人，專制政府必定強迫你加入這個「共同體」，你必須放棄民族語言、民族文化和民族歷史，被同化是唯一的宿命；你若不願加入這個「共同體」，等待你的就是集中營和大屠殺。

中國通過對維吾爾人、圖博人、蒙古人等少數族裔的種族滅絕式鎮壓，企圖讓這些民族俯首帖耳地成為「中華民族」的一部分。這個「共同體」，不需要被愛戴，卻需要被畏懼。而高居於此「共同體」頂端的，是毛澤東和習近平這樣的大獨裁者，只有他們這樣的卡里斯瑪領袖，才能代表「共同體」接受所有成員的頂禮膜拜。

習近平一講話，編修二十一年的清史立即成為爛尾工程

耗資二十億的清史計畫為何胎死腹中？

2023年6月，習近平召開「文化傳承發展座談會」，強調中華文明具有突出的統一性，中華民族各民族文化融為一體。習近平話音剛落，聲稱「習近平總書記一直十分牽掛」的編修清史計畫頓時「活不見人，死不見屍」。這似乎成為一個規律：只要是習近平插手的事情，必定是失敗的結局。

編修清史的計畫始於2002年，中共當局專門成立國家清史編纂委員會，此「重大學術性文化工程」有上千名專家學者參加。2018年9月，中共版的「清史」完稿，共一百○六冊、三千兩百萬字，為民國編修的《清史稿》篇幅的四倍。次年，送審稿交由新成立的中國社科院中國歷史研究院負責審讀，該院院長高翔是習近平的心腹，曾經負責中國網路監控事務。稿件落到此人手中，可謂凶多吉少。

果然，任教於美國耶魯大學的華裔學者張泰蘇在社群平台X上以英文發文說，他從可靠消息來源得知，這部「清史」已被高層擱置，理由是「未能肯定人民的觀點」，具體來說，「受到新清史影響過大」，因此在政治上無法被接受。

所謂「人民的觀點」，就是共產黨的觀點，因爲在共產黨治下，人民從來沉默似金、不能有任何獨立的觀點，人民一旦要表達自己的觀點，比如 1989 年在天安門廣場和北京街道上表達，共產黨立即用機槍和坦克來消滅這些觀點和表達這些觀點的人。

過去二十年來，當局爲此編史計畫花費將近人民幣二十億元，現在只因習近平一句話就浪費了投入的資源。對於揮金如土的共產黨來說，這點錢算不得什麼。而對於想了解當前中國學術審查情況的人來說，這就是一個活生生的例子：在中國，歷史必須爲政治服務。

中共黨媒《人民日報》曾發表御用學者周群撰寫的長文〈牢牢把握清史研究話語權〉，聲稱「清史研究與維護國家領土主權完整有著密切關係」、「清史研究事關意識形態安全」，而「新清史」是「國外歷史虛無主義在清史研究領域的理論變種」。爲抗衡「新清史」的觀點，由中國歷史研究院推出上下兩卷、一百一十萬字的《清代國家統一史》，該書對清代東北邊疆、蒙古、新疆、西藏、西南邊疆、台灣、海疆等地區經略作了專題性、全面性的探討和評估，指出「清朝的中國王朝定位是不容置疑的」。

中共爲何比害怕病毒還要害怕「新清史」研究呢？原來，雖然「新清史」不是嚴格的學派，但以歐立德、米華健、柯嬌燕、羅友枝、路康樂與濮德培等爲代表的學者，其論述對「大一統」、「中國認同」及「漢化」等既成觀點構成挑戰。他們重視滿文、蒙文、維吾爾文等內亞民族史料的運用，以打破過去漢文史料獨霸的局面；他們強調「大清帝國的特殊性」，即大清帝國具有滿州性、內亞性與世界帝國性。

濮德培曾表示「中國的合法領土其實只有漢地十八省」、米

華健也說「清代之前中國根本管不到新疆，新疆怎麼會是中國的合法領土」。

從中國遷居台灣的出版人富察延賀在台灣主持的八旗文化出版社曾出版「新清史」代表作，如羅友枝的《最後的皇族》、歐立德的《滿洲之道》等。他在解讀這些著作時說，東亞的歷史不是像中國詮釋的「不同中華朝代更迭」，而是不同政權互相征服，但是中華史觀一定要確認正統「祖先」，詮釋歷史的方式是「你征服我，我就是你祖先；你征服不了我，我就醜化你一輩子」。

富察延賀希望透過向台灣人重新解釋東亞的歷史觀念，讓台灣人在思考台灣歷史的時候，對東亞的理解不再只有中國，而是能跳出大中華概念的迷思，了解東南亞、內亞對台灣的意義和連結，並重新思考台灣自己的歷史文化，建立起文化自信，從內心去除掉威權、專制的思想。這或許就是他遭中共當局祕密拘捕的「罪狀」之一。

北洋政府如何修《清史稿》？

這不是第一次修清史。北洋政府從 1912 年至 1927 年，只持續短短十五年，卻在軍閥混戰的局勢之下完成《清史稿》修撰。

中共政權號稱大國崛起，一部編寫和審查時間長達二十一年的清史卻胎死腹中。

北洋政府有容乃大，中共政權小肚雞腸，對比強烈。

中國自古以來就有「易代修史」的傳統，每當前一個朝代的統治結束，後繼的政府為了吸取歷史經驗，要為前一代修史。清朝覆亡以後，後繼的民國政府很快啟動纂修清史工作。1914 年 3

月9日,經國務會議議決,總統袁世凱頒布設置清史館令,重申修史「識興革之所由,資法鑒於來葉」的意義,要求「踵二十四史沿襲之舊例,成三百餘年傳信之專書,用以昭示來茲,導揚盛美」。

清史館聘漢軍旗出身、同治進士、曾任東三省總督的趙爾巽為館長,邀請一百三十六位學者參與,還有一百多位執行人員。從趙爾巽以下的主要編撰人員都為前清遺老,在價值觀上認同清朝而反對民國。《清史稿》記載民國以後的事,不用民國紀年而用干支紀年。北洋政府卻並未干擾清史館的工作,既沒有強制領取其薪水的作者更換一種寫法,也沒有換一批忠於民國的新式學者來撰寫。

北洋政府基本具有共和國形制,並非依靠意識形態治理的獨裁政權。在北洋政府時代,中國短暫地擁有過類似於春秋戰國時代「百家爭鳴、百花齊放」的思想文化的繁榮,《清史稿》成書過程就是例證。1928年,北伐軍打到北京,北洋政府覆滅,《清史稿》全書基本竣工,但未經總閱修訂,故名《清史稿》,匆匆出版。

雖然《清史稿》只是「稿」,其立場也明顯「政治不正確」,且存有諸多史實疏誤,但清史學者戴逸仍予以高度評價:「《清史稿》根據國史館稿本編成,而國史館稿本是由清朝許多代的學者集體編撰、長期積累的學術成果,所寫各種傳記、志、表,很多是親歷其事,親見其人,見聞較近而真切。……《清史稿》的文體用文言,修史者皆功底深厚之知名文士,故行文簡練、清晰、流暢,後人頗難達到他們的文字水準。」

南京政府成立後,改北京為北平,設立故宮博物院,將清史

館劃入故宮博物院。對已發行的《清史稿》，因其「不奉民國正朔」、「復有反民國之嫌」，對其頗為忌憚。此後，國民政府行政院會議決議：「《清史稿》永禁發行。」卻仍有民間出版社悄悄印刷發行，並以此牟取暴利。

當時，歷史學者孟森撰文反對禁書做法：「在館秉筆諸人，當時採清代舊望，來者多以元遺山自況，用修史以報故君，故疑其內清而外民國，此誠有之，但意主表揚清室，與敢於觸犯民國，並非一事，其可疑與否，當據書中內容而言，不當以揣測之故，湮沒甚富之史料。」1934 年 9 月，學者容庚也在《大公報》發文批判南京政府封禁《清史稿》的做法。

學者們的反對意見，引起時任國民政府行政院院長的汪精衛注意。1935 年 9 月 17 日，汪精衛在行政院會議上專門討論此事，主張由教育部出面，組織對《清史稿》做出檢校並予以解禁。後來，幾經周折，終於讓《清史稿》解禁。汪精衛本人當年是與大清勢不兩立的革命黨，曾捨身行刺攝政王，被捕後在獄中遭到刑求，寫下膾炙人口的詩句：「慷慨歌燕市，從容作楚囚。引刀成一快，不負少年頭。」然而，親身參與推翻清廷的革命的汪精衛，卻對《清史稿》的作者及立場卻予以相當的尊重。

共產黨和習近平絕對沒有北洋政府及汪精衛的胸襟和氣度。共產黨和習近平將歷史當做任人打扮的小姑娘，將歷史作為鞏固其統治的工具，其結果只能是扭曲歷史和毀滅歷史。

動物園裡，除了猩猩，還有中國人

這是一個人比猩猩更凶殘的國家

　　北京野生動物園微信公眾號發布了一則新聞：2021 年 8 月 7 日下午，有兩家遊客在北京野生動物園遊覽時，因搶奪觀看大猩猩表演的最好位置而發生糾紛，進而互相謾罵、撕打，並引起大量遊客和附近動物們圍觀。經當地公安機關調解後雙方和解。

　　有網友發布影片顯示，打架的兩家人，從青壯年到孩子、老人不一而足。影片畫面中，有人倒在地上還在互相扭打，宛如奧運比賽中的摔跤或柔道，不分勝負，絕不罷休。最壯觀的是，其中一名中老年女子，一手抱著孩子，空出來的另一隻手還去抓扯另一人的頭髮，以半個戰鬥人員的身分參戰，不亞於昔日背著劉後主大戰長坂坡的趙子龍。隨後，這名女子又被別家的另一名男子凶狠地踹倒在地，懷中的孩子有沒有受傷不得而知。

　　這種打架場景，在地大物博、歷史悠久的中國處處可見，不足為奇。即便在河南水災中，遭遇滅頂之災的人們，還在為搶奪從康師傅工廠中流失的泡麵和飲料而大打出手。這些泡麵和飲料並不昂貴，災民們還沒有到將要飢渴而亡的地步，他們瘋狂搶奪僅僅是因為貪婪──能拿到不要錢的東西，真是百年一遇的好機會。在中國，爭奪是生命的常態，是內卷的外化，孩子們從小就

被家長安排瘋狂補習，也是一種隱形的搶奪，只要贏在起跑線上，以後就能搶到更多東西。

被關在籠子裡的猩猩，看著籠子外的人類的鬥毆，不知當作何感想？這一次打架之所以名動天下，是因為園方聲明中有一段讓人拍案驚奇的話：「另據內部人士透露，雙方撕打地點附近的動物們是第一次看到人類之間的打鬥場面，令牠們印象深刻，部分動物家庭在獸舍內紛紛效仿，場面一度失控，在飼養員的耐心教育下才知道打架不好，特別不好。」

這裡所說的「部分動物」其實就是大猩猩。本來，大猩猩經過訓練後，每天給遊客表演節目，沒有想到這一次反過來了，牠們有眼福觀看遊客為他們表演更精彩的節目。大猩猩被進化論者認為是最接近人類的動物，美國學者戴蒙德甚至稱人類為「第三種猩猩」。大猩猩最有天分模仿人類的一些簡單動作。這一次，牠們以為可以模仿到人類的好行為，沒有想到人類是牠們的壞榜樣——生活在中國，人類何其不幸，必須比賽誰更卑賤、誰更殘暴才能在這個社會存活下來；生活在中國，大猩猩同樣不幸，在這個比小說還要神奇的國家，牠們想向人類學習，不僅沒有進化，反而退化了。此刻，這群遊客的打架明明可見；而中南海內中共政治局的明爭暗鬥、勾心鬥角，更是「殺人不見血」。

此一場景，讓人想起好萊塢電影《人猿星球》系列。這個系列從法國作家皮埃爾‧布爾的小說改變而來，與《星球大戰》系列一樣，堪稱好萊塢電影業的科幻經典。這個系列講述人類用猩猩做治療老年癡呆症的試驗，結果智慧猿族產生，並為反抗人類的奴役，捍衛其自由與尊嚴，與人類展開一場世界大戰。猩猩崛起，人類衰亡，宛如西方版的孫悟空大鬧天空。中國電影業長期

以來都期望超越好萊塢，這一次，不妨用猩猩模仿人類打架的故事作為原型，拍攝一部中國版的《猩球崛起》，一定能席捲全球票房。

猩猩不吃猩猩，人卻要吃人。研究大饑荒歷史的楊繼繩說，「河南信陽當年有八百萬人口，其中有一百萬人餓死。飢餓的民眾甚至去吃死屍，在冬天，墳地裡死屍埋得不深，就被人挖出來吃。還出現了人吃人現象，有人把自己孩子吃了。據不同的統計，我估計在全中國當年發生了四五千起人吃人事件。」香港大學歷史系助理教授、《中國大饑荒》的作者周遜稱，人吃人當時很普遍，河南信陽、安徽、四川、甘肅很多人吃人的事例。她去採訪時，活下來的人說幾乎村村都有吃人，有時候自己的孩子死了，就吃自己的孩子。這些事情檔案裡面就有。

崇拜希特勒，就是崇拜毛澤東和習近平

支持邪惡力量的，當然只能是邪惡力量。中國是種族歧視、階級歧視、地域歧視最嚴重的國家，漢族歧視中國疆域內的所有少數族裔，而在漢族內部還有洋蔥般多個層次的地域歧視，比如河南人被除了河南之外的所有中國人歧視，而上海人將除了上海之外的所有中國人都視為鄉下人。所以，希特勒的種族主義理論在西方早已臭名昭著，但在中國卻被視為理所當然。大概連希特勒自己都不會知道，在今天的德國，他的信徒已是屈指可數；而在今天的中國，他卻是從官方到民間一致推崇的偶像。

一位中國網民寫道：「還是怪小鬍子，當時燒光了（猶太人）不就沒這麼多事了」。「小鬍子」是許多網友給希特勒起的綽號。另一位網民寫道：「歷史終將為小鬍子洗去他不該承受的罪名，

搞不好還能洗白。」持此類看法的絕不僅僅是無知小民，大名鼎鼎的作家、中國藝術研究院研究員摩羅在接受媒體採訪時說：「就反抗西方而言，希特勒是有其合理性的。」他甚至居高臨下地「開導」採訪他的德國《明鏡》週刊記者說，不要因為德國有過納粹的歷史和希特勒的歷史而負疚，「我覺得德國在整個歐洲或者說在整個西方世界之中，沒有必要認為自己的過錯比別國更多。你如果對你的德國人身分懷有負疚感，我覺得你不如對你的白種人身分、基督徒身分懷有這種負疚感，這樣來得更真實一點」。他認為，希特勒的失敗只是時運不濟，如果希特勒成功，建立納粹的全球帝國和全球秩序，必定是一個「美麗新世界」。在「德意志治世」中，與之擁有同樣意識形態的中國當然能獲得比在「美利堅治世」中更高的位階和待遇。

當年，毛澤東說自己是「秦始皇加史達林」，他忘記說或者故意忽略了希特勒。許多中國人的心中都住著一個小毛澤東，也住著一個小希特勒。儘管文革時這些崇拜希特勒的人年紀尚小甚至還未出生，但文革的遺毒、毛澤東的遺毒、希特勒的遺毒卻深入到其骨髓與靈魂之中。學者楊繼繩在分析文革的階級屠殺時發出追問：為什麼那些豆蔻年華的青春少女會殘酷地將老師打死？他嘗試給出的答案是：官方長期的教育宣傳讓他們以為，清除政治賤民、敵對階級是「替天行道」。「在這個神聖而高尚的意識形態的指導下，只有階級情分，沒有私人情分。『親不親，階級分』，背後告密和當面揭發不僅是必要的，還是光榮的。兒子出賣父親、妻子出賣丈夫是『大義滅親』；學生打死老師是因為『吾愛老師，但吾更愛真理』。對政治賤民的屠殺當然不會有負罪感。這種意識形態把人性中凶惡的一面全都煽動起來了，還穿上

了崇高而正義的外衣。」林昭等反抗極權暴政的先驅,直接將毛主義斥責為納粹和法西斯。

習近平時代的中國,正在向文革時代奪命狂奔。因為有八千萬黨員和數億愚民配合,再有數位科技加持,其極權程度讓哈瑪斯之類原始而粗陋的恐怖主義組織望塵莫及,也讓希特勒和納粹艷羨不已。美籍華裔深記者陳嘉韻曾在《華盛頓郵報》發表過題為一篇題為《中國經常被稱作「威權主義」,感覺這並不夠》的評論文章,對於新聞報導中經常將中國稱為「威權國家」提出質疑,表示應該考慮「將中國稱作法西斯主義國家」。作者認為,法西斯主義的標誌是:一個監視國家,一個政治強人,在國內煽動種族主義、民族主義和傳統價值觀,同時為向海外擴張建立軍隊。習近平時代的中國完全具備了這些特質。作者表示,她作為一名曾經在中國工作、如今在柏林寫作的記者,「我發現很難對今日中國與舊日德國遙相呼應這一點視而不見」。

毋庸諱言,中共統治中國有其廣袤而深厚的「群眾基礎」,正如當年希特勒和納粹在德國興起並顛覆威瑪共和國絕非歷史的偶然。若不改變這種「群眾基礎」,就不可能顛覆中共政權。

當紅衛兵遇到蘇格拉底，
蘇格拉底只有死路一條

在中國，講授希臘史，會迎來蘇格拉底的厄運？

2022 年 10 月 27 日，重慶西南大學徐松岩教授在微博上披露：昨晚給本科生上課，第三節課下課後，有自稱「資訊員」的同學，未經本人允許偷聽了課程，並通知我準備匯報。

據西南大學官網介紹，徐松岩現為西南大學古典文明研究所所長、古典學博士生導師，主要研究領域為希臘史和羅馬史等西方古典文明，他曾譯注希羅多德的《歷史》、修昔底德的《伯羅奔尼撒戰爭史》以及色諾芬的《希臘史》等古希臘三大史學名著。他授課頗受學生歡迎，也曾應邀到國內外諸多名校講學。

徐教授專攻希臘羅馬的歷史，跟中國現實相距甚遠，照理說這個領域並不敏感。然而，在習近平時代，所有人文社會科學領域都充滿「地雷」。此前，官方媒體發表多篇文章，批判人文社科領域推崇古希臘文化。習近平在一次講話中強調，中國特色社會主義道路，一定要深深紮根於中國的文化沃土，堅定文化自信，不要「言必稱希臘」。於是，「希臘」成了敏感詞，希臘研究成了敏感領域，徐教授被一名學生資訊員傳喚去匯報其研究成果，也就不足為怪。

研究希臘歷史的徐教授，在深受學生資訊員羞辱之際，大概會聯想到希臘哲人蘇格拉底的命運。他離蘇格拉底的厄運有多遠呢？在他遭遇蘇格拉底的厄運之前，還能改換跑道，研究別的領域嗎？比如，轉而研究馬克思主義和習近平思想？如今，中國的各大學如雨後春筍般成立習近平思想研究院，一定還有很多職位空缺，歡迎徐教授這樣有研究能力的學者前往。

　　在今天的中國，講授希臘歷史和文明，有可能被扣上不愛國、崇洋媚外、與黨爭奪青年等可怕的罪名。當初，雅典人審判蘇格拉底時，主要是控告他的是兩項罪名：荼毒青年與不敬拜雅典眾神。蘇格拉底在經受審判之後，慷慨赴死，留下遺言說：「如果我告訴你們，每日討論善與其他題目、反省自我與他人就是一個人所能夠做到最好的事，而且未經反思的人生是不值得過活的，你們不會相信我。」蘇格拉底的審判發生在雅典高峰過後的一片頹喪之時，蘇格拉底之死其實是雅典衰落的病徵。

　　如果蘇格拉底生活在今天的中國，命運不會有所改善。八九鎮壓之後，中共對大學的控制日漸加緊，大學黨委成立專門的教師工作部，又在學生中廣泛設置「資訊員」，由校方指定具有黨員身分或向黨靠攏的學生擔任，其職責包括廣泛蒐集教學和教學管理資訊，定時向學校反映任課教師的教學態度和內容等方面的意見。

　　《紐約時報》駐北京記者赫海威曾發表一篇題為〈中國高校用「學生資訊員」監督教師、消除異議〉的報導。該報導指出，中國大學部署學生對教師進行監督，成為一種毛澤東時代的回歸。這是習近平發起的一場大規模運動的一部分，目的是消除異議，把大學變成黨的根據地。作者根據對二十多名教授和學生的

採訪,以及對公共記錄的查閱,得出結論:習近平執政以來,中國大學學生資訊員數量激增。學生監控老師對習近平、共產黨和民主等思想的看法,作為交換,他們可以獲得獎學金、更高的分數以及在具有威信的共產黨組織中得到晉陞。

記者採訪了一個化名彭偉的四川大學學生資訊員。這個學生說:「我們的責任是保證純粹的學習環境,保證教授們遵守規定。」學生資訊員的任務涵蓋廣泛,不僅關注教授在課堂上說了什麼,還關注教授們的私人生活,包括對書籍和電影的品味。彭偉經常和其他學生交談,收集他們對老師的印象,包括老師的性格、價值觀和愛國立場。資訊員逐漸掌握了教師的生殺予奪職權,教師在資訊員面前如乞丐般卑微。

紅衛兵轉世成為「資訊員」,學生打老師的慘劇很快將重演

文革並沒有結束,紅衛兵並沒有消失,紅衛兵已悄然「轉世」為學生資訊員。

文革史研究者王友琴,曾專門研究文革中學生打死老師的現象。她指出:「中國有文字記載的歷史上,從來沒有過這樣大規模的由青少年打殺教師和老百姓的事情。在皇帝時代,死刑要經過審理,可以上訴,由專業劊子手執行。文革後有人把文革籠統解釋為『封建主義傳統』造成的。這種說法不能解釋1966年8月發生的紅衛兵暴力。」儒學是中國古代的官方意識形態,儒家思想固然有諸多侷限和缺陷,但受儒家教育和影響的士大夫及普通民眾,知道尊師重教,天地君親師是民間祭祀的對象,尊重老師就如同尊重父母。鼓動、驅使學生打罵老師乃至打死老師,是共產黨獨一無二的發明,帝王和軍閥們都自歎不如。

經王友琴考證，在北京，第一個被打死的教育工作者，是北京師範大學附屬女子中學副校長卞仲耘。時間是 1966 年 8 月 5 日午後。同時被毒打的還有該校副校長胡志濤、劉致平，教導主任梅樹民、汪玉冰，一共五人。在長達三、四個小時的毒打和折磨中，包括用帶釘子的木棒打和用開水燙等殘酷手段。卞仲耘死亡，她的身上遍布青紫，還有幾十處血窟窿。另外四人也受到骨折等重傷。在北京第二個被打死的，是北京一〇一中學的美術教員陳葆昆。時間是 8 月 17 日。一起被打的還有該校十多名教員及領導幹部。他們被強迫在煤渣鋪的校園小路上用四肢爬行，雙手和膝蓋鮮血淋漓。一名目擊者說，爬行過程中，有一紅衛兵用穿著軍用皮鞋的腳踩碾一名女教師的手指。

8 月 18 日，毛澤東在天安門檢閱百萬紅衛兵，並將紅衛兵領袖宋彬彬的名字改為宋要武（她後來居然移民美國，並在美國政府中謀到了一個職位，美國移民局疏於調查，居然沒有駁回這個殺人凶手的移民申請）。於是，紅衛兵暴力在規模和程度上陡然升級。到了月底，僅在北京就有上千名老師、學生和平民被打死或被逼自殺。

1976 年，毛澤東死後，文革在表面上看結束了，但中共的本質和統治模式並無根本改變，文革文化和文革基因流淌在中國人的血液和心靈之中。沒有民主化，也沒有轉型正義，除了王友琴等少數研究者和受難者家屬之外，沒有人紀念無辜的受難者，更不用說追究和懲罰凶手了。

如今，層出不窮的小粉紅、戰狼和學生資訊員，都是紅衛兵的轉世，中國大學正走在迅速納粹化的道路上。1933 年 2 月，希特勒任命魯斯特就任普魯士邦文教部長。魯斯特不久即宣稱「要

在一夜之間使高等學校不再成為玩弄學術的機構，要使自然科學研究為經濟計畫和軍備計畫服務，並從人文科學中尋找為納粹主義辯護的論點」。納粹在德國所有的大學中展開忠誠度測試，每一個想在大學裡擔任教職的學者都必須先在納粹觀察營裡培訓六個星期，當他們的學術的見解和性格受到納粹專家的研究和認可之後，他們的名字將被報送教育部，最後再根據申請者的可靠性審核決定是否發布教書憑證。納粹對大學教師隊伍的摧殘導致五年內約上萬名教授和知識分子被迫流亡國外。經過「淨化」的德國大學，成為批量培養「希特勒的青年」的工廠。

這一切正在中國重演：被從廈門大學開除的經濟學教授尤盛東流亡美國後披露說，中共當局利用學生告密者在教室裡製造一種恐懼氣氛。學生們舉報他質疑習近平的標誌性口號「中國夢」。尤盛東告訴學生們，中國夢是「妄想，狂想，而不是一種理想」，這句話讓他失去了教職。他質疑說，在這種情況下，中國的大學怎麼可能有發明創造？這不是習近平關心的問題，習近平希望所有中國的青年都被其洗腦，心甘情願地充當其砲灰。

最黑暗的時刻還未到來。在中國，老師已經成為一種高度危險的職業。今天只是失去教職，明天失去的就有可能是自由和生命。

退伍軍人當老師，中國走向準軍事化

習近平收買軍心的最新舉措：退伍軍人進學校當老師

據新華社北京 2022 年 6 月 22 日電，中國退役軍人事務部、教育部、人力資源社會保障部聯合印發《關於促進優秀退役軍人到中小學任教的意見》，深入貫徹習近平關於教育和退役軍人工作重要論述，進一步拓寬退役軍人就業渠道。

《意見》強調，退役軍人政治信念堅定、使命責任強烈、作風素養過硬，具備任教潛質，是充實中小學教師隊伍的重要力量。促進優秀退役軍人到中小學任教，有利於推動落實立德樹人根本任務。《意見》支持退役軍人在中小學教育領域多元化發展，中小學行政、工勤空崗優先接收安置政府安排工作的退役軍官和退役士兵，將獲得教師資格的退役軍人納入中小學兼職體育教師選聘範圍，鼓勵退役軍人在學校軍訓任務中擔任軍訓教官，鼓勵為學校提供安保服務的企業聘用更多退役軍人。

每當社會危機和社會矛盾凸顯之際，極權政府的首要舉措就是穩定軍心、大幅提升軍人薪資和待遇、優先解決退役軍人就業問題。習近平上台以來，幾乎將胡錦濤時代除了軍委主席胡錦濤之外的所有軍委成員一鍋端，佩上將軍銜的軍委委員們可以在秦城監獄開兩桌麻將了。習近平早年與軍方頗有淵源——他當過國

防部長耿颺的秘書。但是，在中共的軍事指揮系統中，國防部長本來就是虛職，國防部長的秘書更無足輕重，比起帶領軍隊打天下的毛澤東來，習近平對軍隊是否忠於他本人，心中疑慮重重、寢食難安。儘管官方的文宣塑造出習近平高大全的領袖形象，但其威望只是修築在沙灘上的城堡。他爲了獲得軍隊效忠，主要還是通過收買的方式。

如今，因爲經濟停滯，就業已成爲中國的一大社會難題。根據中國教育部公布的數據，2022 年中國高校畢業生一千〇七十六萬人，是歷史上首次突破千萬人大關。中國媒體充斥著「史上最難就業季」的標題。正規的師範大學畢業生，甚至擁有碩士以上學歷的，都很難在大城市的公立學校中找到教職，這些崗位卻會預留給沒有受過師範教育的退伍軍人。當年，法學家賀衛方撰文質疑安排退伍軍人當法官的政策，遭到國防部長嚴厲斥責，險些丟掉北大教職；如今，習近平安排退伍軍人當中小學老師，全中國已無人敢出聲質疑。

在中國，軍隊是共產黨的黨衛軍。習近平深知毛澤東爲什麼如此重視對軍隊的控制——對信奉「槍桿子裡出政權」的中共而言，誰掌控軍隊，誰就能在殘酷的黨內鬥爭中獲勝。毛澤東聲稱用一個手指頭就可打倒劉少奇，其底氣就在於軍頭們對其忠心耿耿，他甚至狂言威脅說，如果黨和政府都不跟他走，他就要帶部隊重新上井岡山打游擊。

文革期間，毛澤東縱容「天下大亂」，卻不能讓軍隊亂。當激進的文革秀才們提出「揪軍內一小撮」的口號後，軍隊受到很大衝擊，各軍區告急文電雪片似的飛向中南海。毛澤東口頭上說「形勢大好」，對這種「兵荒馬亂」，卻不能不憂心忡忡。當

他看到《紅旗》雜誌社論鼓吹「揪軍內一小撮」時，就「義憤填膺」地喊出「還我長城」！他又針對著報刊上大量和反復出現「揪黨內、軍內一小撮」的口號和言論，話中有話地指出：這種說法「很不策略」，不要並提黨內、軍內一小撮，還是只提黨內一小撮。也就是說，黨的機器可以砸爛，但軍隊不能亂。於是，中央文革小組的幾個與軍方作對的秀才立即垮台。

1970年，毛在會見美國記者斯諾時，又說：「1967年7月和8月，兩個月不行了，天下大亂了。」可見，毛將「不能把軍隊搞亂」作為一個最重要和最基本的信條。

學校變軍營：中國社會走向準軍事化

習近平對毛的統治術嫻熟於心。他安排退役軍人當中小學老師，是一箭雙雕：除了解決退伍軍人就業問題，還能利用退伍軍人控制教育領域，幫助他實現對下一代的洗腦教育，讓整個社會進入某種枕戈待旦、聞雞起舞的「準軍事化」狀態。

近年來，中國教育領域大幅向文革退化：弱化英文課程，大學諸多學科下架英文原版教材，就連純經濟學的英文原版教材都不得使用；教室內普遍安裝攝像頭，黨務和行政官僚嚴格監控教師在課堂上的言論；鼓勵學生充當告密者，許多告密的學生得到入黨、留校等獎賞，被告密的老師被停課乃至開除；各名牌大學設置規模龐大、名目繁多的習近平思想研究院，大批名教授施施然地側身其間，不以為恥，反以為榮；大中小學皆設置教授習近平思想的必修課程，強迫學生如同當年背誦毛語錄那樣死記硬背習近平講話……如今，中共當局又為退伍軍人進入中小學大開方便之門，有學者諂媚說，退伍軍人當老師，可培養學生的「血性」

和「狼性」，以後中國就敢於向西方帝國主義開戰了。

其實，早在文革前，毛就掀起了「全國學習解放軍」運動。毛高度肯定工業部門設置政治部、政治處、政治指導員。學者趙園在《非常年代》一書中指出，在階級鬥爭的語境中，「軍事化」亦「政治化」、「革命化」。文革爆發之初的群眾組織，泛稱「戰鬥隊」、「兵團」，並設置「作戰部」。「紅司令」、「紅衛兵」、「紅小兵」一套稱謂，引領風氣。學者秦暉回憶，他所在的南寧「兩派總部與基層的關係都逐漸嚴密化、制度化乃至軍事化了」。學者趙瑜回憶，晉東南兩派群眾組織軍事對抗，實行的是「軍事化管理」，「按照團、營、連、排、班建制編隊」。後來，工、軍宣隊進入大學，按軍隊編制，原來的班、年級、系，改稱班、排、連。當時就讀北京大學中文系的趙園回憶，接管中文系的連長就是中央警衛團八三四一部隊的幹部。

文革期間，軍方不但深度介入地方事務，且直接掌控各級地方政府的權力。大多數革命委員會都是軍管的變種。在二十九個省級革命委員會主任中，六人是上將，五人是中將，九人是少將。在廣東、遼寧、山西、雲南和湖北，所有縣級以上的革委會中，百分之八十一到百分之九十八的主任都是軍官。在中共九屆中央委員和中央候補委員中，軍人占百分之四十九。當時的中國，頗有「軍天下」之趨勢。

匈牙利經濟學家科爾奈指出，「經典社會主義體制」的「官方意識形態包含著某種『軍人精神』，所有公民都要動員起來。日常工作和生活中經常引用軍隊比喻：『勞動戰線』、『社會主義勞動英雄』、『生產鬥爭』等等」。中國社會的軍事化程度高於蘇聯東歐共產黨國家，毛的一生都處在戰鬥、造反的狀態之下。毛

澤東發動文革的大字報就名爲《砲打司令部》，林彪在接見紅衛兵時說「這次是大戰役，是對資產階級和一切剝削階級思想的總攻擊」。戰爭修辭在人們的日常生活中廣泛使用，緊接著就是暴力的氾濫。

　　文革從未眞正離開中國。中國從未眞正擺脫「準戰爭狀態」。三部門聯合下發的《意見》，應當與幾天之前習近平簽署的另一份更重要的文件聯繫起來評估：6月15日是習近平的生日，這一天，他與俄國獨裁者普丁通電話，向世人展示「中方願同俄方繼續在涉及主權、安全等核心利益和重大關切問題上相互支持」；這一天，由他親自簽發的《軍隊非戰爭軍事行動綱要》也開始生效。這個拗口的名字，讓人聯想到俄羅斯官方的宣傳語術——俄國不承認對烏克蘭發起了一場侵略戰爭，說是一次「特別軍事行動」。玩弄歐威爾式的「新語」，習近平與普丁並列世界第一。

　　習近平讓退伍軍人掌控學校，就是爲了擴大和加深中國社會的準軍事化，讓退伍軍人幫他製造日後發動戰爭所必需的「砲灰」。即便暫時不對外發動戰爭，經過退伍軍人的馴化，年輕一代一定會成爲死心塌地跟著黨走、充當任黨宰割的「韭菜」或「羔羊」。

以穿西裝為恥，以穿漢服為榮

復古的時代，就是專制肆虐的時代

一則名為「高校千人漢服畢業典禮」的視頻走紅中國網路：包括校長在內的一千多名師生身著漢服，伴隨著漢樂，全體畢業研究生們頭戴漢式學子帽，全體起立，對父母、師長與學校行三拜禮。隨後，宣讀畢業誓詞，再行「正冠禮」。最後，全體畢業生共同高唱《大風歌》，通過學位門。

《北京青年報》報導，舉辦漢服畢業典禮的是江蘇師範大學，本行是數學的周汝光校長等致辭時用的是文言文。校長手捧竹簡誦讀：「光陰三載，敦品勵學，今仁智雙達，學有所成，君當去母校而赴國之四方。」隨後，教師代表、馬克思主義學院印少雲教授發言，寄語同學們「學海本無涯，終身須勉之」、「工作雖勤苦，仍需砥礪行」、「世間多波瀾，毋忘少年志」。

中國網路上一片讚譽的漢服畢業典禮，在我看來卻是沐猴而冠、陰風慘慘，彷彿是一群從秦始皇的宮中走出來的兵馬俑，又像是一堆被人牽線玩耍的木偶。如果仔細研讀沈從文寫的《中國服飾史》，就會發現這些所謂的「漢服」是不倫不類的冒牌貨。這還不是最重要的，最重要的是這種復古思潮蠱惑了中國年輕一代的心靈，本該朝氣蓬勃的年輕人未老先衰、老氣橫秋，畢業後

大都當老師,再由他們將復古思想傳遞給更年輕一代,這個國家還有未來嗎?

中國的歷史源遠流長,但若眞的研究過中國歷史的來龍去脈,就會知道一個常識:凡是復古的時代,就是專制肆虐的時代。王莽改制就是復古,天下大亂,身死國滅。

袁世凱祭孔也是如此,其尊孔、祭孔的步調,與稱帝同步。正是「儒教中國」的思想土壤,讓袁世凱走上了不歸路。袁世凱本來離美國國父華盛頓只有一步之遙,但他一步走錯就身敗名裂。之所以出現這個錯誤,固然因為袁世凱本人有當皇帝的野心,更因為他受制於中國的民情秩序:他生活在中國皇權專制的文化醬缸之中,不知道美洲新大陸清新剛健的清教秩序和共和精神為何物。

袁世凱稱帝和張勳復辟都失敗了,後來毛澤東卻以現代秦始皇之姿成功登基,如今習近平又虎步關右地走向帝制。

在此背景下,中國民間才有「漢服復興運動」這種怪物出現。漢服作為近年在中國「被重新發明的傳統」,在中國的普及具有強烈的民族主義色彩。「漢服復興運動」最早被認為是 2003 年開始,鄭州市電力工人王樂天身著款式古舊的長袍走上街頭,這件事被當時剛剛在中國興起的互聯網記錄了下來。由此,2003 年被認為是所謂「漢服元年」。

王樂天後來接受外媒訪問時表示:「恢復漢服對於提高漢民民族認同和自豪感有著非凡的意義。」

澳洲麥考瑞大學從事中國研究的學者凱大熊說:「我見過的漢服運動中的大多數人都是民族主義者,尋求的是穿著傳統服飾的刺激。」

中國官媒及負有宣傳任務的自媒體上，關於中國年輕人穿各種各樣不倫不類的「漢服」（研究中國服飾史的沈從文如果看到一定會笑死）遊走西方著名景點的報導愈來愈多，不如〈做「行走的文化宣傳畫」，她身穿漢服走上英國街頭〉、〈博主穿「漢服」現身國外街頭，老外被東方美驚豔到了，紛紛求合影〉、〈相比一味追崇西方文化，中國年輕人穿漢服這件事實在很酷〉等等。

有分析人士指出，這個現象，跟習近平多次穿中式服裝出訪有關——比如，2014 年，習近平出訪荷蘭，跟彭麗媛都是中式服裝。上行下效，中國駐美大使謝鋒，在白宮與拜登會面也是穿著一身「國服」，他的夫人也同樣是一襲紅色旗袍（明明是滿人的服飾）。中國官媒稱讚說，在正式場合不穿西裝，「成為中國與西方世界抗衡的象徵」。

兩漢文化發源地的徐州，為何發生鐵鏈女事件？

江蘇師範大學推動漢服畢業典禮的，不是歷史系、中文系、哲學系研究「國學」的教授，而是「校黨委研究生工作部」。出面接受媒體訪問的該部部長王本賢表示：「我們豐富了場內外漢文化元素對環境氛圍的烘托，將校長致辭、師生代表發言改進為文言形式，更加注重中華優秀傳統文化的浸潤浸染，更加注重中華優秀傳統文化的傳承創新，更加注重中華優秀傳統文化的認同與自信。」此人在鏡頭前娓娓道來，三個「更加」層層遞進。曾在文革中「批林批孔」的共產黨，如今急病亂投醫，將孔子、儒家及傳統文化拿來為我所用，在世界各地如雨後春筍般地建立孔子學院，輸入「銳實力」。

這股復古風潮，從六四屠殺之後就來勢洶洶。殺人如麻的鄧

小平認為，西方的民主、自由、人權思想是「精神污染」，是「資產階級自由化」，正是這些思想導致中國出現了釀成「反革命暴亂」的「小氣候」。所以，從 1990 年代初開始，官方投入巨資營造傳統文化熱，各大學設立「國學院」，後來更有「夏商周斷代工程」，共產黨從傳統文化的破壞者變成守護者。到了習近平時代，馬列主義風光不再，「中國夢」和「中華民族的偉大復興」成為高亢的官方意識形態的核心部分。

復古的同時，必然要反西方文化。於是，多名博士簽署聯名信宣稱反對過聖誕節、反對西方的文化侵略；年輕人穿漢服上街，載歌載舞，慰問執行防疫使命的「白衛兵」；研究儒家文化的學者提案建議設立「儒家文化特區」——這位學者本人卻因為辦理假結婚、向美國輸入非法移民而被美國司法機關拘捕。

此次用漢服取代西式畢業服裝的畢業典禮，能如校園黨棍所說的那樣提升「文化自信」嗎？僅有漢服是不夠的，應當徹底取消大學這種西方舶來品，恢復中國古代的孔廟和私塾；取消來自西方的聲光電氣、數理化，恢復中國人自己的四書五經和八股文——就連舉行儀式的體育館也是從西方學來的建築模式，還有校長大人使用的麥克風也是西方人發明的，不妨全都還給西方為妙。

王本賢在接受媒體訪問時有一段驚人之論：「徐州是兩漢文化的發源地，作為地方高校，我們深入挖掘城市歷史文化價值，提煉精選出漢服這一凸顯文化特色的經典性元素和標誌性符號，將其作為傳統文化教育的切入點。」此人大概忘了，徐州也是鐵鏈女奴事件發生地，如果身穿儒家服裝的師生們真的有孟子所說的「富貴不能淫、貧賤不能移、威武不能屈」的士大夫精神，為

什麼不聯袂前去拯救鐵鏈女奴於水火之中呢？

所謂「兩漢文化」，本質是盜賊文化，日本學者高島俊男在《盜賊史觀下的中國》一書中揭露了劉邦的盜賊眞面目。等到當了皇帝，劉邦才想到重用山東儒生叔孫通幫他建立一系列宮廷禮儀，由此皇帝被賦予與臣下隔絕的至高無上的地位，他由此感歎說：「今日方知作爲皇帝的高貴所在。」

習近平夢想恢復的無非是漢唐盛世。但思想史家徐復觀在《兩漢思想史論》中早已指出，兩漢政治的最大特徵就是專制，而儒家思想只是專制政治的裝飾：「專制政治及抱專制政治思想的人，在其本質上，和知識與人格是不能相容的。太史公在《史記》中對當時朝廷的提倡儒術，常用一個『飾』字，即是不過以儒術來作專制政治的裝飾之用，這揭破了武帝對學術的基本用心，也揭破了古今中外一切專制者對學術的用心。由裝飾進一步而加以歪曲利用，乃自然之勢，應有之義。在專制政治之下，不可能允許知識分子有獨立的人格，不可能允許知識分子有自由的學術活動，不可能讓學術作自由的發展。」漢唐盛世一點都不美好，除了皇帝之外，誰是自由人？

今天，那些在漢服畢業典禮上衣冠楚楚、裝腔作勢的教授和學生，哪一個又不是習近平和共產黨的奴才或奴隸？中共的老祖宗，究竟是孔夫子，還是馬克思？或者早上是孔夫子、晚上是馬克思？或者中共根本就是孔夫子與馬克思雜交生下的雜種？

中國又創造了兩個世界之最：
關押作家最多，關押記者最多

說真話的作家和記者，不是在監獄中，就在去監獄的路上

2024 年 5 月 1 日，總部設在紐約的美國筆會發布了「2023年全球寫作自由度報告」。報告顯示，2023 年，全球最少有三百三十九名作家或公共知識分子被監禁，中國監禁了一百〇七人，占全球三分之一左右，連續五年名列全球第一。這個「世界之最」是否光榮，習近平心中有數。

這份報告分析指出，在被中共當局關押的一百〇七名作家中，有五十人僅是在網路上批評官方政策，或發表政治、經濟相關言論、表達支持民主的觀點，就被以「尋釁滋事」這類模稜兩可的罪名定罪。此外，有一些維吾爾作家被以「分裂國家罪」逮捕判刑。香港的一些作家則成為「港版國安法」的犧牲品，美國筆會研究主任塔戈爾形容，「香港在 2020 年訂立的國家安全法，以及對任何異議的持續鎮壓，引發了創意產業的毀滅性轉變」。

兩天以後，總部設在巴黎的「記者無國界」發布了 2024 年最新的「全球新聞自由指數年度報告」。該報告指出，2023 年，全球遭到監禁的記者多達五百二十一人──看來記者這份職業的危險指數高於作家。其中，有一百二十一人（將近四分之一）被

關押在中國，其中分別有十二人與四十二人被關在香港和新疆。「記者無國界」執行總監魏瑪斯直言：「中國已經成為全世界最大的記者監獄。」

在中共當局嚴厲監控和打壓之下，堅持說真話的中國記者或公民記者朝不保夕，即便是境外記者到中國採訪，也如履薄冰。2023 年 10 月，《南華早報》資深記者陳敏莉到北京採訪「香山防務論壇」，隨後失聯至今，宛如人間蒸發。沒有人知道「國家安全」的紅線在哪裡，不停變動、不斷膨脹的紅線，蔓延成動輒得咎的紅色恐怖，正如此前在中國坐過牢的香港記者程翔所言：「中共當局把國家安全的概念覆蓋到全方位，現在的中國遍地都是機密，以我從事新聞工作一輩子的經驗看來，跑中國新聞已經成為一個高危險行業。」

「記者無國界」指出，中國關押的記者人數超越各國，也對各項資訊管道實施嚴格管控，並對網路內容進行審查與監控，鉗制敏感內容或與中共立場不符的內容散播。中國媒體的主要功能是擔任中共喉舌，散播政治宣傳。獨立記者與自媒體人若膽敢報導「敏感」訊息，經常會遭到監控、騷擾、逮捕、刑求。

在受迫害的作家和記者的案件中，「尋釁滋事罪」出現的頻率已然超過顛覆國家政權罪和煽動顛覆國家政權罪。2013 年，最高法院和最高檢察院公布司法解釋，將此罪名的適用範圍擴大到網路，可以此起訴「在網路上發布並廣泛傳播假消息或謠言的人」。於是，「尋釁滋事」成為「新三大口袋罪」之一。

若真的依法治國，構成尋釁滋事罪必須具備兩個基本條件：第一，犯罪者需要知道其傳播的資訊是偽造或者不真實的。第二，傳播必須破壞了社會秩序。然而，官方以此治罪的時候，往

往採取「莫須有」的模式——幾位學者、作家和律師在家中舉行紀念「六四」的討論會，既沒有製造或傳播僞造及虛假的資訊，又沒有對社會秩序造成危害，卻被以此罪名逮捕下獄、遭受酷刑折磨。

類似的罪名還在增加中。2023 年夏，中國《治安管理處罰法（修訂草案）》提請全國人大常委會審議，其中新增多項處罰行爲——包括處罰「有損中華民族精神、傷害中華民族感情」的特定行爲——《草案》新增第三十四條，「在公共場所穿著、佩戴有損中華民族精神、傷害中華民族感情的服飾、標誌的」；「製作、傳播、宣揚、散布有損中華民族精神、傷害中華民族感情的物品或者言論的」，都要受罰。以此推論，在中國街頭穿和服、進餐廳吃日本料理也有可能被該法律治罪。

黑暗時代的抗爭者的故事，應當被記載和傳播

其實，美國筆會和「記者無國界」這兩份報告中所列出的名單是非常不完整的，是掛一漏萬的。中共最高法院和最高檢察院在兩會的公開報告中，承認以國安法律起訴的中國民眾多達數十萬。

然而，由於中共當局對資訊的嚴密控制和無所不知的洗腦宣傳教育，知道哪些最勇敢的同胞都在監獄中的民眾寥寥無幾。如果不知道此一眞相，就不會認爲當下的中國處於黑暗時代。

經歷過納粹統治的德國詩人布萊希特寫過一首名爲〈致後代子孫〉的詩歌：「眞的，我生活在黑暗的時代！老實話是愚蠢的。／一個平滑的前額／意味著麻木不仁。／發笑的人／只不過還沒有收到／可怕的消息。／／那是什麼樣的時代啊，一場／關

於樹木的談話幾乎就是一椿罪行，／因為它包含著對那麼多惡行的沉默！」布萊希特在詩歌中譴責了 20 世紀黑暗現實中無所不在的暴政和恐怖。他在詩中提到動盪與飢餓、大屠殺與劊子手、不公不義與絕望所引起的民憤，「當斯時也，巧詐橫行，民憤無門」，在這個黑白善惡顛倒的環境中，人的面目變得更為可憎，暴怒有理，哀嚎淒厲。似乎唯有冷漠、虛偽、假裝看不到事實真相的人，才能活下來乃至活得不錯。

政治哲學家漢娜・鄂蘭指出，極權政府竭力製造這樣一種局面——直到大禍臨頭的那一刻，一切都被掩蓋起來，被官方代表們滔滔不絕的花言巧語、模稜兩可以及報喜不報憂的片面之詞瞞過去。德國戰敗後，大部分德國平民，包括住在集中營附近的平民都信誓旦旦地宣稱，自己從來不知道有那麼多猶太人在集中營中被殺害，儘管從他們的家中就可以望到焚屍爐冒出的濃煙。對此，漢娜・鄂蘭評論說：「既然要談黑暗時代與生活於其中的人民，『當權者』或所謂『體制』所編織敷設的偽裝，我們就絕不可以放過。公共領域的功能就在於將眾人之事攤在陽光下，亦即提供一個可見的空間，讓一言一行都無所遁形，好壞立判。」

有鑒於此，漢娜・鄂蘭寫了《黑暗時代的群像》一書，為抗爭者立傳。正如他的老師、哲學家雅斯貝爾斯所說，傳記就是某種意義上的哲學。受其啟發，我也開始了「黑暗時代的抗爭者」系列的寫作，希望監獄中的作家、公共知識分子和記者們不是一串串冷冰冰的名字，而是一個個無比鮮活的、有血有肉的生命個體。我希望每年完成兩本「黑暗時代的抗爭者」，每一本寫五十個抗爭者的故事，這個寫作計畫可以一直寫到中共垮台、劉曉波期盼的中國不再有良心犯和政治犯的那一天到來為止。

這些抗爭者中的很多人，不曾被外界熟知，而讓他們不被外界所知，正是中共龐大的宣傳機構達致的目標之一。與中共投入天文數字般的大內宣和大外宣相比（青年時代跟我一起在北大校園裡「指點江山，激揚文字，糞土當年萬戶侯」的多名同學，成了中共宣傳機器上的螺絲釘），我只有一支小小的筆，但我並不認為我與我筆下的抗爭者、被中共關進監獄的作家和記者都是失敗者。我們也許看不到光明的來臨，但這場與黑暗的戰鬥，本身就是對光明的宣告。

　　今天的中國，暗無天日，但中共強迫十四億中國人戴上一副特殊的眼鏡，讓他們身處棉絮般沉重黑暗，卻以為在美好無比的光明中。指出黑暗這一事實，本身就構成對統治者的大不敬──即便沒有點名批評習近平和共產黨，只是言說毒奶粉、毒疫苗、武漢肺炎、愛滋病、鐵鏈女等事實，就會成為與黨國不共戴天的敵人，成為黑暗恨不得除之而後快的對立面，成為獄中作家和獄中記者的一員。但同時，此類公民也成了光的一部分，其存在與抗爭，讓黑暗時代有了被後人記憶和尊重的價值。

中共爲何重判楊恆均死緩？

楊恆均不是棄暗投明的俞強聲

2024 年 2 月 5 日，已入籍澳大利亞的網路寫手楊恆均在被捕四年多之後，被北京市第二中級法院一審判處死刑，緩期兩年執行，並處沒收個人全部財產。

此消息震動國際社會，也引發很多猜測和議論。儘管習近平執政以來對異議人士的抓捕和判刑日漸嚴酷，但對非少數族裔的、僅僅從事言論批評的異議人士，從未判處如此重刑。

我與楊恆均見過多次，從一開始起就對他心存懷疑。那時他早已是澳大利亞公民，但似乎沒有固定的職業和穩定的收入。他加入獨立中文筆會後，多次參加在世界各地舉辦的國際筆會會議，而他並非正式受邀的與會者，差旅費全都自費，對普通工薪階層來說，這不是一筆小數目。

2006 年，楊恆均的導師、悉尼科技大學副教授馮崇義在悉尼科技大學召開一次中國問題研討會，海內外數十位自由主義知識分子皆受邀與會。楊恆均負責部分會務，非常活躍。會議期間，他多次找我聊天，說他是博訊網主編之一，想約我寫稿，愈尖銳愈歡迎。後來，我寫了幾篇之後，他們說財務困難、無法支付稿費，合作就停了。

2007 年，國際筆會在四十多年後再次重返亞太，在香港舉辦亞太地區筆會。我作為筆會副會長與會，代表會長劉曉波致辭。不知是誰的安排，楊恆均出現在機場，迎接我和另一位從中國國內來的會友。他在巴士上談笑風生，我則謹慎應對。

此後幾年，楊恆均在網路上以「民主小販」的身分非常活躍，甚至在中國公開出版文集《家國天下》。2012 年 10 月 7 日，他還在社交媒體上提到我：「在香港機場買了一本余杰的書。看到架子上堆滿了揭密的書，還是這本夾敘夾議的更靠譜。」旁邊配了一張他拿著我寫的《河蟹大帝胡錦濤》一書閱讀的照片。

再後來，楊恆均突然與新浪微博上「反美挺共」的「五毛美女」、網名「染香」的袁瑞娟結婚，讓他的很多粉絲大跌眼鏡。照理說，夫妻在三觀上應當大致接近，若楊恆均是「民主小販」，而袁瑞娟是與孔慶東、司馬南把酒言歡的中共御用吹鼓手，他們的婚姻建立在什麼基礎上？

更讓我吃驚的是，2014 年 9 月，楊恆均受中國政府邀請參加中華人民共和國成立 65 週年招待會，以及隨後的《美麗中國，光榮夢想》音樂會。同年 12 月 11 日晚，北京市慶雲樓飯莊三層承志閣，三十五位來自世界各地的海外華文媒體社長，協同成立國際新媒體合作組織，楊恆均被任命為該組織主席。這些所謂的海外華文媒體，幾乎全都是中共大外宣的延伸機構，他們共同成立的這個新組織，當然也是大外宣的爪牙。那麼，中共怎麼可能任命一個反對它的異議人士擔任主席？

2019 年 8 月，楊恆均在中國被捕。隨後，馮崇義接受路透社訪問，透露了楊恆均 2011 年給他的一封信的內容。楊恆均在信中承認自己從 1989 年起為中國國家安全部效力十年之久，直至

2000 年移居澳洲。其間，包括 1997 年被派駐到香港工作，此後還被調任到美國首都華盛頓特區，混入美國智庫大西洋理事會擔任高級研究員。楊恆均在信中如此解釋說：「我改變了想法，發現了一條更好的愛國之路，那就是推動中國的社會進步和政治體制改革來實現民主現代化，而不是當間諜。」

然而，楊恆均不是當年棄暗投明的中國國安部高級官員俞強聲，他並沒有跟中共一刀兩斷，而是繼續藕斷絲連。首先，他並未公開這段履歷，也沒有向其入籍國澳大利亞政府說明真相。其次，他後來再次獲得中國的統戰和外宣系統的青睞，並被委以統合海外華文媒體的重任，絕不是無緣無故的。

楊恆均吹捧習近平在下一盤很大的棋，卻不料自己成了棄子

2012 年秋，習近平上台，很快露出猙獰面目。2013 年 6 月 20 日，楊恆均在在悉尼學者的一次聚會上發表長篇講話，隨後整理成名為〈習近平在下一盤很大的棋〉的文章發表，這篇文章如今在網上還能查到。

楊恆均認為，推崇「空談誤國、實幹興邦」的習近平「是在下一盤很大的棋」。在外交上，習近平首先處理中美關係，要「搞定美國」：「歷史上幾乎所有的老牌大國與新興大國之間都不可避免地要打上一仗，非得打到你死我活才善罷甘休。所以，搞不定美國，國內很多事就做不下去，而等到美國要起來搞定你的時候，就悔之晚矣。」

其次，習近平的第二步棋是「清黨整風」。楊恆均稱讚說：「習近平上來後，在內部做了什麼？你要是他，會做什麼？很簡單，從普通老百姓最關心的事入手，贏得民心。……習近平是唯

一一個上台沒幾天，就敢拿執政黨與幹部隊伍開刀的最高領導人。……外因重要，內因更加重要。鑒於目前利益集團的強大，少數家族幾乎壟斷了中國的金融命脈，這一場硬仗，打好了，中國經濟轉型會更順利，民營企業會獲得新生，土地等問題最終也將會有解決的辦法。」

最後，楊恆均將最美好的期待寄託到習近平身上：「一個偉大的領導人一旦認定了人類正確的目標，就會把國家與人民往那個道路上引，當人民的素質沒有達到相應的要求，他甚至會冒自己政治生命的危險而使勁往那個方向推。」

這種像裹腳布一樣臭氣熏天的文章，我忍無可忍，撰文進行反駁。我的反駁文章收入《中國教父習近平》一書。我在接受外媒訪問時指出，習近平集權專制、向毛時代看齊的趨勢已經非常明顯了，但仍有那麼多所謂的公知，如我在書中點名批評的笑蜀、吳稼祥、楊恆均等人，對習近平通過集權的方式來推動改革抱以無限的希望。他們對公民社會缺乏基本的信念，這背後仍是中國兩千年帝制傳統下對好皇帝的期盼，而不是像劉曉波那樣堅信「未來自由中國在民間」。

楊恆均讀了我的反駁文章，無力反駁我，卻在社交媒體上諷刺我「逢共必反」、「不懂政治」。

如今看來，楊恆均盛讚習近平，顯然不是過於單純，而是工於心計，是向新主子繳納投名狀。因為習近平整肅了原來在周永康控制下的政法、國安、情治系統，換上一批自己人來掌握「刀把子」。楊恆均唯有讚美習近平才能保有原來的那一杯羹。

楊恆均著有間諜小說「致命系列三部曲」，包括《致命弱點》、《致命武器》和《致命追殺》，這些作品的主人公是一個中

美雙重間諜。他曾將這套書送給我，我翻了一下，覺得相當粗糙，讀不下去。他出事後，有人說他書中的主人公有他自己的影子。我倒認為未必如此，他不是007系列的作者弗萊明中校——弗萊明曾是英國海軍情報處處長戈弗雷上將的助理，參與了英國在二戰期間大大小小的間諜任務，甚至撰寫備忘錄指導美國建立情報組織。楊恆均沒有那樣的能耐，他只是一個企圖兩邊通吃的投機者而已。

楊恆均若真是「民主小販」，真的效忠於他入籍的澳大利亞，就應當徹底告別黑暗的過去，對中共說不，永遠不再踏上中共統治的土地，也不要再想吃到中共碗裡的肉。人不能同時騎兩匹馬，也不可能中澳兩邊通吃。

楊恆均案必定經過習近平拍板，習近平當然知道此案會影響中國與澳大利亞剛剛轉暖的外交關係。但他還是要重判楊恆均，因為他要殺雞儆猴，不能讓黨內出現第二個楊恆均。

對於習近平來說，忠誠是第一位的。習近平說過：「對黨絕對忠誠，要害在『絕對』兩個字，就是唯一的、徹底的、無條件的、不摻任何雜質的、沒有任何水分的忠誠。」被習近平提拔為政治局委員的馬屁精李鴻忠，將習近平的這句話引申為：「忠誠不絕對就是絕對不忠誠。」這句話就是對楊恆均案的最終解釋。

要台灣模式的現代化，
還是要中國特色的現代化？

中國的鐵路建設步履維艱，台灣的鐵路建設後來居上

最近，有一名到台灣旅行的中國網民在社交媒體上傳一段短影音，其畫面是超過百年歷史的新竹火車站。他諷刺說，「要看舊中國，必須去台灣」，更揚言「印度人跟非洲人到台灣跟回家一樣」，還說台灣的火車站不能像中國的火車站那樣提供手機購票服務，「中國上萬個火車站，隨便一個都比台灣的新竹火車站好」。

中國政府的各級發言人，個個都是睥睨天下、眼高於頂的戰狼，唯我獨尊、四處挑釁；中國的普通網民，個個都以為自己是代表國家形象的政府發言人，在國外喜歡大放厥詞、大言不慚。這個中國網紅以貶低台灣（當然順便調侃一番在他們眼中是化外之地的印度和非洲）而爆得大名，一夜之間贏得數十萬點擊率和一片叫好之聲。他確實說出了中國民眾的心聲，也確實代表著中國民眾的知識水平和精神素質。

這位中國網民，完全不知道自己缺乏基本的歷史知識和文化素養。他不知道中國有多少古蹟在房地產開發浪潮中被夷為平地，台灣對古蹟的珍惜與保護恰恰是今天中國最缺乏的功課。新

竹老火車站是日治時代西式建築的典範，哥德式融合巴洛克建築的外觀，最大特色為兩段式陡斜高聳屋頂與老虎窗，屋頂上設置一座鐘塔成為都市的地標。車站入口門廊使用兩根酒瓶造型的柱子，為多立克柱式的變體，莊重氣派；車站內，每扇窗戶下都有文藝復興時期的浮雕裝飾，歐風濃厚。

1895 年，台灣的治權從清帝國移交給日本。日本統治當局在台灣興建大量鐵路及附屬建築，鐵路成為現代化的標誌之一。與之形成鮮明對比，在清帝國晚期，中國的鐵路建設卻一直裹腳不前，且爭議不斷。

1865 年，英國商人為了向清政府宣傳鐵路的優越性，在北京宣武門外自資修建了 0.5 公里長的一小段用作展覽的「德小鐵路」。雖然這條小鐵路僅是展示鐵路的原理而無實際用途，但這是鐵路這一新興事物史上首次公開出現在中國人眼前，令京城充滿恐懼，人們奔走相告，將之視為妖物。後來，步軍統領衙門以「觀者駭怪」為由，強行將該鐵路拆除，這才平息了這場風波。

1876 年，中國首條真正營運的鐵路「吳淞鐵路」由英國商人未經批准建造並開始營運，但因無論朝廷還是百姓皆視鐵路如洪水猛獸，這條鐵路翌年遭清政府贖買後加以拆除。

1881 年，洋務派首領李鴻章為了將唐山開平煤礦的煤炭運往天津，修建了中國第二條鐵路——唐胥鐵路（河北唐山至胥各莊），並由中國工人成功試製了一輛蒸汽機車。但李鴻章為避免激起守舊派的反對，起初只准以騾馬為動力，翌年才開始使用蒸汽機車牽引。

為了贏得慈禧太后支持，李鴻章建議首先在大內西苑中修築一條鐵路，開通一趟專列，讓慈禧太后體驗一下乘坐火車的滋

味。此事贏得光緒皇帝背書。1886年，皇城御苑中的西苑鐵路開始動工，三年後竣工，成為中國第一條皇家專用鐵路。慈禧太后對火車專列很感興趣，鐵路通車後，她差不多每天都要乘坐一趟小火車，往返於儀鑾殿和鏡清齋之間。不過，由於迷信風水，她不敢用蒸汽機牽引機車。於是，每節車廂安排了四個太監，讓他們牽引機車前進，又讓一些太監手執黃緞幡旗在黃帷車前的鐵軌兩旁，列隊導引。

如果這位自以為是的中國網民了解這段荒唐的鐵路史，恐怕就不會心高氣傲地嘲笑新竹火車站的老舊了。今天的中國，在硬件上似乎實現了現代化，鐵路網密如蛛網，高鐵更是舉世無雙，但在軟體、文明程度、自由民主人權價值上，離現代國家仍遙不可及。

天朝大國，無所不有，就是沒有自由人權

清帝國時代，英國使者來華要求通商，乾隆皇帝只想要下跪和朝貢，不想要地位平等的國際貿易，他的回答是：天朝大國，無所不有，你們這些野蠻人能帶給我們什麼東西呢？

多年後，英國出動幾艘戰艦和幾千軍隊就擊敗了泥足巨人般的大清王朝，而所謂「不平等條約」的《南京條約》等條約，其核心部分就是平等貿易。又過了一百多年，中國挖空心思爭取加入世界貿易組織，所求的無非就是如此而已。中國人不再將鐵路、汽車、電燈、電話當作奇技淫巧，慢慢學會使用和享受這些現代科技。一直自稱文明古國、樣樣都要復古的中國，不再以長城和兵馬俑為國家名片，而是津津樂道於所謂「新四大發明」——高鐵、網路支付、電動車、太陽能板。儘管「新四大發

明」的核心技術全都是從西方偷竊而來的，中國卻以數以億計「低人權」的奴隸勞工及血汗工廠打造出多如牛毛的廉價產品，讓講求勞工權益和環保規章的西方無法與之競爭。由此，中國實現了「彎道超車」，攻城略地、占領全球市場的願景，似乎近在咫尺。

今天的中國，鐵路不再是洪水猛獸，自由民主人權卻是比當年的鐵路更可怕的妖魔鬼怪。今天的中國統治者習近平比乾隆皇帝更加自信，相信一個紫氣東來、萬國來朝的盛世又降臨了。這種充沛的自信，深入到每個中國民眾的靈魂和骨髓裡。他們走出國門，覺得處處都是蠻荒之地，哪裡都比不上日新月異、紙醉金迷的中國。沒有任何理念能夠攔阻中國的「進步」，而「進步」背後的代價卻很少有人去思考和權衡。

確實，隨便找出三五個中國的二三線城市，其煥然一新的市中心、摩天大樓、寬敞街道、豪華汽車、光鮮商場，莫不讓紐約、倫敦和東京等城市望塵莫及。但是，在繁花似錦的景象背後，卻隱藏著前現代的野蠻落後。鐵鏈女的故事，不僅發生在徐州，還發生在中國每一個城市與鄉村——被迫充當生育工具的鐵鏈女的生存狀況，甚至比不上動物園中的觀賞動物。擁有兩億攝像頭的中國，每年卻有上百萬人失蹤。這是連《動物農莊》的作者歐威爾都想像不出的、駭人聽聞的情節，中國的現實確實比小說還要離奇。

那位中國網民洋洋得意地嘲笑台灣、印度和非洲如何落後、如何老舊時，卻不知道或不關心鐵鏈女的悲慘命運，更不敢直面自己隨時可能淪為鐵鏈女或鐵鏈男的事實。

中國有了最快的高鐵，但中國人乘坐高鐵要實名制；中國有

了快速的 5G 網路，但中國人翻牆上外國網站要被抓坐牢。這就是「有中國個特色的現代化」，「中國特色」是「現代化」的緊箍咒。中國人確實有「師夷長技以制夷」的本事，將所有原本是為了讓人更加自由的現代科技轉化成剝奪民眾的自由和人權的數位極權主義。所以，中國仍然深陷在拒絕自由民主憲政的、買櫝還珠式的迷魂陣之中。

台灣新竹火車站能倖存下來，不是偶然的幸運。在台灣，再強勢的領導人也不能剛愎自用地下令將新竹火車站拆毀；但在中國，一個土皇帝般的縣長乃至鄉長就能大手或大筆一揮，一夜之間將有歷史價值的老房子、老建築化為灰燼。在這方面，沒有任何一個國家比中國有「效率」。對於無數中國民眾而言，如果拆毀的不是他自己的祖宅，他不會感到痛心疾首；而一旦他本人成為強迫拆遷的受害者，他在漫漫上訪路上就只好叫天天不應、叫地地不靈了。

我喜歡台灣，我認同台灣模式的現代化，而拒絕中國特色的現代化。每次訪問台灣，我都會乘坐台灣的老火車，不僅是因為情懷或審美，更是因為，在美麗的福爾摩沙，沒有視百姓如芻狗的「老大哥」監控民眾的生活。台灣的少數族裔不會被關進集中營，台灣的女性不會淪為鐵鏈女，台灣的每一處簡陋的私有住宅都是「風能進，雨能進，國王不能進」的城堡。這是靠辱罵台灣來換取流量的中國網紅一輩子都無法理解的真理。

爛尾國度
主流媒體上看不到的中國眞相

第五輯
碩鼠如虎的國度

高官橫死，凜冬將至

世界上最安全的國家，卻連高官都不再安全

近年來，中國宣傳部、公安部、外交部及各大官媒多次宣稱，中國人的安全感高達百分之九十九，十年來始終保持高位，國際社會普遍認為中國是世界上最安全的國家之一，「『中國之治』生動彰顯中國共產黨領導和社會主義制度的優越性」。

當有外國記者質疑此種說法時，外交部發言人毛寧回應說：「我這麼說是因為聽到來自各方的評價，包括中國人，也包括來中國旅遊的外國人。你生活在中國，相信能感受到中國很安全。」

然而，中共高級官員橫死乃至被滅門的消息，屢屢從鐵幕之後傳來，讓「平安中國」的謊言直接破功。

2024年9月5日，陝西咸陽秦都公安發布一則懸賞通告，稱該局正在偵辦一起嚴重刑事案件，張志豪、馮龍、趙俊慶、張鵬飛、景衛衛等五人有重大作案嫌疑，於2024年7月19日潛逃。通告要求民眾「協助緝捕以上犯罪嫌疑人」，發現線索「立即向公安機關舉報」。

耐人尋味的是，查看通告中列出的五名犯罪嫌疑人，年齡最大的三十七歲，最小的二十九歲，來自不同省分，唯一的相似點是從照片上看他們很像軍人。懸賞通告對他們涉及案件的基本細

節語焉不詳，既沒有所犯的案件的性質，也沒有時間和地點，不是「猶抱琵琶半遮面」，簡直就是「羚羊掛角無跡可尋」。而且，為什麼公安部門要等這五人潛逃四十九天後才發出懸賞通告？為何在攝像頭無孔不入的今天，**警方卻一無所獲**，不得不重新使用文革時代讓敵人陷入「人民戰爭的汪洋大海」的老方法？

隨後，網上傳出的咸陽副市長王宏兵一家十一人被五個退伍兵滅門的事件，還透露實際上王家被殺人數是十二人，其中一人受重傷被搶救過來。再去查政府官網上關於王宏兵的資訊，王宏兵為 1972 年 11 月生人，2019 年任咸陽市委常委、政法委書記，2021 年起任咸陽市委常委、組織部部長。據《咸陽日報》消息，2023 年 12 月 27 日，咸陽市第九屆人民代表大會常務委員會第十二次會議決定任命：王宏兵同志為咸陽市人民政府常務副市長。2024 年 7 月 19 日之後，官媒再無王宏兵公開活動的報導，也沒有公布其死亡的消息。一個堂堂地級市副市長，如果不是被雙規或死亡，基本沒有突然人間蒸發而官方保持沉默的可能。王宏兵擔任過凌駕於公檢法之上的政法委書記這一要職，必定是個鐵腕人物。若真的是死於非命甚至被滅門，可見案件背後大有玄機，很可能牽涉利益集團內部你死我活的鬥爭。

一波未平一波又起。2024 年 9 月 19 日，湖南長沙傳出湖南省財政廳女廳長劉文杰在財政廳院裡的住宅樓墜下身亡的消息，同時有另外兩人墜樓並當場死亡。9 月 20 日，湖南省財政廳發布訃告，中共二十大代表、十四屆人大代表、湖南財政廳廳長劉文杰 9 月 19 日 9 時 12 分在湖南長沙「遇害」，終年五十八歲。訃告稱其「政治堅定」、「恪盡職守」、「一心為民」等。「遇害」一詞觸目驚心，讓人浮想聯翩。

據一名消息靈通人士在社交媒體披露，劉文杰涉及為民間借貸做擔保，資金高達數億。其中，有一筆六千萬的借貸，因為借錢的富商江氏兄弟既沒有拿到利息，也沒有拿到本金，兩人多次索要未果，就扮成保安、清潔人員進入省財政廳宿舍樓，再進入劉文杰家。劉文杰隨後被控制，房門反鎖。在此期間，劉文杰打電話給其丈夫，請求丈夫轉款償還債主。殊不知，當天早上其丈夫正好被紀委帶走，追查其腐敗問題，無法接聽電話。隨後，劉文杰又給幾名平時關係密切的商人打電話借錢，都未得到準確答覆。兩名走投無路的債主，將劉文杰捆綁起來，從樓上扔下摔死。然後，兩人跳樓自盡。以上只是關於此案的一種說法，更有人暗示，此案還有更可怕的黑幕。

幾家歡樂幾家愁，君臣末世自乖離

高級官員一個接一個離奇死去，本身就是不祥之兆。民眾對此類事件的反應，更讓官僚階層有朝不保夕之感。

死者的家人朋友深深哀痛，網上的主流民意卻是一片叫好，有人說，**蠹蟲**「清零」，是與民休養生息；也有人說，不是不報時候未到，時辰已到馬上就報。

官方喉舌「人民網」曾就此發表題為〈「仇官」已經成了我們社會的一種病〉的文章，批評說：「生命不容剝奪，死亡總是讓人感到悲傷的。和普通人一樣，官員的非正常死亡也是一件正常的事。但是一些人因為死者的官員身分，從而叫好，絲毫不見同情心，確屬反常現象。」不過，文章也發出耐人尋味的追問：「這不由得我們不去深思：這是不是反映出公眾之中普遍存在一種『仇官』心理？產生這種心理的社會根源是什麼？」

在今天的中國，當官已成為一種危險職業。據傳，劉文杰出事與前湖南省政協副主席易鵬飛有關，易鵬飛的兒子與其他六名高級官員的兒子在湖南官場並稱「湖南七公子」，常常做無本生意。易鵬飛已於一年多之前落馬，因貪腐數額巨大被判無期徒刑。上海網媒「澎湃新聞網」在〈易鵬飛和他的腐敗同僚〉一文中指出，易鵬飛是湖南官場的風雲人物，先後擔任懷化、婁底、郴州三個地級市的黨政主官。他在每一個地方的搭檔以及前後任官員，全被一網打盡，無一漏網。易鵬飛喜歡打麻將，或許可以在監獄中跟好友和政敵「相逢一笑泯恩仇」，一起再打幾圈麻將。湖南官場找不出一個清官，偌大的中國，何嘗不是如此？

習近平用中紀委打貪，表面上看碩果累累。過去數年間，據不完全統計，有兩百四十三名中高級官員自殺，其中一百四十人跳樓，四十四人上吊，二十六人服毒，十二人跳河，六人割腕。自殺是為了保全家人和上級，倒也算是理性的選擇。而像王宏兵和劉文杰那樣被殺，則很有可能是被幕後的大佬殺人滅口。

高官尚且不安全，民眾又豈能安全？如今中國，與清帝國末年相似。晚清名臣曾國藩說過：「大抵亂世之所以彌亂者，第一在黑白混淆，第二在君子愈讓，小人愈妄。然後政治顛倒，災害從之。」

曾國藩有一次與幕僚趙烈文聊天，感到清帝國大勢已去、氣數將盡，為此憂心忡忡。他說，聽北京來的人說，首都形勢極端惡劣，「明火執仗之案時出，而市肆乞丐成群，甚至婦女亦裸身無褲。民窮財盡，恐有異變，奈何？」

趙烈文說：「異日之禍，必先根本顛仆，而後方州無主，人自為政，殆不出五十年矣。」

曾苦苦思考良久，再問：「會出現遷都南方的結果嗎？」

趙答：「恐怕是南方和北方一起沉淪，未必能效法晉、宋南方苟安的局面。」

果然，「抽心一爛」的「瓦解之局」在 1911 年降臨了。

晚清曾任南書房行走和禮部尚書等要職的陸寶忠，比曾國藩晚一代，更感受到清帝國風雨飄搖的情勢，「中華民智未開，人心太壞，浩劫將臨，其慘殆不忍言」。他讀《胡文忠公政書》，不禁感慨萬千：咸豐末年，太平天國叛亂蹂躪半天下，英法聯軍攻破北京，大局岌岌可危。幸虧有曾國藩、胡林翼等力持危局，拯救危難。如今的局勢每下愈況，即便曾國藩和胡林翼死而復生，無法拯救王朝的覆滅。他悲歎說：「今糜潰至不可收拾矣。外患內憂，相逼而來，必至內訌由外患而起，外患即乘內訌而來，瓜分豆剖之局成矣。中原兆姓將為人之魚肉，為人之奴隸，為人之狗彘，此生民以來未有之劫也。」這裡的每一句話，都像是在說今天的中國。

清末高官的非正常死亡，是革命黨有明確政治目標的暗殺行動所造成的，革命黨人「引刀成一快，不負少年頭」，讓帝國官僚人人自危。如今共產中國高官的非正常死亡，多為金錢和權力的爭奪，是瘋狂的窩裡鬥，是官員自食其果，唯一的價值就是釋放出中國已然魚爛土崩的信號。

萬達不是繁花長開，而是曇花一現

「沒有那麼多壞帳，中國哪來那麼多富人？」

多年前，在海南三亞舉辦的一次財經論壇上，時任國家能源委專家諮詢委主任的張國寶，打趣說前央行副行長吳曉靈曾被朋友揶揄，人行的政策造成大量銀行壞帳，吳曉靈情急之下回擊說：「沒有那麼多壞帳，中國哪來那麼多富人？」

吳曉靈的情急之語，不小心一語道破天機：鄧小平所謂的「讓一部分人先富起來」，不是讓普通人勤勤懇懇、兢兢業業、自力更生、自我奮鬥地先富起來——在中國，靠吃苦耐勞、靠個人才智，永遠無法先富起來。先富起來的關鍵因素，在於有沒有「富爸爸」，或者能不能攀上硬靠山。中共的潛規則是：讓「太子黨」及其「白手套」將銀行裡的國有資產和民眾的血汗錢，「合法」地轉入個人腰包。由此，六四鎮壓之後數十年，用這種方式造就了一個富可敵國的權貴階層。

在這個權貴階層中，萬達集團董事長王健林長期盤踞富豪榜「首富」位置，甚至一度是亞洲最富有的人，個人財富最高時超過三百五十億美元。王健林在四個大洲向房地產建案投入巨額資金，他修建和持有的摩天大樓重繪了倫敦和芝加哥的天際線。

王健林還收購一家好萊塢的電影製片廠及美國的一個院線系

統。他在全世界控制著成千上萬的銀幕，服務的電影觀眾比其他任何一家院線都多。他聲稱，中國將成長為全球最大的電影市場，他在這個市場是無人能及的「一哥」。

人一闊，臉就變。王健林常常口出狂言，被網民稱為「段子手」。他說自己不唯上、不唯書、不唯外國，怎麼敢想就怎麼敢做，「什麼清華北大不如膽子大」；他又說，只要萬達進入的行業，即使有國企央企，萬達也是第一。民間流傳一句形容萬達的話：「錢不是萬能的，錢都是萬達的。」

然而，王健林偏偏對其第一桶金閉口不言：1988年，軍人家庭出身的王健林放棄了大連市西崗區政府辦公室主任這一鐵飯碗，選擇下海經商，在大連市創立萬達。次年，因接手大連市北京街舊城區改造項目，王健林賺到人生中的第一桶金——一千萬盈利。隨後幾年裡，接二連三的舊城改造項目，讓萬達集團迅速膨脹，也讓王健林成為房地產行業內的名人。那時，大連的土皇帝是薄熙來，如果沒有薄熙來的關照，王健林豈能順利發家——據財經網報導，1992年，創立僅四年的萬達集團，在時任大連市長薄熙來等的鼓勵下，承接了市政府的拆遷改造工程。

薄熙來垮台後，王健林竭力撇清與薄熙來的關係，強調「萬達沒有政治背景」。在央視舉辦的一場晚宴上，他特意澄清說，薄熙來給他的那個項目未能獲利，反倒讓萬達差點破產：「我一衝動就接下來了，覺得都是哥們。結果我運氣不好，1992年底發布了六號文件，停止房地產一切融資，當時我協定都簽了。老百姓們鬧事、靜坐示威，市政府出面開會，決定給我融資，可是融資遲遲不能到位，那段時間簡直是夜不成寐。」

王健林的意思是，他當年並沒有從薄熙來那裡撈到好處，還

大大虧了一筆。不過，不是薄熙來有意坑他，而是中央的經濟政策有了變化。他本來想以此跟已淪為階下囚的薄熙來劃清界限，不料卻說漏了嘴──「覺得都是哥們」這六個字，擲地有聲、金聲玉振。什麼人才能狂妄到與市長大人稱兄道弟、勾肩搭背？

王健林本人也是紅二代，只是他父親的跟薄熙來的父親薄一波在權力位階上差好幾個級別。若王健林不是薄熙來的「哥們」，如何能將大連作為萬達的基地？不過，比起被薄熙來案件拖下水乃至喪命的富豪徐明，王健林有著更敏銳的觸覺，像泰坦尼克號上的老鼠，即時捕捉到船要沉沒的資訊，立即棄船而去，然後登上更豪華的郵輪。

一場海嘯後，王健林與萬達一樣形銷骨立

在那繁花似錦的時代，王健林一邊大喊「要把中國文化輸出到全球」、「要在四年之內超過迪士尼」的口號，一邊拿著從國內銀行借來錢在全球各地「買買買」，就連當年的日本商人都沒有他這樣一擲千金。

薄熙來倒了，王健林很快找到新靠山。萬達在還未上市時，極少向外界出售股份，幾宗出手股份的記錄，最後都指向權勢熏天的政治局常委及委員的家族。早期獲得機會買到該公司股份的人當中，有一位是習近平的姐姐齊橋橋，她是一位活躍的投資者，每一筆投資都能一本萬利。後來，齊橋橋將持有的萬達股份出售或轉讓給一位長期的商業夥伴。《紐約時報》在一篇報導中披露，王健林的早期投資者包括溫家寶女兒的商業夥伴，以及賈慶林、王兆國等黨國領導人的親屬。

《紐約時報》的報導發表後，王健林在哈佛大學發表演講時

被迫做出澄清。他承認齊橋橋、鄧家貴夫婦曾在其名下的主要公司——大連萬達商業地產——上市之前，持有大量股份。他們通過控股公司在2009年購入價值兩千八百六十萬美元的股票，後來價值二點〇億美元。他說，齊橋橋、鄧家貴在大連萬達商業地產公司首次公開募股之前，出售了其所持的股份：「這件事鄧家貴先生是犧牲了巨大利益的。投資熬了六年，眼看可以賺大錢而不賺。」他還說，「其實這件事證明的不是腐敗，恰恰證明習近平主席治國嚴，治家更嚴」。

然而，齊橋橋和鄧家貴只是在書面上把股份轉給一名名叫徐再生的僱員，仍通過某種方式擁有萬達的股份。當為了掩蓋所有權，把財產在書面上轉移時，推定的新所有人在中國被稱為「白手套」。寂寂無名的徐再生是「白手套」，鼎鼎大名的王健林何嘗不也是「白手套」？肖建華、許家印、馬雲、馬化騰，哪一個富可敵國者不是「白手套」？

王健林以為萬達是一朵永不凋謝的繁花，卻沒有想到萬達是一朵只開一夜的曇花。當共產黨覺得「白手套」可能功高震主時，就會出手，對財富來一次「乾坤大挪移」。於是，王健林的好日子到頭了。當其核心產業房地產受到習近平房地產新政的清理時，其資金鏈猛然斷裂。王健林只好斷腕求生，賣掉了包括北京萬達總部在內的十五座萬達廣場，也失去了萬達影業的控股權。

近日，社群媒體上傳出王健林在雲南的一張「骨瘦如柴」的近照，與不斷「瘦身」的萬達相映成趣。儘管蒼老遲鈍、步履蹣跚的王健林不復當初的意氣風發、躊躇滿志，卻比已在獄中吃牢飯的恆大集團的許家印幸運得多。

在這場「紅色賭盤」的遊戲中，只有共產黨是永遠的贏家。網友評論道：「王健林骨瘦如柴，全憑一口氣在硬撐，萬達始終在暴雷的邊緣，即便是他把萬達控制權轉讓，把核心資產賤賣，也沒有完全解除萬達的債務風險。但是，他兒子的風險解除了。五一節前把長安街的萬達廣場賣給中金資本後，王思聰如願出海關去了日本。父親為兒子，千金散盡；兒子懷抱一群女伴，不一定能想起父親。」

還有網友評論說：「健林，經歷了什麼？瘦得就剩下鼻子了？據說，王健林已成功落地，否則王思聰不會離境去東京。他價值一千三百億人民幣的優質資產，以六百億人民幣的價格轉讓給單偉建（紅二代），將全球一千三百家電影院的股權轉讓給騰訊，籌集了六百三十一億資金，全部用於償還銀行貸款，累計償債六千億。」單偉建的父母是外交部和海關的高官，當年頗受周恩來關照，與楊潔篪家亦交好，他本人1979年就被中共送到美國留學，曾任教於賓州大學華頓商學院，是比王健林地位更高的「教父」級別的「白手套」。這次財富轉移表明，對於中共當局來說，贓款放在單偉建那裡比放在王健林那裡更安全些。

眼看他起朱樓，眼看他宴賓客，眼看他樓塌了，在中國，不是已經逝去的歷史，而是正在上演的現實。

肖建華是弄髒了白手套，必然被丟棄

肖建華與胡雪巖一樣，都是獨裁專制糞坑中開出的「惡之花」

2022 年 8 月 19 日，五年前在香港「失蹤」的加拿大籍華商、「明天系」創辦人肖建華，被控非法吸收公眾存款、違法運用資金、單位行賄罪，由上海市第一中級人民法院判處有期徒刑十三年，個人罰款六百五十萬元，旗下的明天控股罰款五百五十億元。肖建華的資產涉及銀行、保險、稀有金屬、煤炭和房地產等行業，中國當局在審判他的案件時暗示，他的資產規模已龐大到威脅中國金融穩定的程度。

加拿大駐中國大使館發表聲明指出，加拿大領事官員曾多次要求旁聽審判，遭到中國當局拒絕——顯然，肖建華的加拿大國籍並未讓他倖免於難，在中共眼中，只要曾經是中國人，就永遠是中國人，中國人就在其管轄之下。

輿論普遍認為，肖建華死裡逃生，是因為習近平家族多少念及他的「苦勞」。《紐約時報》披露說，肖建華的專長是幫助有支配權的官員及其親屬將財產轉移到海外和進行資產交易；他的這些交易中至少有一筆是為國家主席習近平的一個姐姐做的。

不過，肖建華的倒台，卻對中國過去三十年悶聲發財的商人

和資本家階層發出一個十分不祥的信號。1971年出生於山東一個普通教師家庭的肖建華，十五歲考入北京大學法律系，十八歲成為北京大學學生會主席——在1989年的學生運動中，他這個官方學生會主席，站在王丹等學生自發選舉的學運領袖對立面，由此得到中共當局賞識，畢業後飛黃騰達——二十七歲成為上市公司華資實業總經理，三十歲掌控四家上市公司。其巔峰時期擁有五十多億美金的身家，成為江澤民家族、曾慶紅家族、胡錦濤家族、溫家寶家族及習近平家族的白手套，長袖善舞，多財善賈，呼風喚雨，儼然就是新一代的胡雪巖。

肖建華的崛起和垮台，與胡雪巖的崛起與垮台如出一轍。今天的中國與晚清一樣，仍是人治、專制、中央集權，缺乏法治、人身及財產保障，離自由、有序的資本主義和文明社會遙不可及。

胡雪巖人稱「商聖」，是近兩百年數一數二的商場好手。他在太平天國興盛、滅亡之際大展身手，以金融業和國際貿易崛起，涉身龐大的政商勾結系統，前後與王有齡、蔣益澧、左宗棠等疆吏權臣互相利用，做為其政治靠山的高官權位愈高，他的事業和信用就水漲船高。胡雪巖在全盛時期擁有六家銀號、三家錢莊以及一手創立的藥號「胡慶餘堂」，做生意的範圍遍及清帝國各省。

作家林燿德說，對於胡雪巖而言，必須躋身到政商連鎖系統中，在中國任何大小生意都要與官方發生各種糾纏。新興民族資產階級必須與龐大且腐敗的官僚體系結合，形成「結構性沾黏」。於是，胡雪巖成為華麗而骯髒的袍子上的一隻蝨子，這是其「性格」所無法拯救的「命運」。

「官商」通常沒有好下場。在高陽以胡雪巖為主人公的小說中，生動描述了胡雪巖的悲慘結局：瀕臨破產之際，胡雪巖像是亡國之君般召來妻妾僕役，每人發了遣散費，任其離去。一夜之間，樹倒猢猻散，一代巨賈在落魄孤獨中死去，朝廷派人上門抄家時早已「人亡財盡，無產可封」。

與胡雪巖形成鮮明對比的，是與之同時期的德國商人希來曼。希來曼在其自傳中描述了其靠國際貿易發財致富的過程：通曉十二種語言的希來曼和胡雪巖一樣是本國社會中白手起家的菁英分子，一樣聰明過人、總是受到幸運之神的垂青，但希來曼不需要政治靠山便可在商場打拚。希來曼處身於資本主義化的社會形態中，不用捐納買官，憑藉個人財富就獲得群眾尊敬，晉身上流社會。而且，他的財富得到法律保障，只要不違背法律，就不會遭到抄家充公。

胡雪巖成不了希來曼，肖建華成不了巴菲特，不是他們不想，乃是他們不能，他們沒有自由市場經濟社會和民主法治社會的背景，他們本身就是獨裁專制的糞坑中開出的「惡之花」。

新時代「公私合營」的鐵拳下，民營資本家淪為被生吞活剝的生魚片

肖建華判刑入獄，肖案看似塵埃落定，卻仍然疑點重重。肖案宣判兩年後，《紐約時報》記者通過查閱肖建華的明天集團的兩千多份機密文件發現，該公司在馬雲的一系列企業獲得了利潤豐厚的股份。哈佛商學院教授、一直關注肖建華金融網絡的任美格評論說：「發現他們以這種方式聯繫在一起，表明中國的體系非常陰暗，以至於每個人都陷入了同一張網中。」可見，像肖建

華與馬雲這個級別的富豪之間，通常都有著千絲萬縷的聯繫，可謂一榮俱榮、一損俱損。同時，他們又必須攀附政治局常委一級的人物，才能確保身家安全。但是，一旦與權貴交往，必然深陷高層權力鬥爭，帶來更大的危險。

習近平以反腐之名掃蕩民營企業，連肖建華這種自家的「包衣」都要下手，說明中共因為缺錢而赤裸裸地搶錢了。中國極左派、帶有納粹主義色彩的網站「昆侖策」發表了一篇毛派學者、北京航空航天大學教授、昆侖策研究院高級研究員胡懋仁的署名文章。這篇題為〈可否嘗試新時代條件下的公私合營？〉的文章指出：「毛主席當年對資本主義工商業的社會主義改造工作還是下過一番功夫的。對於毛主席當年的思路，我們今天完全可以拿過來參考。對於私營企業，完全任由他們想做什麼就做什麼，甚至搞一些違法的經營，那肯定是不行的。所以，我們才說應該有正確的引導。」作者聲稱：「1950 年代，我們之所以能夠對當時的資本主義工商業進行社會主義改造，通過與私營企業合作組織公私合營，來逐漸實現中國的資本主義工商業向社會主義道路與方向上的過渡，當時並不是通過什麼行政命令等強制措施，更多的是通過私營企業的生存與發展需要來做到的。」這篇文章看似溫文爾雅，實則已是磨刀霍霍。

這篇文章正面拋出「公私合營」之典故，不會提及盧作孚等數以千計優秀資本家在殘酷的迫害、鬥爭之下自殺身亡的真相，也完全迴避「公私合營」其實是國家搶劫、暴力公有化的事實。在公私合營之前的一系列政治運動中，商人和資本家早已心驚膽戰、朝不保夕。

作家袁凌寫道：「1951 年 4 月 27 日夜間，鎮壓反革命高潮

中的上海市組織了一次全市大逮捕，當晚抓捕八千三百五十九人，以後數天間又捕獲六百餘名漏網者，加上此前已經逮捕的兩萬餘人，上海一改在鎮壓反革命運動中的『落後』面目。全市大逮捕的同時，大規模的公開處決連番舉行。四‧二七後的第三天一舉槍斃了兩百八十五名犯人，6月和7月一共處決了一千〇六十人。」

學者謝泳指出：「上海工商界自殺的以3月底4月初為最多，因那時除『五反』之外還要催逼1951年度所得稅。跑馬廳七層樓公寓那一對夫婦同時跳樓自殺，就是為著欠稅。自殺也有一種風氣，『五反』（反行賄、反偷稅漏稅、反偷工減料、反盜騙國家財產、反盜竊國家經濟情報）的自殺方式以跳樓為最風行，服毒次之。」

一位網友感歎說：對於資本家被共產的描述，由1951年被騙至1966年被「清零」，十幾年的過程令人想起好像被日本廚師處理的魚生一樣，一片一片慢慢切割，又華麗又沒有血跡，魚在砧板上躺平望著旁人鼓掌！

肖建華畢業於北大，卻不愛讀書。如果他好好讀過歷史，尤其是中共史，對七十年前共產黨強迫「公私合營」的血腥往事就不會一無所知。他以小聰明在高官顯貴之間翻雲覆雨，以為自己永遠奔跑在彭麗媛詠唱的「希望的田野上」。當末日降臨那一天，他雖擁有加拿大國籍、躲藏在香港五星級酒店、有武藝超群的保鏢保護，仍被中共特工祕密綁架回中國，送上法庭，淨身入獄，他的財富帝國如水過無痕般被輕輕抹去。

更可悲的是，曾與肖建華一起把酒言歡的馬雲、馬化騰們，仍在殫精竭慮地為他人作嫁衣裳，彷彿肖建華的遭遇與之無關。

新時代「公私合營」的號角已吹響，誰能從這場搶錢運動中逃生呢？

習近平安慰民眾，最好的時候還在後頭。習近平的話看上去是中文，卻是需要翻譯的天書，翻譯成人們能聽懂的話就是：搶完富豪，就是平民百姓。韭菜們，更悲慘的命運在前面等著你們。

沒有特權的中國人，炒股就是找死

教人「百年投資」和「快樂投資」的股神，為何自殺身亡？

2023 年 9 月 29 日，中國私募圈突然傳出一則噩耗——深圳善祥基金官網發布消息：善祥基金董事長關善祥已逝世，請投資者儘快登錄「善祥基金」微信公眾號，公司基金產品將進入清算流程。該消息語焉不詳，年僅三十八歲的關善祥於何時、何地、又是如何去世的？惹人猜測。隨後，網上有消息說，關善祥是前一天在家中自殺的，是自刎而死。這種死法讓人駭然。死亡原因估計與他操持的投資巨額虧損有關。

中國金融分析師「超級財經」曾在推特上質疑關善祥的投資能力。貼文指出，關善祥重倉地產和保險股票，尤其是恆大和融創的股票，造成血虧百分之六十四，貼文諷刺說「能把地產和保險的大雷都踩了，關善祥也不是一般人。」

關善祥是一名高調的職業投資者，深圳灝四方資產管理有限公司及善祥基金董事長。他從小就跟隨父親出入股市，通過股票投資，二十八歲就實現財務自由，號稱「中國巴菲特」，據稱創造過從三十萬本金到上億的十年數百倍收益。他擁有百分之百股權的灝四方資產，致力於為投資者實現家族資產戰略轉型升級，布局資本市場股票投資。旗下所有基金均設置至少三年以上的投

資鎖定期，寧願減少管理規模也不接受短期資金，倡導長期的價值投資。

中國的商人稍有點錢，就喜歡往文人乃至哲學家方向靠。關善祥出版過《傳世投資》一書，書中提出「價值投資」的理念，主張投資即是人生修行：「人生是一場巨大好玩的遊戲，假如我們的人生過得痛苦，必然是我們的活法與心法出現了問題。投資對於我來說也是一場好玩的遊戲。……我認為百年投資是我要進行的一件人生藝術品，一年又一年，極具耐心地將這件藝術品去完成，我極之享受其中，而非因為賺錢，更非因為消費享受金錢，我從來只過著非常簡單節約的生活，我的快樂源於投資本身的精神世界，而非金錢。」

據《證券時報》報導，關善祥有三個小孩，長期吃素，對空氣品質要求很高。如果在美國，他還真能跟那些喜歡禪修、瑜伽、老子、印度教等東方哲學及環保理念的矽谷或華爾街巨頭們談笑風生、稱兄道弟。然而，在中國，這些「正能量」都無法拯救他脫離危機，等待他是一望無際的深淵，是魯迅所說的「無物之陣」。

百年投資、快樂投資，當然都是好理念，但在中國這塊土地上根本行不通。中國沒有百年企業，哪來百年投資？中國人含辛茹苦積攢的資產都如韭菜般被鐮刀斧頭割去，哪裡有快樂投資？關善祥成不了巴菲特，因為中國不是美國。中國仿效西方建立股票市場，但並無真正的股票市場得以成立的三大要件：私有產權、法治、言論和新聞自由。中國的股票市場是特權階層的遊戲，不是關善祥這樣的平民子弟「長袖善舞、多財善賈」的舞台。即便是黃光裕、肖建華、許家印這樣曾富可敵國、呼風喚雨

的大豪，最終下場也是樓起樓塌一場空。

2021年，在股市縱橫馳騁十數年的關善祥觸礁擱淺。他在一封發表在雪球網的給投資者的公開信中寫道：「我在數不清的日日夜夜裡，責怪自己的愚蠢，反思自己的策略，真心希望我能承受所有的擔憂、焦慮和損害。」最後，他將自己的失敗歸結爲疫情這一「天災」和官方強力干預經濟這一「人禍」。天災人禍都是個人無能爲力的，如項羽在敗亡中的歎息「然今卒困於此，此天之亡我，非戰之罪也」，也如崇禎皇帝在上吊殉國前的自我辯解「君非亡國之君，臣皆亡國之臣」。

自以爲可以虎口奪食，豈能不被老虎吞噬？

佛經中說，一鯨落，萬物生。但在中國，事實卻相反，如同鯨魚般的恆大倒下，無數像關善祥這樣寄生於恆大的小魚小蝦只有死路一條。

大概是「人之將死其言也善」，或者更是因爲「民不畏死，奈何以死懼之」，此前一直謊話連篇的關善祥在總結投資失敗的原因時，直指政府朝令夕改、胡作非爲：「目前投資底層邏輯已經轉變，房地產行業風險的集中釋放，各種政策疊加發力，民營房企確實遭遇到毀滅性的打擊，回款不暢，就會造成資金斷裂的危機。……這種置之於死地式的調控，實在讓人無法想像，匪夷所思！一個涉及十幾萬億關乎全國人民利益的大行業，政策說變就變，說改就改，沒有任何過渡期，簡單粗暴一刀切。人治的行政手段遠遠大於法治手段。……之前也有教育培訓行業，一夜之間就封停。新東方、好未來等教育培訓行業股票股價一時之間跌去百分之九十。完全沒有給予過渡、調整的空間。今年以來這種

現象特別明顯，還有眾多一夜之間就被封殺的股票。這造成的連鎖反應，導致整個市場對民營企業失去信心。」

關善祥意識到，自己的失敗標誌著一個新時代來臨了：「這一兩年的各項政策，深深感覺到今後是一個『國進民退』的時代。……民營企業在這個時代當中如一葉輕舟，說翻就翻。過去我們投資還刻意投資民企避開國企，因為民企往往代表了更高的效率。但今後，還必須強調擁有『優秀背景股東』政策的方向。……政府政策的導向是以國企央企為主導，收購民營企業。在煤炭、鋼鐵、稀有金屬、傳媒、教育、金融理財等領域都是以國企為主導。現在房地產行業也面臨向這個方向發展。政策支援國企維護市場穩定，實質是對市場優質項目進行低成本的收割。」他用了「收割」這個詞，一語道出真相。螳螂捕蟬、黃雀在後，他和他的公司豈能全身而退？

中共建政後，國家壟斷一切經濟資源，嚴密控制一切經濟生活。蘇聯詩人馬雅可夫斯基有一句詩：「一切都是共有的，除了牙刷。」這句詩在毛時代廣為傳頌，實際上，那時的中國農村，大部分農民連牙刷都沒有。歷史學者楊繼繩在《天地翻覆：中國文化大革命史》一書中寫道：「在統制經濟情況下，全部國家經濟機構是一架大機器，是一架使幾億人都按照最高指令工作的機器。在這家機器裡，控制中樞（中共中央）集中老百姓的勞動成果，由行政權力支配。……統制經濟是極權政治的基礎，是官僚特權的肥沃土壤。極權政治又是實施統制經濟的必要條件。由於政治和經濟高度集中，國家所有制實際是官僚所有制。官僚們可以不顧老百姓的意願，隨意支配國家財富。」最終，這套制度讓中國陷入一窮二白、國民經濟崩潰、大饑荒餓死數千萬人的

悲劇。

鄧小平時代，當局實行改革開放，讓度部分經濟自由，讓中共政權絕處逢生，也讓中國成為世界工廠。習近平掌權之後，覺得極權體制千瘡百孔，更嫌權力不夠集中，在政治上要回到毛時代那樣中央對地方如臂使指，在經濟上也要回到統制模式，民營企業的好時光結束了。

習近平的書單上，沒有經濟學大師米塞斯的經典著作《全能政府》，因此他不知道自己所走的是死路一條。他的經濟政策逼死了關善祥，還會逼死更多人，而他自己的下場未必比關氏好多少。米塞斯在《全能政府》中指出：「所有文明，迄今都是以生產手段私有制為基礎。……如果歷史能教導我們什麼，那肯定是：私有財產權和文明，有不可分割的關係。」反之：「自古以來，政府一向熱衷於干預市場機能的運作。它們在這方面的努力，從來未曾達到所要追求的目的。……執掌強制與脅迫機構的人，本質上，都會高估這種機構成事的功力，並且都會努力爭取更多權力，要讓個人生活的各個領域，服從這種機構的直接命令。」在納粹德國和蘇俄如火如荼、蒸蒸日上之際，米塞斯預言說，這兩個反資本主義的政權必然敗亡：「德國和俄國的社會主義體系的共同特點是：政府完全控制生產手段。政府決定生產什麼，以及如何生產。政府給每個人分配一份消費財產供個人消費。如果不這樣，這兩種體系將不應該稱為社會主義體系。」今天的習近平政權逃脫不了這個歷史規律。

中共官員既愛權錢色，
也愛雪天讀禁書

中共官員雪夜讀禁書，已然不再安全

明末清初的才子金聖歎認為，雪夜閉戶讀禁書，是人生最大的樂趣。但在今天的中國，不僅普通民眾很難享受此一樂趣，就連中高級官員也屢屢因讀禁書而被治罪。

近年來，若干因腐敗問題落馬的省部級高官，都被加了一項「私自攜帶違禁書籍入境並長期閱看」的罪名。比如，前中國銀行董事長劉連舸、貴州前副省長王曉光、浙江省前副省長和前省政協副主席朱從玖等人皆有此罪名。

被冠以此罪名的官員，財經系統特別多。如中國農業銀行雲南省分行原副行長沈銳、北京市國有資產監督管理委員會原主任張貴林、國家開發銀行原副行長周清玉、光大集團股份公司原黨委書記及董事長唐雙寧、遼寧省政協經濟委員會前主任王英等人。

涉案人員中，湖南省的官員較為集中。如長沙市產業投資集團有限公司原黨委書記、董事長張君來被通報的罪名之一為「私自攜帶有詆毀、污蔑中共國家領導人的書刊入境」；長沙市前副市長陳澤琿被開除黨籍，頭條罪名是「私自從境外購買、長期

閱看、私藏有嚴重政治問題的書刊」；長沙市天心區區委前副書記、區長謝進被雙開，被指「指使他人為其從境外購買詆毀、污蔑黨和國家領導人等內容的書刊並向外傳播」。

自薄熙來和孫政才之後屢屢被清洗的重慶官場也是重災區。重慶市市場監督管理局前黨組副書記楊宏偉、重慶能源集團前黨委書記馮躍、重慶市豐都縣國土房管局前黨組書記李強華、重慶糧食集團有限責任公司前黨委書記王銀峰、重慶市渝北區委前常委吳德華等，均被指「購買、閱讀並收藏有嚴重政治問題的境外書籍」。

耐人尋味的是，專門負責維穩工作、迫害異議人士的政法、國保、監獄系統，也出現很多熱衷於讀禁書的官員。重慶市綦江區公安局國保支隊前政委李斌被查，當局指其「喪失理想信念，背離初心，私自攜帶有嚴重政治問題的書籍入境並閱讀保存」。湖北省監獄管理局紀委書記王寶平被「雙開」，官方通報稱，其「購買閱讀歪曲和攻擊中共十八大書籍」，並轉發「有嚴重政治問題的微信文章、圖片和小視頻等」。

從最富庶的上海到最貧困的貴州，官員們都有同樣愛好：上海東方網前總裁、總編輯，曾任上海市政府新聞辦副主任、網宣辦副主任等要職徐世平，被「雙開」的一條罪名是「私藏、閱看違禁書刊」；貴州省黔西南州人大常委會原黨組副書記、副主任張謙被立案審查，其「多種違紀違法行為」包括「喪失理想信念，背棄初心使命，對黨不忠誠不老實，私藏和閱讀政治性有害的違禁出版物」。

從最南方的廣東到最北方的內蒙，禁書無孔不入：汕頭市委原副秘書長、市委辦公室原主任陳新造被「雙開」，內蒙古自治

區二連浩特市政協原黨組書記、主席郁志雲被查處，罪名中也有「私自攜帶違禁書籍入境」。

那麼，究竟什麼是「有嚴重政治問題內容的書刊、音像製品、電子讀物、網路音視頻資料」？中國的現行法律對此並無明確界定，唯有《中國共產黨紀律處分條例》中有模糊的描述——違背四項基本原則，違背、歪曲黨的改革開放決策，或者其他有嚴重政治問題的文章、演說、宣言、聲明等；妄議黨中央大政方針，破壞黨的集中統一的書刊等；醜化黨和國家形象，或者詆毀、誣衊黨和國家領導人、英雄模範，或者歪曲黨的歷史、中華人民共和國歷史、人民軍隊歷史的內容。按照這種寬泛的標準，太多書籍會上禁書名單了。

全民洗腦，首先從共產黨官員開始

嚴厲的出版審查、祕而不宣的禁書名單，是專制政權維持其統治的祕方之一。德國學者洛卡蒂斯在《民主德國的祕密讀者：禁書的審查與傳播》一書中探討了東德政權的禁書模式和民眾的反抗方式，與中共有異曲同工之妙。

東德當局宣稱，審查在東德是不存在的。其官方詞典中對於「審查」一詞的解釋是：審查是一種特殊的資本主義文化政策。社會主義國家既不存在政治上的或道德上的審查問題，只是為了考慮到了個人和社會的需求，才有專人「為黨把關」，負責圖書出版及圖書進口工作。在東德，通常由文化部出版社與圖書貿易總局監控書籍的出版和傳播。此外，在每個出版社，甚至在審查機構內部，還有國家安全部（斯塔西）官員和祕密線人負責監控。

對於公眾的閱讀進行監控，體現了專制體制維持其權力的決

心和能力，並以此摧毀公眾任何形式的顛覆資源和任何對當局統治合法性質疑。最有效的控制和培訓監控技術的真正目的，是形成自我審查的氛圍，將作者、電影製作人和詞曲作者、記者和科學工作者都變成政權自願的「精神幫凶」。

然而，東德共產政權沒有想到，雖然查禁圖書一度隔絕了人們對真相的認知，維護了體制的安全，另一方面卻催生一股強大的反抗暗流。資訊和思想被查禁，成為稀缺產品，反而對民眾產生莫大的誘惑。於是，大批「祕密讀者」應運而生：除了大學生、知識分子、市民、工人、教徒之外，甚至有不少官員、警察、軍人、教師和普通公務人員。他們想出各種各樣的方法來打破審查制度，從圖書走私、行竊到地下印刷、複製與傳播，八仙過海、各顯神通。正是這些「祕密讀者」，日後成為聚集在柏林牆前抗議的主力軍，成為摧垮共產專制的巨大力量。

習近平卻從東德等共產黨政權覆滅的歷史中汲取另一種教訓——一定要用更強悍的方式對包括黨員、官員在內的所有人洗腦、洗眼、洗嘴。當然，他本人不在其中——他訪問外國時，常常照稿誦讀他聲稱很喜歡讀的、該國經典著作的書單，但他忘記了，在他成長的毛澤東時代，他書單中的大部分書都是禁書，如果他真的讀過這些書，他就是禁書愛好者或「祕密讀者」，他也應該被有司治罪。

習近平視戈巴契夫為共產主義的叛徒，感歎蘇聯共產黨解散時「竟無一人是男兒」。順應習近平的思路，中國御用學者們撰文總結蘇聯解體的原因乃是禁書不夠、洗腦不夠。

曾任王震秘書和社科院副院長的李慎明在《蘇聯亡黨亡國的根本原因、教訓與啓示》一文中指出，1980年代後期，蘇聯出現

了「誰批判這個制度誰就會受到歡迎」的混亂局面，西方自由民主價值觀大行其道，否定蘇共和蘇聯歷史的歷史虛無主義成爲時髦。一些原本宣傳黨的政策的報刊改換了「陣地」：《消息報》成爲激進派的「傳聲筒」、《莫斯科新聞》變成「民主派」的「旗艦」，《星火》雜誌被尊爲「戈巴契夫改革大軍的大砲」。他批評說，戈巴契夫推行「新思維」，拋棄馬克思主義階級鬥爭學說和階級分析方法，在思想上行動上完全投靠以美國爲首的西方國家，出賣蘇聯核心利益以換取西方的信任，結果換來亡黨亡國的悲劇。他的結論是：蘇聯的教訓深刻表明，社會主義國家如果走屈服、投降西方國家的道路，改旗易幟，必然自取滅亡。所以，必須高度重視意識形態工作，警惕、抵制和及時回擊各種非馬克思主義、反馬克思主義的思潮。

李愼明等人的建議，深得習近平青睞。儘管習仲勛與王震是針鋒相對的政敵，但習近平更願意成爲王震的「精神之子」，因爲王震才是共產主義以及毛主義的原教旨主義者。習近平就對王震秘書的奏折照單全收。

習近平在反腐運動中塞入私貨，在落馬官員的罪名中增加「購買、攜帶、閱讀、收藏、傳播禁書」的罪名，其目的是讓八千多萬黨員成爲木頭人或僵屍，跟著他這個「花衣吹笛人」一起浩浩蕩蕩地走進地獄。

中國首席人權辯護士
董雲虎原來是腐敗大老虎

「人權專家」為何淪為階下囚？

2023年7月12日，中共中央紀委、國家監委網站晚發布消息，上海市人大常委會主任董雲虎涉嫌嚴重違紀違法，正接受中紀委、國家監委的紀律審查和監察調查。董雲虎是中共二十大以來落馬的最大「老虎」，也是上海多年來罕見在任上落馬的正部級大員。

董雲虎的落馬頗為突然。據上海市委機關報《解放日報》一天前的報導，董雲虎7月10日下午還曾到上海社科院調研並與專家學者座談交流。這是董雲虎最後一次在公開場合亮相。

2024年6月27日，安徽合肥中級法院一審公開開庭審理董雲虎受賄一案。起訴書指出，2002年至2023年，被告人董雲虎利用擔任中央外宣辦七局局長，西藏自治區黨委常委、宣傳部部長，上海市委常委、宣傳部部長，上海市政協黨組書記、主席，上海市人大常委會黨組書記、主任等職務上的便利以及職權、地位形成的便利條件，為有關單位和個人，在融資貸款、土地出讓、企業經營和人事安排等事項上提供幫助，非法收受上述單位和個人所送財物，共計一點四八億多元人民幣。

董雲虎擁有南開大學哲學系西方哲學史碩士學位，是名副其實的學術菁英，其碩士學位含金量遠高於習近平博士學位含金量。他拿到碩士學位後，進入中共中央黨校從事教學工作，曾任中共中央黨校人權研究中心主任、中國人權研究會副會長，是最早在國際上美化中國「人權問題」的御用文人之一，也是中共對抗西方人權外交時發表的第一份官方「人權白皮書」起草人之一，被中國官媒譽為「中國人權研究第一人」。

當時，這份文件的起草工作由國新辦主任朱穆之直接領導，小組借調了未滿二十九歲的中央黨校講師董雲虎等人來執筆。董雲虎曾在一次採訪中洋洋得意地表示，「1989 年，針對西方指責，江澤民提出，要從思想上解決如何用馬克思主義觀點來看待『民主、自由、人權』問題。在這種背景下，我開始系統研究人權問題，於 1990 年出版人權著作《世界人權約法總覽》，率先打破人權理論研究禁區」。董雲虎還曾以「任言實」為筆名，發表過〈中美兩國人權之比較〉、〈請看美國的人權紀錄〉等多篇批評美國人權問題的文章，抹黑美國，不遺餘力。

在企圖跟西方搶奪國際人權領域話語權的江澤民和胡錦濤時代，董雲虎的這些工作得到最高當局青睞，從中央黨校轉到宣傳部門，在仕途上如火箭般攀升。靠著一根筆桿子，他先後出任中央對外宣傳辦公室副主任、國務院新聞辦公室副主任、西藏自治區黨委常委、宣傳部部長、上海市委常委、宣傳部部長等要職。2018 年，任上海市政協主席，成為正部級封疆大吏──在中國「四大班子」（黨委、政府、人大、政協）中，政協地位最低，並不掌握實權，但在出身文宣和意識形態領域的高官中，董氏也算是修成正果。2023 年 1 月，他又升任上海市人大常委會主任，成

為上海市名義上的第三號人物。到落馬時，他在此新職位上只待了短短半年時間。

從董雲虎的履歷即可看出，他基本上在外宣和內宣部門任職，相對而言，這些領域不是實權部門或強力部門，也不是油水最多的部門。此後，他在尚年輕之際即進入政協、人大等「養老院」——落馬前，他也只有六十一歲。多年以來，他竭盡全力地製造「有學術水準」的謊言，成為極權中國首席辯護士和化妝師，卻仍不能免於「飛鳥盡良弓藏，狡兔死走狗烹」的厄運。

曾任聯合國副秘書長的沙祖康曾揚言，中國的人權狀況比美國好五倍（這個數字不知是如何計算出來的），那麼，生活在人權狀況比美國好五倍的中國的董雲虎，淪為階下囚時，是否第一次覺得人權不僅僅是中共所說的「吃飯權」？當他被中共黨紀「雙規」而喪失最基本的人權時，會為昔日宣揚的「中國式人權」的「輝煌成就」而後悔嗎？

一路裸奔的習近平再也不需要人權辯護士了

其實，飛鳥沒有盡、狡兔也沒有死，只是習近平掌權之後，信心膨脹，決定不再跟西方玩爭奪人權領域話語權的遊戲——在習近平看來，不必進入西方的民主、自由、人權的話語系統，可以自行建立一套「新時代中國特色社會主義」的話語系統，與西方的現代化、民主政治和自由市場經濟模式分庭抗禮。習近平需要新時代敢於喊打喊殺的戰狼，而非舊時代充滿學究氣、面對西方依葫蘆畫瓢的宣傳幹部。於是，董氏這樣的嘍囉的價值迅速歸零。中共對待廢物向來冷酷無情，垃圾只能進入垃圾焚化爐。董氏早已脫離宣傳領域，自以為安全地進入通常無所事事的政協和

人大系統，卻未能躲開又一輪清洗。

董雲虎不是文宣系統落馬的第一人。他昔日的上司、有「網路沙皇」之稱的中央宣傳部副部長、中央網信辦主任魯煒，曾是溫家寶的首席公共形象設計師，在其主管互聯網那幾年，網上一片殺伐之氣。西方富可敵國的網路巨頭們，個個在其面前卑躬屈膝、低眉順眼——比如，臉書老闆祖克伯見到魯煒時，如同張愛玲見到胡蘭成，「遇見你，我變得很低很低，一直低到塵埃裡去，但我的心是歡喜的。並且在那裡開出一朵花來」。雖百般討好，臉書等西方社交媒體仍未被允許進入中國市場。魯煒這個滿口仁義道德，滿肚子男盜女娼的宣傳部門高官，最喜歡喝人奶，曾與北京的老闆們一起開現場喝產婦人奶的派對。他享受無邊權力不到五年，就淪為習近平清洗的對象。

在被整肅的文宣官員中，比董雲虎地位低、卻更有知名度的是北大才子伍皓。此人走的是胡錦濤、胡春華的道路：1988 年，他進入北京大學中文系就讀，曾兩次在中南海受到江澤民接見。1990 年初，包括伍皓在內的北京大學十一名學生曾寫信給江澤民，「表達愛國之情和報國之志」。六四屠殺之後，北大學子的主動效忠，自然讓江澤民心花怒放。同年 3 月 23 日，江澤民在中南海懷仁堂親自會見這十一名學生。1992 年，伍皓作為北京高校優秀畢業生代表，再次受江澤民接見。因伍皓自願報名去西藏「支邊」，江澤民給他起了一個藏名「扎西」，並說扎西在藏語中意為「吉祥」，且有「扎根西藏」之意——中共首腦像古代的皇帝一樣，喜歡「賜名」給臣下。

被江澤民賜名的伍皓，後來果然一路高升，先後出任雲南紅河州委常委、宣傳部部長及雲南省新聞出版廣電局副局長、宣傳

部副部長。他也是雲南第一個開個人微博的廳級官員，親自在微博上發布官方資訊，甚至與網友發生激烈辯論。當雲南發生獄中囚犯被虐待致死的「躲貓貓」事件後，伍皓以守為攻，主動召集民間網友組成調查團隊，主導發布一份貌似民間立場的調查報告，顯示監獄管理方對此事毫無責任，卻引發輿論更大反彈。

當伍皓應邀到中國人民大學參加新聞學院為其主辦的專場演講會時，網路異議人士王仲夏、蘇雨桐等人以一沓五毛人民幣朝其身上扔去，並高聲喊道：「伍皓，五毛」！事後，伍皓故作大度地表示，他本人為官清廉，有人扔鈔票給他，他樂於接受。他還在網上高調宣揚自己兩袖清風，公開發布其使用的公車牌照，希望民眾監督自己從不「公車私用」。

然而，說得比唱得更好聽的伍皓，卻在 2023 年 12 月 13 日落馬——官媒宣布，伍皓「因涉嫌嚴重違紀違法接受紀律審查和監察調查」。這是習近平給半個月前去世的江澤民的又一次羞辱——江澤民當年挑中的才子，習近平偏偏就要投進監獄。

魯煒、董雲虎、伍皓等文宣系統官員的落馬且身敗名裂顯示，中共對忠心耿耿的吹鼓手卻從來不會網開一面。恰恰相反，文宣領域的官員因為在官場相對高調，擁有比一般官員更高的曝光率和知名度，更容易引發民間的非議，在官場內部也引發其他官員側目，成為被清洗的對象。謊話說多了，壞事做多年，不可能不付出代價。他們的下場，只是罪有應得而已。

少林是中國的縮影，
佛門是官場的變形

中南海有習近平，少林寺有釋永信

　　近年來，在方丈釋永信的領導下，少林寺從一間僧多粥少的苦寒寺廟，成為一家富可敵國的跨國公司。釋永信本人也從出家人和修行人搖身一變為全球商業帝國的「CEO」。中南海有習近平，他帶領中國實現了大國崛起；少林寺有釋永信，他帶領少林走向了點石成金。

　　滿臉橫肉的釋永信與滿臉橫肉的習近平，彷彿是孿生兄弟。《紐約時報》駐華記者傑安迪寫過一篇題為〈財、色、權力：少林 CEO 面前的魔障〉的報導。該報導指出，中國媒體上出現了一系列針對釋永信的的指控：矇騙大眾，玩弄女性，有多名情人，並私下與其中二人育有子女。釋永信追逐女性、金錢和奢華生活，與他身為中國佛教界重要人物而長期標榜的為人正派、生活簡樸的說法格格不入。這宗醜聞突顯了公眾對於眼下中國社會的冷嘲熱諷：貪婪與低俗的物慾碾過道德，位高權重人群尤為如此。

　　習近平掀起以反腐為名的政治清洗，黨政軍各界皆有大佬落馬，又牽連出他們背後更多的民營企業家和文藝娛樂界人士。偏

偏屢屢被舉報、早已聲名狼藉的釋永信巋然不動、閒庭信步。釋永信跟習近平一樣「自信」，絕非偶然：他不僅是一名商業和尚，更是一名政治和尚，積極配合習近平「一帶一路」政策，少林寺這塊金字招牌成為「中國優秀文化」輸出西方的典範，跟「孔子學院」聯袂登台，一文一武，大紅大綠，流光溢彩。

過去數十年，台灣新興佛教系統如慈濟、星雲等，影響力早已溢出台灣，遍及世界，還返回中國，吸引不少信徒和金錢奉獻。逃離被中共武力侵占和殖民的圖博故土的達賴喇嘛，也讓藏傳佛教成為在西方頗受歡迎的東方宗教。為了與之競爭，中共當局積極鼓勵和支持少林寺到海外攻城略地，發揚國威。

此前，釋永信計畫在澳大利亞東南部修建一處投資三億美元的豪華少林功夫度假村和高爾夫球場，引發很大爭議。中國官媒新華社出面為之保駕護航，高調報導釋永信對此事的回應：「文化走出去是件很體面的事。……中國人可以引進迪士尼，為什麼國外就不能引進少林寺？」

釋永信將少林寺與迪士尼相提並論，引喻失義、不倫不類，卻很有點習近平躊躇滿志、睥睨天下的胸襟氣魄。若是習近平讀到這篇報導、看到釋永信的這番言論，一定會對之惺惺相惜。既然大方向對了，跟對人了，釋永信的生活「小節」問題就可忽略不計。在習近平的中國，釋永信就成了一尊打不倒的金身羅漢。

釋永信不是國師，勝過國師；少林寺不是皇家寺廟，又宛如中共黨魁的家廟。馬克思和毛澤東都曾將宗教貶斥為麻醉人靈魂的鴉片，但習近平毫不諱言鴉片也可拿來為其所用。傑安迪在報導中評論說：「儘管中國官方信奉無神論，但執政的中國共產黨開始認可少林寺的全球推廣，欣賞它產生商業收入的能力。而

且，從近些年不斷有官員前往少林寺參觀的情況看，他們中很多人也明顯相信少林武僧神奇的護佑能力，這一名聲早在公元 7 世紀就傳開了。就像故事裡講的，曾有十三個少林棍僧在戰亂之中救了唐王李世民。」那麼，今天的少林寺能夠護佑焦頭爛額的習近平走過內憂外患的驚濤駭浪嗎？

少林寺不是一方淨土，而是敗德的中國的縮影，如同《紅樓夢》中的那個典故：柳湘蓮路遇賈璉說媒，準備娶尤三姐為妻，但後來向寶玉打聽尤三姐品行，寶玉回「你既深知，何必問我？」湘蓮遂感歎說：「你們這東府裡邊，除了這兩個石獅子是乾淨的，恐怕連貓兒狗兒都不乾淨了。」

過去數十年，少林武術靠小說和影視的渲染，在中國成為家喻戶曉的佛教第一寺廟。在一切向錢看和向權看的時代，少林武術也就成了發大財、攬大權的法寶。今天的中國處處是烏煙瘴氣、污泥濁水，少林寺不是一方淨土，而是藏污納垢、坑蒙拐騙之地。

所向無敵的少林神功，為何不能打敗中國病毒？

2023 年 1 月 10 日，中國網上傳出少林武僧院武學導師延莊法師感染中國病毒、以五十九歲的壯年病逝的消息。就在兩天前，延莊法師還在社交媒體上發布打拳照，因此有人懷疑是否為康復期間劇烈運動導致死亡。

從其生前照片上看，留著長髯的釋延莊意圖把自己塑造成一副仙風道骨形象，其社交媒體的最後一則留言是：「寶劍、快意，一縷殺氣。酒杯，悲涼，一聲歎息。知己，豪放，一往情深……」這明顯是在模仿古龍武俠小說的文字風格。而他帶領幾

個學徒練拳的照片下有幾句說明文字，透露已感覺到呼吸不暢，想通過練習「龜息大法」，「通經活絡，只為能夠在殘喘裡，還可向生而行，緩口粗氣……」

公開資料顯示，生於河南上蔡縣的釋延莊俗名趙世毅，自幼受到家庭武術氛圍熏陶，加上 1982 年李連杰電影「少林寺」風靡，他於 1983 年到少林寺出家，走練武之路。之後，他學到外界稱為「達摩內功」的禪功柔拳，號稱達到「百病不生」境界，長期擔任少林寺武僧總教頭，儼然是打遍天下無敵手的武林至尊。

沒有想到，如此一位絕頂武林高手，輕易就被病毒擊倒。延莊的同門師弟延嘉在個人社交平台發文悼念說：「再也聽不到師兄的聲音了，你去西方極樂世界，我們還在這個塵世間度人。」有虔誠的信教徒留言詢問：「老爺子也是因為某流行性病毒走的嗎？」延嘉僅回覆二字「自然」。這兩個充滿歧義，可理解為「自然死亡」，也可理解為「自然如此，何必再問」。

對於釋延莊離世原因，少林寺官方沒有作出任何說明——如果承認這位武術大師是感染中國病毒而死，對少林的聲望不啻為一個沉重打擊。首先，這一事實證明，所謂「百病不生」的「達摩內功」，不過是繪聲繪色的小說家言，世間沒有這種保命符，少林武術的神話也就不攻自破。

其次，被外界傳得神乎其神的少林內功，不見得能強身健體、延年益壽，中國男性的平均年齡已在八十歲上下，大名鼎鼎的少林第一武僧卻只活了五十九歲，這簡直就是莫大的諷刺。可見少林武術甚至比不上西方普通的健身運動。

第三，即便少林內功能抵抗《本草綱目》上記載的傳統的

「百病」,卻無法抵抗「百病」之外的新病——中國病毒,可見中國病毒不是天災而是人禍,是中共故意播放的某種人工合成的病毒。

其實,少林武術,乃至整個中國功夫,都是虛無縹緲的「中國夢」的象徵。1980年代初,經過文革的「破四舊」,少林寺僅剩一片斷壁殘垣。中國人從對毛澤東的個人崇拜中醒過來,傷痕累累,尊嚴掃地,精神空虛,看不到路在何方。突然間,電影《少林寺》橫空出世,舉國上下如醉如癡,幾乎成為革命夢斷的中國人的最後一根救命稻草,以及此後四十多年中國民族主義思潮興起之先聲。

然而,以少林武術振興民族精神,本身就是緣木求魚。少林寺尊達摩為祖師,且不說達摩是否真的是其祖師爺,就達摩本人而言,乃是來自印度或波斯的外國人,跟近代到中國傳福音的基督教傳教士是一樣的。所以,少林功夫,其實是印度功夫或波斯功夫的皮毛。這個被刻意忽略的事實,會讓中國的愛國者們痛不欲生。

少林武功號稱中國武術之正統,但遇到在搏擊界的後起之秀徐曉冬的挑戰時,少林寺無人敢出面應戰。後來表示願意與之一戰的,是曾任少林第一護法、後來自立門戶的釋延覺。有趣的是,釋延覺表示自己少一根手指,是四級殘廢,而且已五十歲,強調種種客觀不利因素。然後,提出一個苛刻的條件:若是打七十五公斤級的正規散打比賽,他願意與徐曉冬一決雌雄。眾所周知,徐曉冬的體重在九十公斤左右,讓他降十五公斤體重,是強人所難。

你的餐桌不是你的餐桌，
而是官員的稅源

「吃飯權」是黨賜予的，黨隨時可能收回

近日，有廣東網友在微信上發文披露：「農村辦宴席必須購買保險。老爸今年年底八十大壽，幾姊妹商量著為他辦個壽宴。正在籌備階段，就接到村裡通知，紅白喜事除了提前申請，還要購買保險，每十五桌五百元，三十桌一千元，依次類推，且只管本次宴席期。咱農民容易嗎？」

農村人辦宴席，承擔不起到正規酒樓的高額費用，通常是在家辦，四川的說法是鄉廚辦「壩壩宴」。自古以來，農家自己辦桌，統治者不會過問。如今，中共的黑手居然伸到農民餐桌上。

過去，常常聽說城市裡異議人士在敏感日期聚餐被國保暴力阻止，這是異議人士享受的特殊待遇。如今，農村人親友鄰里聚餐也要交錢購買「吃飯權」。

人權律師陳建剛引用清末翻譯家嚴復翻譯的法國思想家孟德斯鳩《論法的精神》中的一段話對此事加以評論：「極之而三權者合，既議其法令，又主其施行，又審其所行者與法之離合，是立法、行政、司法三權者聚而集於一人一眾之身，是一人一眾者，無論為貴族，為平民，其治皆真專制，雖有粟且不得食，政

治自由云乎哉？」也就是說，三權合一就是專制暴政，專制暴政的結果必然是「有粟且不得食」。

中共常常標榜說，「中國式人權」就是「吃飯權」，中共解決了中國人的吃飯問題乃是千秋偉業。江澤民就理直氣壯地在國際社會宣稱：「民主、自由、人權只是一種相對的概念，中國有自己的民主制度，也有自己的人權觀。中國有近十二億人口，其中八千萬人還處於貧困狀態，解決好這個問題就是對世界的一大貢獻。」這是強詞奪理，中國人民向來是自己養活自己，中國人民沒有飯吃的狀況，都是統治者造成的，如毛時代的大饑荒。如果沒有獨裁暴政，中國民眾的餐桌必然更加充盈豐富。

中共當局對農民的「吃飯權」橫加干涉，絕非廣東網友所揭露的個案。中共官媒的正面報導滿坑滿谷。比如，浙江省湖州市官媒報導，當地政府利用數位化手段，開發「農村家宴服務在線」應用，實現場地預訂、廚師預訂、菜品預訂、婚慶預訂等辦宴事項線上集成辦理。為進一步推動農村家宴食品安全監管規範化、精準化、智慧化，湖州還發布浙江省首個《農村家宴一站式服務平台建設與運營規範》，制定《湖州市集體聚餐食品安全管理制度》、《湖州市農村家宴從業人員（鄉廚幫工）管理規範》等制度，構建辦宴預訂、備案、審核、監督與評價的全流程監管機制。

又如，廣東省中山市成立農村集體聚餐專職小組（仿效習近平「小組治國」模式），宴席開辦前對各村上報的申報資料進行嚴格審查，包括承辦宴席經營者資質、工作人員健康證件、宴席功能表等，對不符合規定的申請及時退回。

再如，四川省儀隴縣市場監管局探索創新「壩壩宴」監管機制，與鄉鎮食品安全「穿透式」監管有效融入，建立全鏈條在線

監管平台,過程管理全追溯,風險管控全鏈條,抓住了農村群體性聚餐安全的「牛鼻子」。工作人員到現場進行服務指導,引導辦宴者減少浪費、厲行節約,還依託智慧在線監管平台,宴席承辦者、舉辦者、村幹部、鄉鎮幹部和市場監管局監管人員五方共同履職盡責,從宴席的申報、審核、檢查、複查、整改進行全方位全鏈條管理,實時跟蹤宴席進展,確保各環節監管責任落實到人。

由此,中共實現了「天網恢恢,密不透風」,「老大哥」對每一個人吃什麼和怎麼吃瞭如指掌。

「有粟且不得食」的時代來臨了

2023年10月17日,河南省滑縣一戶村民在家辦宴席,來了一群身穿制服的監管人員,氣勢洶洶地聲稱:「農村只要開火聚餐,就要辦食品經營許可證,否則罰款。」看來,農民連「生火權」都要向政府購買。一時間引發網上熱議。有網友評論說,幾百年幾千年來,在農村辦紅白喜事時,都是請有技術的廚師人員幫忙做的,豬是自己養的,蔬菜水果是自己種的,洗菜切菜洗肉等都是鄉裡鄉親一起幫忙的,所有食材都很新鮮,哪來所謂的衛生問題?反倒是近年來大中小學校園的學生餐飲屢屢發生嚴重事故,甚至有孩子被毒死,有關部門卻包庇責任人,打壓伸冤的家長。這難道不是「該管的不管,不該管的偏要管」嗎?

在輿論壓力下,「滑縣市場監管」微信公眾號通報稱,他們是接到舉報後,派遣四名執法人員到達現場執法,「在執法過程中,執法人員對政策解讀不規範,引起了群眾誤解。我局已責令該同志作出深刻檢查,並做出停職處理」。政府官員總是能見機

行事，推卸責任，大事化小，小事化了。

中共的黑手粗暴干預民眾的餐桌，歷史上找不到先例。這就是皇權專制與現代極權政治的差別。社會學家費孝通在《鄉土中國》一書中指出，歷代王朝的統治尤其是宋以後，行政管理基本上侷限在縣一級，縣以下的鄉土社會另有一種勢力或一種文化在起支配作用。縣一級或縣以上，由王朝派官員加以管理；縣以下，鄉紳或者士紳起主導作用。這兩個社會之間有聯繫，但縣以下的社會基本處於「無為」狀態。這就叫「皇權不下縣，縣下皆自治」。然而，中共建政之後，黨權下縣、下鄉、下村，還深深嵌入每一個家庭乃至每一個人的精神世界，如學者楊繼繩所說：「中華人民共和國在中國皇權專制的文化土壤上構築了一個金字塔式權力結構。這種制度對社會、對民眾的鉗制比歷代帝王更為嚴密細緻，更為深入廣泛。」由於政治和經濟高度集中，國家所有制實際是官僚所有制。經濟和政治的雙重鉗制，老百姓的個人自由被徹底剝奪。

如果用奧地利裔美籍心理學家賴希的理論來透視和分析今天中國的種種怪現狀，如庖丁解牛、迎刃而解。賴希未到過中國，也未專門研究過中國，其論述卻切合中國現狀。賴希在受納粹迫害之前，就受德國共產黨打壓，德共將其開除並查禁其著作。他是最早洞悉納粹與蘇俄、希特勒與史達林是一丘之貉的學者。他在1933年出版代表作《法西斯主義群眾心理學》，遭到納粹蓋世太保查禁，還遭到蘇俄及若干歐洲共產黨批判，因為他戳到他們的痛處。《法西斯主義群眾心理學》經受住了歷史的考驗，與漢娜・鄂蘭的《極權主義的起源》一樣，成為研究現代極權主義的經典。

賴希指出，國家機構發源於「送信人」，傳遞資訊是其最初的、簡單的又必需的職能。隨後，「郵政系統」成了社會的一個「機構」，再逐漸發展出其他功能。再以後，郵政系統委託一個送信人負責「檢查郵件」的任務，這樣一來，郵政的社會管理就擁有了一種凌駕於個人和社會之上的權威主義權力。社會的管理機構就轉型為鎮壓機構。比如，警察局開始禁止私人家庭的無害遊戲，規定一個男子或女子能否在自己的房間單獨會見一位異性，決定他們何時起床、何時睡覺。那麼，它就具有了暴虐的權威主義國家政權的形象，凌駕於社會之上並反對社會。在論述群眾與國家的關係時，其結論是：「國家的義務不僅是鼓勵勞動人民群眾對自由的強烈渴望；它也應該盡一切努力使他們能夠自由。如果它沒有這樣做，如果它壓制了對自由的強烈嚮往，甚至濫用它，阻礙趨向自治的道路，那麼顯而易見，它就是一種法西斯國家。」今天的中國就是一個法西斯國家。

裝睡的人是叫不醒的，你去叫醒裝睡的人，裝睡的人一定對你揮以老拳。網上有一則寓言如是說：明末，某人預見了即將發生災難和饑荒，他告訴自己的鄰里鄉親存糧以備不時之需，那些人都認為他瘋了、神經病、陰謀論、受迫害妄想症，後來災難與饑荒真的來了，大家都很快斷了糧，他們都知道他家有存糧，就都去他家搶糧，且活埋了這一家人。

由此，後人得出四個啟發：第一，不要向愚蠢的人預示災難，他們本身就是災難。第二，當你身邊全是愚蠢的人的時候，你自己再清醒，也很難自保。第三，沒有人願意心甘情願承認自己愚蠢，承認別人英明。大眾把面子看的比真理更重要。可憐可悲的自尊和情緒是阻礙自己獲取真知的最大障礙。第四，當災

難最終來臨的時候，愚蠢的人並不會感謝和欽佩曾經預警的吹哨者，而是會更加惱恨他。

唐山打人事件顯示中國已淪為「蠅國」

中國如同「蠅王」橫行的蠻荒之地

唐山這個中國的三線城市受到全國乃至全球的高度關注。上一次是數十萬人死難的唐山大地震,這一次是燒烤店打人事件:2022年6月10日凌晨,唐山市一燒烤店發生一起多名男子暴力毆打兩名女子案件,該視頻在網路上瘋傳,激起了極大民憤。中國警察不動則已,一動則如脫兔,很快,打人的九名男子全數落網——打人凶徒中的「唐山五虎」都是唐山大地震之後出生的,都是唐山大地震倖存者的後人。而且,帶頭大哥居然是一名有案在身的逃犯,在「天網」籠罩之下的中國,他為何能逍遙法外?該案發生後,更有多若干當地民眾發布視頻,實名舉報長期欺凌、勒索他們的黑幫分子,唐山頓時成為一個人人談虎色變的城市。

民眾和媒體對此事件的反響各不相同。有人批評受害的女性不該在三更半夜到外面吃宵夜,將自己「暴露」在壞人或危險面前,是自取其辱。信奉「進步價值」的端傳媒聚焦於男人打女人,認為是「父權制社會對一個普通男人也提供了足夠信心支持,讓他可以參與到『女性屠殺』中」。戲子成龍不忘來湊熱

鬧，義憤填膺地譴責不敢見義勇為的旁觀者，發出跟習近平一樣的「竟無一人是男兒」的哀歎，彷彿他自己真的是電影中以一敵十的武林高手，若在現場一定會挺身而出，其實他的鹹豬手並不比那幾個凶徒乾淨多少，被他始亂終棄的苦命女子淪為精神錯亂的站街女，他一點也不勇敢和崇高。

以上這些評論言不及義，就連官媒都承認，此一事件顯示「社會治理失敗」。而「社會治理失敗」只是表面現象。日本歷史學者高島俊男在《盜賊史觀下的中國》一書中指出：「20 世紀只有中國這個地方，完全落後於世界上其他地方的歷史進程，整個社會還是和五百年前、一千年以前沒什麼不同，只要出現一個荒唐無道的暴徒，就能隨意把整個社會搞得天翻地覆，所以才會被毛澤東糟蹋得那麼厲害。」這些暴虐的打人者，誰的軀殼裡沒有蟄伏著一個「小毛澤東」？

中國當代史有兩個轉折點，一是文革，一是六四。香港作家倪匡在一次訪談中指出，文革的後遺症就是突破了人類的道德底線，一個年輕人可以無緣無故地打死老師和校長，卻能若無其事、逍遙法外，還能得到最高領袖的接見，耀武揚威，哪還有法治可言？作家蘇曉康指出，中國政府三十年前在首都沿長安街一路屠殺老百姓，等於鄧小平「強奸」全中國人一次，這個惡例一開，中國從此就可以當街殺人，而且「滿街都是劊子手」，道理很簡單：公理、法制皆蕩然不存，一個殺人的最高當局，昭示天下即殺人合法。

經歷文革和六四後的中國，跟英國作家戈爾丁在《蠅王》中描寫的那個遵循叢林生活準則的孤島毫無二致：《蠅王》寫一群在第三次世界大戰中倖存的青少年來到一座孤島，一步步從文明

走向野蠻的故事。戈爾丁說,「本書的主旨,是試圖通過社會的缺陷,追溯回人性本身的缺陷。寓意就是,社會的形態,實際上取決於個人的道德,而不是政治體制」。書中的核心符號是「蠅王」,它最直接的意象代表是孩子們用來「祭祀野獸」的野豬頭,它在高溫潮濕的環境下,被無數蒼蠅叮咬,發散出陣陣惡臭,極端噁心和恐怖。它一邊連接著孩子們無法戰勝的自然神祕主義,一邊連接著孩子們因恐怖而被激發的驚人獸性。它強烈暗示著一個極度邪惡的惡魔,這個惡魔代表了墮落、毀滅、腐化、歇斯底里和恐慌。

「蠅王」這個源於希伯來語的名詞,在《聖經》中被稱為「萬惡之首」。在中國,毛澤東是蠅王,鄧小平是蠅王,習近平也是蠅王,他們的身邊,圍繞著無數的蒼蠅。

「蠅國」的特徵是個體原子化、社會野蠻化和權力黑幫化

唐山打人事件並非偶然和孤立的個案。中國民眾的強烈反應,不單單是因為事件本身的惡劣,更是因為每一個人都深陷於恐懼不安中,此一事件激發了他們更大的恐懼和不安,這對中國外交部發言人宣稱的「中國是世界上最安全的國家」的說法,不啻是一大嘲諷。蠅王肆虐的中國已然淪為「蠅國」,「蠅國」有如下三大特徵:

其一,個體原子化。在西方,希臘文明中產生了古典公民共和主義的政治共同體理論,強調政治生活中共善、公民自治、以及德行的重要性,產生了優質的「生命共同體」觀念。近代以來,新的共同體則由國家、市民社會及民族三個觀念來建構。市民社會比國家和民族更重要,它建構出市場與公共領域這兩大近

代自由主義的支柱。然而,在包括共產中國在內的極權國家,黨消滅了市民社會和公共領域,讓個體原子化、處於孤立無援的狀態,這樣就能如臂使指地對所有人實行有效的獨裁統治,且防止出現民眾彼此聯結而形成反抗力量的可能性。

其二,社會野蠻化,暴戾之氣氾濫成災。十多年前,楊佳事件發生時,我與劉曉波撰文反對艾未未等將楊佳「大俠化」,認為這是一種危險的走向準法西斯社會的趨勢。我們的這種意見遭到當時的主流民意鋪天蓋地的攻擊,但十多年之後,中國社會確實在在這一道路上奪命狂奔。

日前,流亡美國的基督徒、公民維權活動人士施明磊在臉書上感歎說:「有時候,中國人語言的粗鄙到了讓我懷疑漢語是否出了問題的程度。」她舉例說,一位在美國最好的高校博士畢業,在美國最好的互聯網公司工作多年的華人菁英,張口閉嘴「牛逼」、「操」、「年輕人年輕的時候應該多吃屎」。中國的商業公司廣泛流傳馬雲的名言「九九六是福報」,阿里「十八羅漢」彭蕾在湖畔大學給創業者們授課講「選拔員工的標準之一是皮實,也就是耐操」,很多高科技公司甚至到了講話不帶髒字都不會說話的地步。中國公司和朋友圈的性騷擾用語,好像成了拉近關係的方式。

施明磊認為:「中國的商業菁英們,選用愈來愈粗鄙的話語,夾雜著對其他種族的歧視,民族主義的仇視,對個體尊嚴的完全的踐踏,以及騷擾性的語言,都映射了近代以來,中國社會中普世價值的缺失,全球化中開放、包容的缺失,男權社會的根深蒂固,以及公民權利和個體人權及尊嚴的缺失。取而代之的,是回到你死我活的叢林社會,勝者為王敗者為寇,金錢至上,

掌握了權力和話語權就掌握了一切——包括其他個體的尊嚴和命運。」

其實，粗鄙的語言並不僅僅出現在共產黨官員和商業菁英的圈子內，即便是海外反共圈也如此。一位流亡美國、反共頗為賣力的名校退休教授和「京城名嘴」，在私下聊天和油管的公開節目中，也是開口閉口就是粗話——彷彿粗話成了豪爽的賣點。反共者與共產黨驚人地「精神同構」，這是共產黨最大的成就，也是中國民主化道路上難以逾越的天塹。

其三，中國的二、三線城市及縣城，呈現出警匪一家、警匪共治的奇觀，權力徹底黑幫化。

美國學者杜贊奇在《文化、權力與國家》一書中，討論了20世紀上半葉中國鄉村的黑幫化趨勢。傳統中國鄉紳階層瓦解，使得新政權任用新式土豪作為「包稅人」，造成鄉村凋敝、秩序崩潰，也成為共產黨發動農村革命的契機。學者黃海在如同續集的《灰地——紅鎮「混混」研究》一書中指出，改革開放三十年來，「混混」也即毛澤東所說的「流氓無產者」被邀上台、成為主角乃至「尾大不掉」，暴力遊戲規則逐漸形成。面對更不要命和更不講規則的「混混」，村民失去了集體抗爭的勇氣，成為最終的受害者。

杜贊奇和黃海考察集中在農村和鄉鎮，而唐山打人事件顯示，同樣的「黑幫內卷化」已高歌猛進到縣城及若干二、三線城市。有趣的是，唐山打人事件發生後，網上流傳網友製作的一張人物畫像，標註為「遠離這類穿搭人群」——勞改的髮型、圓頭圓腦圓身體、金鏈子、BOY牌的T恤（又緊又露肚子）、紋身、愛馬仕皮帶、手包、手串兒、短褲或緊身牛仔褲、不穿襪子的

豆豆鞋。雖說不能完全「以貌取人」，但從這一描述可知，黑幫分子或黑幫分子嫌疑人已然形成某種特定的外在形象，可以跟穿著中山裝或西裝的官員相媲美，他們都是圍繞在「蠅王」身邊的蒼蠅。

在「蠅國」，從鐵鏈女事件到唐山打人事件都是如此：群情激奮之後，又將春水無痕，而正義的實現，遙遙無期。

中國海軍超過美國海軍的唯有腐敗

美國海軍麻煩不斷,中國海軍後來居上?

　　中國從來就不是一個愛好和平的國家。從秦朝開始,中國就是一個帝國,儘管這個帝國也曾淪為其他帝國的獵物。當共產主義的吸引力褪去後,共產中國開始將民族主義作為給全民服用的搖頭丸。澳大利亞外交官和資深戰略分析師羅里・梅爾卡夫在《印太競逐》一書中指出,中國不是一個正常國家,習近平政權將對內的極端控制與對外的地緣政治鬥爭結合起來,將自己政權的生存和侵犯其他國家的安全與利益綁在一起。中國並不掩飾自己是修正主義國家,它想要改變國際秩序,讓這種新秩序能夠符合中國向外擴張的利益,並宣稱擁有對一些土地的主權。

　　中國透過一帶一路和軍事擴張,讓中國問題逐漸變成全世界的問題,全世界的問題也變成中國問題。中國樂意依賴威嚇手段來達成目標,不管是採取軍事武力、地緣經濟或政治干預的形式。

　　這麼一來,對其他國家來說,最重要的問題就是,如何對付這樣的威嚇,不讓它最後演變成衝突或投降。美國朝野出現了新共識,一致認定,中國是美國的戰略競爭對象。毫不讓人意外的是,印太地區的國家都願意與美國合作,在經濟、科技、宣傳與

軍事事務等方面，與中國展開一場全面性的戰略競爭。

還沒有打過一場海戰，中國的尾巴就翹上天了。中國官媒「環球網」發表了一篇題為〈為了趕上中國，美國不惜放下身段到處求人了〉的文章，炫耀中國海軍已是「世界規模最大」，諷刺美國海軍「麻煩不斷」，「這種對比讓美國實在難以忍受。為了改變這種局面，美國也不惜軟下身段到處求人了」。

中國官媒用中國特色的詞語形容海軍新戰艦「像下餃子一樣」出廠，美國海軍的擴軍則舉步維艱。美國「商業內幕」網站稱，美國第三艘「福特」級航母「企業」號的建造進度再次延期，其他新艦建造計畫也出現嚴重拖延。美國政府問責辦公室的報告顯示，美國海軍造船廠缺乏足夠的製造能力，是新艦建造工程延誤的重要原因。美國海軍學會網站也提出類似觀點：由於美國造船業持續衰退，工人短缺問題嚴重，大量海軍艦艇的維修工作無法按期完成。美國海軍部長托羅在四月八日開幕的「海洋航空航太博覽會」發表主題演講時批評說：「在過去四十年裡，美國的造船能力已經大幅萎縮。」

晚近幾十年來，「反民主的全球化」讓美國消費者享用到包括中國在內的第三世界國家生產的廉價商品，自己卻不知不覺間走向「去工業化」。川普入主白宮後努力讓若干產業重新回到美國、讓美國再次工業化，但冰凍三尺、非一日之寒，此種產業鏈的重新調整，至少需要十年以上時間。造船業也是如此。所以，美國尋求與若干盟友的合作：日本首相岸田文雄訪美期間，美方主動提出與日本合作成立國防工業委員會，希望日本造船廠為美國海軍艦艇進行更多維護工作；美國海軍也與印度科欽造船廠等三家工廠簽訂了艦船維修協定；美國海軍還在尋求與南韓造船廠的合作。

美國不是「到處求人」,而是與盟友分享民主自由價值和經濟繁榮,互相幫忙,共同發展。美國艦隊所到之處,不僅讓當地政府和民眾對區域安全有了信心,更帶來當地的消費和經濟增長點。僅以印太地區而言,美國海軍向來是一支備受歡迎和尊敬的海上力量。美國海軍史家愛德華・馬洛達所著的《第七艦隊》一書,副題為「民主與和平的守護者」──二戰之後,美國海軍第七艦隊成為太平洋地區的「定海神針」。正是以強大的海軍為倚靠,美國維持了長久以來對海上自由的承諾,以及確保各國作戰艦與商船在國際水域不受阻礙航行的能力。更為重要的是,美國與日本、澳洲、南韓、菲律賓、泰國、台灣、越南、新加坡、印度等該區域除中國和俄羅斯之外所有國家都是不同形式的盟友。尤其是以美國、日本、印度、澳洲為核心的四方安全對話機制,儼然已具備「亞洲北約」之雛形,英國、法國、加拿大等國也都派出海軍戰艦在周邊區域實行自由航行。

中國海軍的雄風,不在海上,而在獄中

相比之下,中國在印太地區及全球範圍內,沒有一個真正信賴的盟友──俄羅斯和北韓,以及那些加入一帶一路的國家,只是將中國當做予取予求的「冤大頭」,而不是並肩作戰的盟友。習近平時代的中國,跟毛澤東時代的中國一樣孤獨和孤立。

在最近十年時間裡,中國造船廠建造了一支包含性能持續提升中的航空母艦、水面作戰艦及潛艇在內的艦隊,使其成為地球上最龐大的海軍。習近平竭盡全力地行動,目標是要主張在所有中國相鄰海域的主權、占領台灣以及擴大中國海軍在區域內及全球的覆蓋力。「環球網」等中國官媒自信地宣稱,中國的海軍戰

艦的數量已超過美國,似乎中國要來嘗嘗海上霸主的滋味了。

然而,戰艦數量是一回事,真正的戰力又是另外一回事。回顧有史以來的諸多海上大戰,戰艦數量與實際戰力往往並不成正比。也就是說,戰艦數量雖然少、但將士素質和戰術更高的一方通常是勝利一方,雅典等希臘同盟打敗了波斯帝國、威尼斯等歐洲同盟打敗了奧斯曼土耳其帝國、英國皇家海軍擊敗西班牙無敵艦隊、日本打敗了清帝國和俄羅斯帝國,都是如此。

二戰以來,美國海軍參與了每一次美國捲入的戰爭,且保持不敗記錄,從未丟失過制海權。從1945年就部署在西太平洋地區的第七艦隊,有效地將中國海軍封鎖在第一島鏈之內。任何時候,第七艦隊都有五十到七十艘水面艦及潛艇在執勤,包括尼米茲級核動力航空母艦「雷根號」、神盾巡洋艦與驅逐艦,以及彈道飛彈潛艇與攻擊潛艇。這些海軍戰艦以及艦隊所屬的一百五十家戰鬥機、攻擊機、長程巡邏機及各式特殊用途的軍用機,由兩萬七千名海軍水兵和陸戰隊員負責操作。

反之,中國海軍從甲午以來,一百多年沒有經歷過一次大規模海戰,中國有一句俗話說,「是驢是馬,拉出來看看」,中國海軍卻從未拉到海洋上讓國人和對手看個清楚。中國自己建造的航空母艦,如泥足巨人,大而無當,既漏水,又冒煙,簡直就是海上活靶子。參與修建航母的多名企業老總和總工程師紛紛下獄。

中國海軍無法擺脫其他軍種及中國官場和社會的全面腐敗。海軍是最花錢的軍種,因而也是腐敗最嚴重的軍種。近年來,先後傳出多名海軍高層因腐敗被調查而自殺的消息,如海軍少將、南海艦隊裝備部部長姜中華,海軍中將、海軍副政委馬發祥,海

軍大校、海軍後勤部企業管理中心主任李輔文等多人。被公開通報落馬的海軍將領比比皆是：海軍少將、北海艦隊副參謀長程傑，海軍少將、海軍南海艦隊裝備部部長汪玉，海軍中將、政工部主任楊世光，海軍中將、副司令蘇支，海軍少將、東海艦隊副政委厲江潭，海軍少將、東海艦隊參謀長劉洪深，海軍少將、東海艦隊後勤部長劉繼禎，海軍中將、前海軍政委胡彥林，海軍中將、南部戰區海軍司令、中央軍委裝備發展部副部長鞠新春……這些人可以在獄中打好幾桌麻將了。

中國是一個高度腐敗的社會，中國軍隊包括海軍不可能出淤泥而不染。法國學者董德尼在《中美爭鋒》一書中認為，中國登頂或取代美國，面臨著若干無法克服的障礙：環境、人口和一個腐敗的集權主義政權。中國企圖成為主導世界的力量，但在這攀頂的路途上，面臨層層重大挑戰：美國已具有顯著的領先特質，這可確保它在未來一段時間內保持其領導地位。

如果戰爭真的爆發，美國的戰爭機器和軍工生產將以驚人速度開動起來。當年，日本海軍成功偷襲珍珠港，日本舉國歡騰，唯獨打了勝仗的海軍統帥三本五十六陰鬱地表示：「我們喚醒了一個沉睡的巨人。」美國歷史學家布魯斯‧卡明思在《海洋上的美國霸權：全球化背景下太平洋支配地位的形成》一書中指出，歐洲戰爭爆發時，美國的軍事實力在世界上排名第十六。但美國參戰後一年多，美軍數量就增長到八百萬，軍力居世界第一。戰爭末期，美國有了世界上最好的工業和軍工業，西部一夜之間實現了工業化，橫跨大陸的國內市場形成，也成為唯一的超級大國。

中國挑戰美國，無非是重蹈納粹德國、軍國主義日本和共產主義蘇聯的覆轍。

火箭軍團滅，美女戰士公關又翻車

殺人家族閃亮登場，瞬間又銷聲匿跡

解放軍火箭軍是中國陸、海、空三軍之外的第四軍種，原稱第二砲兵部隊，習近平在 2015 年的軍改中將其改為火箭軍。火箭軍負責解放軍的常規、戰略飛彈等裝備，包含陸基核威懾力量，聲稱對美國最具挑戰和威懾實力，也是武統台灣時發動第一波飽和攻擊的先鋒。

然而，該軍種竟是解放軍中腐敗最嚴重的軍種。火箭軍被撤職、被整肅的將領，除了曾領導火箭軍的前國防部長魏鳳已蹤多時，還包括兩任火箭軍司令周亞寧上將、李玉超上將，副司令張振中中將、李傳廣中將和劉光斌中將，以及火箭軍裝備部部長呂宏少將。已退役三年的前副司令吳國華亦傳病逝，訃告在其去世後二十一天才發出，又悄然撤下，可見其死得蹊蹺。受火箭軍案牽連落馬的軍工企業負責人還有：兵器工業集團董事長劉石泉、航天科技集團董事長吳燕生、航天科工集團副總經理王長青等人。

習近平整肅火箭軍，或許是因為他從美軍將領的公開言論中知道火箭軍不堪一擊的真相：美軍印太司令阿奎利諾上將警告，中方如發動戰爭，美軍可在二十四小時內給解放軍帶來毀滅性打

擊，美軍可攻擊解放軍逾一千個目標，讓中方看到什麼是「人間煉獄」，因爲美方掌握中共火箭軍的所有部署配置狀況。習近平以爲火箭軍砥兵礪伍、鼓角齊鳴，殊不知竟是銀樣鑞槍頭，中看不中用，遂惡向膽邊生，對其「一鍋端」。

深受重創的火箭軍一蹶不振。如何重振聲威呢？在新媒體時代，僵化如標本的《解放軍報》等傳統官媒早已無人閱讀。於是，火箭軍宣傳部門想到利用社交媒體發布短影片的方式，爲自己洗白，在民衆中重建聲譽。他們特別挑選了一名美女士兵，在小紅書、bilibili等社交媒體出鏡，從個人和家庭的故事娓娓道來。

這位年輕貌美的模範女戰士，滿心欣喜拿起一枚金光閃閃的勳章，向軍方記者展示：這是其父1989年作爲戒嚴部隊，入城鎮壓北京學運而獲的「首都衛士紀念章」。她滔滔不絕地說：「我父親是一名退伍軍人，這枚首都衛士紀念章，是他在天安門執勤時獲得的，小時候就喜歡戴自己身上。」她以此宣揚，她是「女承父業」。這齣「萬里赴戎機，關山度若飛」的當代「花木蘭」大戲，觀衆會買單嗎？

沒有想到，這段宣傳影片弄巧成拙。看到這段影片，民衆的八九六四記憶再次被觸動和喚醒。網友們紛紛表示，「拿著罪惡勳章的罪惡家庭，殘害同胞還炫耀，這就是解放軍」、「原來六四後不但唱歌慶祝，還頒發了勳章」、「什麼首都衛士？我看根本是屠夫紀念章」、「得多壞才能以此爲榮」、「劊子手的女兒，雙手沾滿無辜的人血還沾沾自喜，可惡」。

這位女兵及火箭軍的宣傳人員，缺乏起碼的政治敏感度，哪壺不開提哪壺，想要向習近平效忠，卻將習近平放在炭火上烤。

偷雞不成蝕把米。面對民間的質疑和譴責，軍方這才知道馬屁拍到馬腿上，趕緊將影片下架，卻已來不及了，很多海外網站早已轉發。

六四屠殺之後相當長一段時間，民眾對屠殺平民的軍人非常反感。二十七軍回到駐地石家莊後受到極大壓力，軍隊幹部的家屬在地方受到單位同事指責，子女上學受到同學圍攻，茱店拒絕賣茱，糧店拒絕賣糧。軍黨委致信河北省委、省政府，請求他們秉告鄉親父老：「二十七軍這次沒有向首都人民開一槍。」並說二十七軍是替三十八軍背黑鍋。三十八軍一怒之下狀告中央軍委，誰知軍委態度模糊，稱「開槍不一定不對，不開槍也不一定對，以後這件事不要再提了」。

1990 年初，總政治部擬在「平暴」一週年廣泛宣傳軍隊的功勛，當時主管宣傳工作的李瑞環予以否定。總政主任楊白冰質問為何，李說是鄧的意見。曾被授予「首都衛士」的軍人復員轉業前，紛紛要求從檔案中拿掉「平暴業績」，擔心到地方工作受歧視，更不願子孫後代背歷史黑鍋。

「首都衛士勛章」不是保命符，而是催命符

三十五年後，「首都衛士勛章」居然以一種戲劇化的方式重新亮相，又再度消失。解放軍屠殺婦孺的光榮事跡，不會永遠被掩埋在歷史的黑幕之中。

1989 年 7 月 28 日，黨媒《人民日報》頭版刊登了長篇報導〈鄧小平為首都戒嚴部隊題詞，軍委和總政決定為官兵頒發「首都衛士紀念章」，同時頒發紀念冊並編輯出版《共和國衛士》一書。報導中寫道：「總政治部負責同志指出，鄧小平主席的題詞

和軍委的決定，體現了老一輩無產階級革命家和中央軍委對戒嚴部隊廣大官兵的深切關懷和厚愛，是對戒嚴部隊制止動亂、平息反革命暴亂歷史功勳的高度評價和獎賞，也寄託著對全軍部隊的殷切期望，將極大地鼓舞和激勵全軍將士珍惜黨和人民給予的崇高榮譽，發揚我軍的優良傳統，深入貫徹黨的十三屆四中全會精神，加強我軍的全面建設，為祖國為人民作出新的貢獻！」

報導詳細描述說：「首都衛士紀念章」為銅質鍍金，分為主章和略章。主章上面的橫牌上鐫刻著鄧小平同志題寫的「首都衛士」字樣，主章中心由五星和天安門圖案組成，象徵著共和國和首都北京，四周環繞的桂樹葉象徵著勝利，下沿的飄帶和衝鋒槍圖案上刻著的「1989.6.」字樣，象徵首都戒嚴部隊為制止動亂、平息首都發生的反革命暴亂進行堅決鬥爭的最難忘的一段日子、以及為此作出的重大貢獻。略章由五星、天安門和陸、海、空三軍的紅、黑、藍彩帶組成。

「首都衛士紀念冊」為精裝二十五開本。封面印有鄧小平題詞，冊中收入了鄧小平在接見首都戒嚴部隊軍以上幹部時的講話摘錄：「我講考試合格，就是指軍隊仍然是人民子弟兵，這個性質合格。這個軍隊還是我們的老紅軍的傳統。這次過的是真正的政治關、生死關，不容易呀！這表明，人民子弟兵真正是黨和國家的鋼鐵長城。這表明，不管我們受到多麼大的損失，不管如何更新換代，我們這個軍隊永遠是黨領導下的軍隊，永遠是國家的捍衛者，永遠是社會主義的捍衛者，永遠是人民的捍衛者，是最可愛的人！」

然而，鄧小平與歷代暴君一樣，都是「飛鳥盡，良弓藏；狡兔死，走狗烹」。隨著中共當局對天安門事件的定義由「反革命

暴亂」變為「風波」,「首都衛士」也個個銷聲匿跡。殺人的士兵,很多是貧苦農家子弟出身,殺人之後的勳章,並沒有讓他們擺脫「低端人口」身分。

不久前,微信上瘋傳一則鳴冤的資訊:「我叫王秀娟,是伊春市烏翠區景盛小區居民,我實名舉報伊春市公安局交通警察支隊柳金濤支隊長的違法行為,他包庇、縱容其直屬一大隊總隊長何鵬等九名交警、輔警,在查車過程中,對駕駛摩托車的我丈夫劉豐春瘋狂追趕、圍追堵截,導致我丈夫駕車失控摔倒昏迷。這些交警沒有及時叫救護車搶救,延誤搶救時間長達半小時。最後我丈夫在醫院搶救無效死亡。事發後,不查明真相,不對責任交警、輔警給予處理,不追究刑事、行政責任,不對死者家屬撫恤、賠償,任違法交警逍遙法外。現請求領導依法追究伊春市公安局交通警察支隊柳金濤支隊長的領導責任及其下屬幹警的法律責任,給我們合理賠償,給我們一家人一個公平、公正的說法。」

陳述完事實後,這位妻子貼出丈夫的士兵證,以及更讓人矚目的平息暴亂紀念章、首都衛士紀念章及紀念冊。她本來是想一次博取同情和支持。然而,網民看到有關圖片,對這位慘死的退伍軍人的觀感立即翻轉,紛紛對其當年參與「平暴」的「豐功偉業」予以譴責,質問其有沒有開槍殺人,甚至說今日的「果」來自昔日的「因」,這樣的下場是「正好」和「活該」。

那位火箭軍英姿颯爽的「花木蘭」,如果事先看過這則資訊,就不會以為「首都衛士」是多麼輝煌的榮譽,它甚至連保命符都算不上,社會主義的鐵拳對「最可愛的人」照樣毫不手軟。這一次,「花木蘭」表演過頭,不但升官無望,恐怕將永遠被打入冷宮,再也無法翻身了。

爛尾國度
主流媒體上看不到的中國眞相

第六輯

全球放毒的國度

中國為何支持普丁侵略烏克蘭？

奴在卵者：有多少中國女子，為威武的普丁排卵？

俄國獨裁者普丁狂妄地宣稱：「俄羅斯不在了，還要這地球幹嘛！」這種狂妄，將希特勒甩出三條大街。普丁話音剛落，中國的社交媒體上宛如鼎沸，普丁的粉絲們都高潮了。

中國人向來崇尚強權、崇拜暴君。屠殺上億中國人的毛澤東，至今仍是中國人票選的世界第一偉人。俄國入侵烏克蘭之後，普丁儼然有後來居上的氣勢，中國社交媒體上有人諷刺說：「中年人一旦把持不住自己，便以為自己是普丁，是秦皇，是漢武。他們彷彿成了一地的主宰，幾句談笑聲間，檣櫓就能灰飛煙滅，看人樓起了，笑人樓塌了。」

普京的魅力遠非一般的娛樂明星所能媲美。一個網名為「夏花依舊 YZ」的中國女子寫道：「普丁的人格魅力無可比擬，連我爸都誇，大半夜起來看新聞生怕普丁吃虧，心有猛虎，細嗅薔薇，這樣的男人誰不喜歡。」一個網名為「捌月三」的中國女子則寫道：「優秀又帥氣，之前看他的一個視頻，他在寫作，然後回眸一笑，我直接淪陷了。」更加赤裸裸的表白，是一個名為「TONG_NWA」的中國女子，她激動地寫道：「我也好喜歡，我當場排卵了。」

中國國內如此，海外華人也沒有閒著。某個長期在自由亞洲電台任職、自稱六四倖存者的資深女記者，撰文將普丁描述成拯救世界的彌賽亞：「普丁在飛機上放置了聖像等聖物，並放有一本《聖經》，飛行時間夠長時，他在天上讀《聖經》。『沒有東正教，就沒有俄羅斯』。普丁帶領俄羅斯回歸東正教，目的是重建這個民族的精神支柱和道德準則。」她在美國的幾十年似乎白活了：難道「這個民族的精神支柱和道德準則」就是對內獨裁、暗殺，對外霸凌、侵略，派軍隊跑到別國去殺人、放火、強姦嗎？

普丁是一名好基督徒嗎？俄羅斯東正教牧首對普丁的認證和祝福能當真嗎？美國麥克林聖經教會牧師喬‧卡特在〈俄烏戰爭為什麼扯上了宗教？〉一文中指出，自上台以來，普丁曾多次試圖將自己塑造成基督王國的護國公。俄羅斯東正教的牧首基里爾對其亦步亦趨，公開祝福這場侵略戰爭，辯稱這一軍事衝突是與罪惡和外國勢力作鬥爭。然而，普丁不是護國公，而是獨裁者，他的所作所為背離了聖經的教導。

並非所有俄國東正教信徒都支持普丁的侵略戰爭。一個由兩百七十五名俄羅斯東正教神父和執事組成的全球團體不畏打壓，公開呼籲「停止自相殘殺的戰爭」，並申明烏克蘭人民擁有其政治自決權。

此外，一個由一百多位美國基督教領袖組成的跨宗派教會團體致函俄羅斯東正教牧首基里爾，呼籲他運用其影響力阻止俄羅斯對烏克蘭的入侵，並「禱告和重新考慮你對這場戰爭的支持」。

普丁企圖將侵略戰爭塑造成宗教戰爭，但烏克蘭也是東正教為主體的國家。宗教只是普丁的遮羞布。俄國問題專家亞歷克斯‧米拉基科警告說：「普丁利用傳統基督教是為了政治效果。

美國和歐洲的觀察家們最好能看穿這套把戲。」

那麼，為什麼偏偏有那麼多中國人（包括海外華人）為普丁而癡狂，甚至狂熱支持其對烏克蘭的侵略戰爭？魯迅說過，很多中國人是「奴在心者」；他卻不知道，一百年後，更有若干中國女子是「奴在卵者」。在中國，有些女人身不由己，被拐賣、被囚禁、被強暴、被當做生育機器，淪為鐵鏈女奴，讓人哀其不幸；而另外有些女人卻是自願為奴，不僅自願為奴，而且自願為性奴，最大的夢想就是「躺平」到普丁身邊，接受君王般的普丁的恩澤，還洋洋得意地昭告天下。

這些公開宣稱要為普丁排卵的中國女人，未必都是共產黨員。比起肥胖臃腫的習近平來，普丁似乎更符合她們的審美標準：普丁是一個可以上天開飛機、下水抓蛟龍的肌肉男。比起遲遲不敢出兵征服台灣的習近平來，普丁實踐了中國人「天下帝國」的想像──雖然俄國侵占了中國上百萬平方公里土地，中國人卻一點也不恨「老大哥」。

中美兩國退伍軍人會在俄烏戰場不期而遇嗎？

支持普丁的中國人不僅僅是女性。有一份名為「湖南省常德市參戰老兵自願赴俄前線支援俄羅斯請戰書」在中國社交媒體上熱傳。這份致當地「國防動員委員會」和「退役軍人事務局」的信件的作者，自稱「我們是常德籍參加過對越自衛反擊戰的退役老兵」，因為「北約企圖東擴，威脅俄羅斯和我們偉大祖國的安全」，基於「國家興亡，匹夫有責，為正義而戰，為和平而戰，打擊烏克蘭現政權，為世界和平貢獻力量」，請求當局准許他們去幫俄羅斯打這場爛尾仗。信件末尾，有他們的親筆簽名和手印。

最後一句名言「保衛俄羅斯就是保衛我們偉大的祖國」，讓人不禁聯想到1929年的中東路事件：為了維護對中東鐵路的控制，蘇聯悍然出兵中國，殺死和俘虜上萬名東北軍官兵。在這場武裝衝突中，還是地方割據政權的中共中央發出〈動員廣大群眾反對進攻蘇聯〉的通告，提出「武裝保護蘇聯」的口號。中共積極維護蘇聯利益的舉動，贏得共產國際第七次全世界代表大會的讚譽：「中國共產黨號召並組織群眾去進行英勇的鬥爭，去反對自己的政府、中國的軍閥和國民黨。中國共產黨在中東路事件中，表示了真正的、布爾什維克、無產階級的國際主義的模範。」中共前總書記陳獨秀則因反對「武裝保衛蘇聯」而遭到中共開除黨籍。

如今的中共跟當年的中共，萬變不離其宗，在諂媚蘇俄上毫無二致。不過，色厲內荏的中國政府大概不敢派遣這批「廉頗老矣，尚能飯否」的老兵去烏克蘭戰場。與這群虛張聲勢的中國退伍軍人相比，美國的退伍軍人卻是真槍實彈走上戰場。美國老兵瓦斯奎茲在推特上傳身穿戰服、站在烏漆墨黑的物體前的畫面，他對著鏡頭說：「我不知道你們看不看得出來我身後的是什麼，這是俄羅斯坦克，是我們摧毀的第一輛。」他寫到：「這個村莊已經被俄羅斯占領一個月，俄軍恐嚇民眾、搶走他們的食物。今天我們進來，幹掉七輛坦克和無數俄羅斯人，藉此解放這裡的民眾。」鏡頭外，一名烏克蘭人大喊「歡迎美國人！」瓦斯奎茲還大罵俄羅斯人是「廢物」，「俄羅斯人拒絕帶走陣亡同袍，讓他們被流浪狗吃掉。美國人永遠不會把同袍或屍體遺留在戰場」。他的妻子雖然擔心卻仍然支持他，「他這個人就是這樣。他在九一一之後也是做了一樣的事，急著去幫忙，這就是他，他是我的

英雄」。

支持俄國的中國人並未死在戰場，卻死在回頭路上。一名崇拜普丁的浙江金華男子，帶著兩條金華火腿、兩瓶酒和一張十四萬元存摺，千里迢迢來到北京的俄羅斯駐華大使館，準備送上特產和存摺，卻被拒之門外。後來，他狼狼回鄉，在路上從貨車上墜落，被周圍經過的車碾壓，當場死亡，地上留下一灘血跡。這算是毛澤東所說的「生的光榮、死得偉大」嗎？

在中國，網民有支持俄國和普丁的言論自由，卻沒有反對俄國和普丁的言論自由。腦性麻痺（腦癱）詩人余秀華發表反戰詩歌〈我乞求詩歌能夠阻擋一輛坦克〉，引發不同立場的網友唇槍舌戰。有支持者直言：「腦癱比腦殘高貴。」異見人士徐琳表示：「今天上午發了一個諷刺普丁的行為藝術照片，傍晚時國保又打電話來要我刪掉，我沒答應。憑什麼一下要我刪這個、一下要我刪那個？這個也不能說、那個也不能做，我到底出監了沒有？我諷刺普丁關你們什麼事？普丁真是你爹啊？」是的，普丁確實是習近平的洋爸爸，顧盼自雄的習近平唯有在普丁面前才低眉順首。

魯迅說過：「殺人者在毀壞世界，救人者在修補它，而砲灰資格的諸公，卻總在恭維殺人者。」今天的中國人「面對豐縣，我一言不發；面對戰爭，我拍手叫好。」這是中國式的聰明。無數蝸居、蟻居的中國人，偏偏喜歡在牆上掛一幅世界地圖，面對這張世界地圖指點江山、激揚文字。他們為中南海操心還不夠，還要為克里姆林宮操心。在這個意義上，中國人跟共產黨確實是分不開的——沒有中國人，就沒有中國共產黨。

中國為何將敘利亞屠夫阿薩德當做英雄？

殺人愈多，愈能得到中國人的頂禮膜拜

2023 年 9 月 21 上午，敘利亞總統巴沙爾・阿薩德一行乘坐中國國際航空公司包機在杭州蕭山機場降落。中國央視新聞以〈有朋自遠方來，敘利亞總統抵達杭州〉為標題做出長篇報導，並在新浪微博上直播時長三十五分鐘的〈敘利亞總統到訪迎賓儀式〉。從影片中可看到，數百名大學生和小學生身著華麗服飾，在雨中載歌載舞地歡迎阿薩德夫婦。此前，美國若干高官訪華，既沒有紅地毯，也沒有歡迎群眾，場面冷冷清清。如偉大領袖毛主席所說，誰是中國的朋友，誰是中國的敵人，是革命的首要問題，馬虎不得。

除了參加亞運會開幕式之外，阿薩德夫婦還到中國最有名的寺廟之一的靈隱寺參觀——這位伊斯蘭教信徒、手上沾滿數十萬民眾鮮血的暴君和屠夫，好像突然對「慈悲為懷」的中土佛教有了興趣。中國政府命令寺廟方破例打正門，以最高禮節接待來賓。包括寺廟主持在內的高僧大德與阿薩德夫婦談笑風生，彷彿是一家人。

此刻，靈隱寺儼然成了獻媚當道、與狼共舞的少林寺，血腥

之氣，瀰漫於此。有獨立評論人士質疑說：「蓋此舉當是為彰顯佛門廣大，高僧不惜身負罵名，欲度化阿某伯之屠夫耶？」

在靈隱寺參觀途中，更有公務員扮演的遊客稱讚總統夫人阿斯瑪「您好美」。此一細節得到中國媒體競相報導——獨裁者的夫人當然美若天仙，但獨裁者的夫人跟獨裁者一樣獨裁，紅顏背後是枯骨累累。

此後，阿斯瑪訪問北京外國語大學並發表演講，受到該校師生熱烈追捧。她在演講中說：「我的國家，敘利亞，打了一場戰爭，並將繼續為捍衛自己的生存而戰。……敘利亞和中國都面臨著西方通過多種手段抹去我們民族文化的企圖，但其目的只有一個，消解我們的身分認同和歸屬感。」在北外官網上，數以百計學生對其演講內容和風采讚不絕口：有人說：「俺確認過，人間極品一枚。」有人說：「我這次被她圈粉。」還有人說：「在最困難的時候，她本可以離開，但一直堅守，澤連斯基他老婆在哪？在海邊度假吧。」

習近平在杭州會見阿薩德時宣布，中國和敘利亞已建立起「戰略夥伴關係」，並稱「這將是雙邊關係史上的一個里程碑。」習近平補充說：「面對充滿不穩定不確定因素的國際形勢，中方願繼續同敘利亞一道，相互支持，促進友好合作，共同捍衛國際公平正義。」阿薩德這趟中國行，是自2011年敘利亞內戰爆發以來，離開敘利亞國土最久的一次。他受到嚴厲的國際制裁，被大多數國家視為殘暴的獨裁者，中國卻為他提供一處閃亮登場、長袖善舞的外交舞台。敘利亞御用學者丹諾拉評論說：「這次訪問標誌著敘利亞外交孤立的重大突破。」中國通過與敘利亞這樣的國家打交道，「正在打破西方的禁忌」。

中國民間也掀起一股「才子佳人熱」——阿薩德夫婦的顏值在當今國際政壇首屈一指，超過習近平夫婦。「唐哲同學」在微博上寫道：「巴沙爾就是反美英雄！是反霸權的先鋒！別看人家是眼科醫生，他的骨頭比絕大多數總統，包括日韓的都要硬！！」這些中國人是受虐狂——他們很遺憾沒有享受到敘利亞阿薩德家族那樣兩代人統治五十多年的「美好生活」，若是毛岸英沒有在韓戰中喪命，中國也會有與之媲美的「毛二世」，比習近平更名正言順，也比習近平的骨頭更硬。

對於阿薩德訪華，有中國網民宣稱：「中國以古老的文明，苦難的歷史，堅韌的品性，和巨大的成就，吸引了全球，尤其一大批同樣經歷的亞非拉國家的目光！正成為解決方案的提供者，和打破原霸凌格局的帶頭大哥。」確實，中國已然成為全球最大的垃圾場和藏污納垢之地。在幾個月之間，已有若干臭名昭著的人物走馬燈式地訪問中國：委內瑞拉總統馬杜羅、白俄羅斯總統盧卡申科、伊朗總統萊希、俄國總統普丁……全世界的獨裁者都到中國來抱團取暖。

中共干涉敘利亞內政，是「項莊舞劍，意在沛公」

在搜狐網上，有一篇題為〈你動我台海，我就動你以色列〉的文章。文章說出了中共的心裡話，儘管句句都在讚美中國外交政策的「高瞻遠矚」、「正義和平」，但很多事情「只能做不能說」，所以當局欲蓋彌彰，迅速將其刪掉——但在被刪除之前，這篇文章早已在民間流傳開來。

這篇文章開門見山地指出：「中國與敘利亞結交真是走的一步妙棋，絕對會成為美國在中東的肉中刺，讓其疼痛抓癢，難以

入眠。近些年來，美國挑撥南海衝突，阻礙台灣回歸。美國不斷的挑釁，中國已經忍受的夠久了。這次中國準備反擊美國，與敘利亞建立緊密合作，打擊美國的棋子以色列。」可見，中共禮遇阿薩德、支持敘利亞獨裁政府，乃是醉翁之意不在酒，中國並不關心敘利亞平民百姓的死活，只是將敘利亞當做對付以色列和美國的馬前卒，用毛的話來說就是：「凡是敵人反對的，我們就要擁護，凡是敵人擁護的，我們就要反對！」

這篇文章發表於哈瑪斯對以色列發動恐怖襲擊之前幾天，這個時間節點耐人尋味。文章指出：「台海問題上，美國一直支援台獨，並一直向台灣運送武器，希望台灣軍事實力提升，能夠儘快獨立。美國只是把台灣當成了操弄地緣戰略和意識形態工具，用來反制大陸。中國的台灣被美國趁機而入了，中國也可以用同樣的方法去對付美國。以色列是美國安插在中東的重要武器，美國長期利用他不斷的攪亂中東的渾水，破壞地區團結。因此以色列對於美國來說很重要。」

從這篇頗具「先見之明」的文章可看出，中國是中東亂局的「影舞者」和獲益者。當俄羅斯深陷烏克蘭戰爭難以自拔、無力在敘利亞調兵遣將之際，中國已然取而代之，成為在中東對抗美國和西方的首要力量。中國竭力將中東的水攪渾，讓中東戰火連綿，目的是讓美國深陷中東及烏克蘭兩處戰場而疲於奔命，這樣中國就可以在台海放手一搏。對此，台灣、美國及其盟友都應當引起充分的警惕和戒備。

該文指出，中國在敘利亞還會有三方面的突破。「第一個突破就是中國讓敘利亞重新回到阿拉伯國家聯盟，共同對抗以色列。第二個方面，中國的影響力會進入敘利亞，並不排除中國的

防空系統也進入敘利亞。中國有必要幫助敘利亞的防控力量提升，保護自身的權益，不被任何國家欺辱。第三個方面，中國最好與敘利亞達成合作，為其經濟基礎建設。如果基建狂魔中國去給敘利亞進行基礎設施建設，一定可以使雙方國家都受益。同時出於安全考慮，中國也會派安保人員去保護這裡的安全，帶來希望與和平」。如果這三點都一一實現，敘利亞將淪為中國的新殖民地，將陷入萬劫不復之境地。中國不僅將牢牢控制敘利亞的經濟命脈，而且在政治和軍事上成為對敘利亞如臂使指的太上皇。

習、阿相見恨晚、惺惺相惜，他們都是太子黨，都有同樣的敵人。新加坡國立大學副教授吳木鑾認為：「在第三個任期內，習近平尋求公開挑戰美國，所以他願意違反國際準則並招待阿薩德並不奇怪。這會讓中國在世界上進一步邊緣化，但習近平不在乎這個。」《俄羅斯衛星通訊社》援引大馬士革大學國際關係教授阿卜杜拉的觀點稱，「中國與敘利亞兩國有許多共同的原則，如反對美國霸權主義。⋯⋯鑑於與美國的對抗日益加劇，以及美國企圖通過在南中國海或中東建立聯盟來封鎖中國，那麼中國將有必要採取更加果斷的措施來捍衛自己的利益及其在中東的影響。」

習近平隆重款待阿薩德，讓中國在敘利亞乃至大中東地區的外交戰略昭然若揭：將敘利亞作為威脅西方的惡犬，扮演與北韓同樣的棋子角色。窮途末路的阿薩德似乎比躊躇滿志的金正恩更聽話。金正恩在關鍵時刻拋開中國，直接與美國展開雙邊會談；而阿薩德在失去俄國這一大靠山之後，樂於讓中國來充當其更大的靠山。

然而，習近平贈送給阿薩德的續命金丹真的能讓他長命百歲

嗎？習近平自己都已經危機四伏，阿薩德又豈能「大樹之下好乘涼」？

果然，2024 年 11 月底，在經歷了十三年的血腥內戰後，敘利亞反抗軍合力對阿薩德政權展開閃電攻擊。阿薩德政權陷入絕境——俄羅斯深陷烏克蘭戰爭的泥沼，無法分兵救援；真主黨被以色列打得潰不成軍，更無力幫忙；中國只能讓靈隱寺的高僧唸經加持，而不敢貿然出兵。僅僅經歷了十一天並不激烈的的戰鬥，政府軍丟盔卸甲、毫無戰意，反抗軍一路拉枯摧朽，於 12 月 8 日攻入首都大馬士革。阿薩德倉皇乘飛機逃亡俄羅斯，結束了其家族父子兩代在敘利亞超過五十年的專制統治。習近平遍插茱萸少一人，心中不知是何滋味？

中國為何替恐怖主義組織哈瑪斯背書？

中共是已經掌權的哈瑪斯，哈瑪斯是在野的中共

巴勒斯坦恐怖組織哈瑪斯偷襲以色列，屠殺和綁架平民，以色列遭遇九一一式的重創，隨後發動對哈瑪斯的反恐戰爭。

中國網上瘋傳哈瑪斯恐怖分子綁架一名德國女遊客，在一輛皮卡上剝光衣服遊街虐待的照片。無數中國網民為之叫好，讚揚恐怖分子勇武果決。很多吃瓜群眾毫無憐憫之心，認為受害者罪有應得，恨不得化身為全副武裝、暴力凌辱女性的哈瑪斯恐怖分子，對女子雪白的肌膚上下其手。

以色列駐華使館發布了中以混血兒諾亞・阿伽瑪尼與男友在音樂節現場被哈瑪斯戰鬥人員綁架的消息，稱「她是女兒，是姐妹，也是朋友」。但很多中國網民反駁說，諾亞是以色列公民而非中國公民，質疑以方使館以此「搏同情」。對於同樣是中外混血、聲稱「在美國就是美國人，在中國就是中國人」的運動員谷愛凌，他們卻諂媚有加。看到中國人的冷血言論，諾亞的朋友憤怒地反駁說：「我想她是否華人沒有關係，這都是人權問題，沒有人該經歷這樣的事情。無論如何，沒有人該支持恐怖主義。」但中國人偏偏就喜歡支持恐怖主義。

同樣的事情也發生在俄烏戰爭期間，中文網路上廣爲流傳一些流氓口吻的帖子——「在線收留心碎烏克蘭妹，要求十八至二十五歲之間，身高一百六十五至一百七十五公分，無明顯體味，身材好者優先」、「關心烏克蘭美女能不能安全進口到中國」。他們趁人之危，物化女性，將色情想像加諸於戰爭受害者身上。這已經不是人性中的「幽暗意識」了，而是徹底的無恥、下流、卑賤。

每當國際上有衝突和戰爭發生，中國永遠在表面上選擇假中立，其實卻是站在邪惡一邊，官方如是，民間亦如是。外交部發言人不方便說的心裡話，往往由所謂的民間輿論來表達。比如，搜狐網上發表了一篇名爲〈美國大勢已去，中東諸國效仿中國立場，拒絕追隨白宮譴責哈瑪斯〉的評論文章，獲得數十萬人點擊、按讚和轉發。該文指出：「值得注意的是，在中國的官方立場中，我們並未明確譴責某一對象，如以色列或哈瑪斯武裝。不少中東地區國家的態度也與中國頗爲相似，甚至在收到來自美國的『命令』後，它們還直接加以拒絕了。……很顯然，在中東阿拉伯世界中，美國已然『說話不好用了』，愈來愈多的國家不願再盲從美利堅，乃至敢於對白宮說『不』。這不僅有利於多元化世界的發展，對中國亦是好處多多。」

這篇文章將中國官方的立場及中國的主流民意全盤托出：中國反對以色列，是因爲以色列背後是美國，是西方帝國主義；中國支持巴勒斯坦及哈瑪斯，是因爲巴勒斯坦、哈瑪斯跟中國一樣，是被西方帝國主義欺負的「第三世界」和「受害者」——於是，中國人就將原本相當有限的「同情心」和「正義感」投射到哈瑪斯身上，全然不顧被哈瑪斯殺害的平民中，也有多名中國

遊客及到以色列務工的中國勞工，那種「附帶傷害」，可以忽略不計。

此前，中國環球電視網《指點財津》欄目在一期題為「美國為何充當以色列外交盾牌」的節目中討論以巴衝突，主持人鄭峻峰質疑美國對以色列的支持並非基於華盛頓強調的共同民主價值觀。他認為：「美國的親以色列政策可以追溯到美國富有的猶太人以及猶太人遊說團體對美國外交決策者的影響。」他指責美國利用以色列作為其在中東的「灘頭陣地」。

以色列駐華大使館在推特上反駁說：「聲稱猶太人作為一個民族控制了其他國家的政府是令人憤怒的。⋯⋯不幸的是，反猶主義再次露出了醜陋的嘴臉。」

中國並非要跟巴勒斯坦及伊斯蘭世界站在一起──中國對維吾爾人種族滅絕式的迫害，以及無神論教育下的漢人對伊斯蘭教徒的公然歧視，表明中國人遵奉「非我族類，其心必異」的傳統。

中共支持哈瑪斯等恐怖組織，除了要跟美國搗亂之外，更深刻的原因在於，這些恐怖組織跟共產黨擁有若干相似的特質，如獨裁、殘暴、愚民等等，哈瑪斯的組織形式也是從共產黨學來的──其最高權力機構是「政治局」。

蘇雷曼尼和哈尼亞之死，讓中共如喪考妣

美國總統川普下令擊斃伊朗革命衛隊聖城旅司令蘇雷曼尼後，伊朗駐華使館的微博上迎來大量中國網民聲援；同時，中國網民在美國駐華使館微博留言，辱罵美國是「世界最大的恐怖組織」。

伊朗大使館發文感謝中國人支持，聲稱「在這個非常時

刻」,「從中國網友留言中深深感受到了溫暖」,強調「伊朗今後將繼續致力於維護地區和平穩定」。這篇博文還邀請「中國朋友方向到伊朗過年」,保證「安全不是問題」。頗具諷刺意味的是,中國外交部網站隨即發表了中國遊客到伊朗的旅行警報——顯然,中國並不願意動員中國民眾到伊朗過年。

中共官媒報導每一個國際事件時,都站在自由民主的普世價值的對立面。中國媒體費盡心思為伊朗鼓氣加油。當伊朗擊落烏克蘭的民航客機後,《環球時報》以頭版通欄大標題發表其駐伊朗、加拿大、埃及的特約特派記者聯合採寫的報導〈伊朗駁斥飛彈打客機說〉,報導詳盡列舉加拿大、英國、美國等西方國家的政府及媒體「誤導」公眾。然而,伊朗官方很快承認烏克蘭客機是被伊朗發射的飛彈擊落的,同日出版的《環球時報》淪為笑料。

在中共當局屢屢以傳播謠言或不實資訊為由大肆抓捕異議人士和網民之際,有中國網民發出擲地有聲的質問:《環球時報》作為一家中國官方媒體如此傳播謠言或不實資訊,該報及該報總編輯胡錫進該當何罪?這樣的質疑很快被網路警察刪除。

中國為伊朗站台,此前更與俄羅斯、伊朗舉行三國聯合軍演,不是因為中國與伊朗具有共同的意識形態及「革命情誼」。中國挺伊朗,首先是想購買降價石油——中國能源缺口愈來愈大,而伊朗遭到西方制裁後,會將石油低價出售給中國。其次,中國唆使伊朗成為西方的「麻煩製造者」,將美國軍力拖在中東,中國就可從容鎮壓香港民主運動、對台灣文攻武嚇、在南海和東海擴張。

伊朗是中東亂局的幕後操盤手。主導襲擊以色列平民行動引發戰爭的哈瑪斯政治局主席哈尼亞躲在伊朗逍遙自在。殊不知,

伊朗獨裁政府標榜其統治如鐵桶一般，以色列的摩薩德特工到其首都執行任務卻如入無人之境——天網恢恢疏而不漏，哈尼亞被以色列暗殺身亡，伊朗保護不了小弟，顏面掃地。

恐怖分子之死，是大快人心之事，值得鼓盆而歌。但是，對於剛剛相見歡的「老朋友」的暴斃，習近平如喪考妣，更有物傷其類之感，恨不得為之披麻戴孝。此前，哈尼亞曾以哈瑪斯代表身分前往北京，在中共的斡旋和操持下，與巴勒斯坦其他派系代表共同簽署「北京宣言」。中共以此顯示，自己才是巴勒斯坦人的「老大哥」，手上握有解決巴以衝突的「終極鑰匙」。如同當年莫斯科的共產國際幫助中共建黨，並出錢、出人、出槍支持中共擊敗國民黨；今天中共也如法砲製，企圖利用哈瑪斯恐怖主義組織在巴勒斯坦執政，建構一個對其俯首帖耳的「小中華」。

百度、搜狗、360等門戶網站體察上意，立即將相關新聞自動轉換為「哀悼模式」，以黑白畫面來呈現。依中國慣例，只有在諸如江澤民等最高級黨政領導人，或是前美國國務卿季辛吉等被視為「中國人民的老朋友」等級的外籍人士亡故時，新聞報導才會以黑白呈現。大概哈尼亞自己也沒有想到，他死後居然在遙遠的中國享受到國葬級別的優厚待遇，他在九泉之下亦會歡欣鼓舞。

然而，很多未被中共洗腦的網民對此並不買帳，人們紛紛諷刺說：「這樣一個恐怖組織的頭目被殺身亡時，百度卻急忙將他的百科名片渲染成了灰色，儼然一副悼念世界著名政治人物的做派」、「百度的價值觀可能出了大問題」、「一直在突破下限」、「百度真孝啊」、「這是披麻戴孝嗎」、「鬧堂大孝」、「他啥時候成了中國人民的老朋友了？」、「他可是去年10月7日殺害多名

中國人的凶手啊」……中國網管立即刪去這些不與中央保持一致的言論。

中國是「邪惡軸心」的「黑暗淵藪」，這是中國自己爭取到的冠冕。

華春瑩的反美十大理由，全是打到中國要害的迴力標

美國與中國，誰是好國好民，誰是壞國壞民？

2023 年 2 月 21 日晚，中國外交部部長助理、發言人華春瑩在推特曬出圖片，聲稱中國無意變成另一個美國，並列出十點原因，每一則內容都附上關於美國的負面報導的新聞圖片。

具有諷刺意味的是，華大媽不是在微信或抖音上發布消息，而是在推特上發表，既然她如此厭惡美國，為何用美國的社交媒體？這種做法豈不表明她骨子裡崇洋媚外，就跟她口口聲聲反美的同時，卻在美國購置豪華房產並送孩子到美國讀書一樣？

當然，這可能從另一方面說明，華大媽所做的是「大外宣」，而非「大內宣」，中國牆內民眾都是韭菜或人礦，連被洗腦的資格都沒有，中共的重心已轉移到在國際上與美國和西方打宣傳戰了。

華春瑩所列出的原因之一：中國從來不對少數民族進行屠殺、掠奪和種族滅絕，從來不允許發生「我無法呼吸」事件。

實際上，中國在西藏和新疆等地的殖民暴政，早已被多國列為種族屠殺和種族滅絕。中國將上百萬維吾爾人關進「再教育營」，聲稱是職業培訓，但被關押者有大學校長和教授，難道他

們需要職業培訓嗎？維族女性米日古麗‧圖爾蓀和三個孩子被關進集中營，遭受慘無人道的酷刑折磨，並且被迫絕育，一個孩子悲慘死去。只因為她丈夫是埃及人，經過埃及政府的外交努力，她才被釋放，並在美國國會公開親身經歷，向全世界昭告中共的法西斯暴政。

華春瑩所列出的原因之二：中國從不允許百分之一的人口擁有相當於百分之九十以上人口財富的總和。

事實上，早在 2014 年，密歇根大學社會研究所研究員謝宇與研究生周翔就在《美國國家科學院院刊》發表名為〈今日中國的收入不平衡〉的論文，根據多家中國大學所得的調查數據，研究者計算基尼系數（衡量收入平等的國際指標），2012 年中國家庭收入基尼系數已達○點五五，美國為○點四五。謝宇指出：「在今日中國，收入不平衡程度已位居全球高位，特別是與那些高標準生活國家相比。」2020 年，二十四歲的貴州貧困大學生吳花燕因營養不良引發多項疾病，搶救無效去世，這個悲慘事件給了習近平炫耀的脫貧大業一記響亮耳光。

華春瑩所列出的原因之三：中國從來不允許其人民死於大規模槍擊事件，更不用說讓孩子們在校園裡被槍殺了。

華春瑩不能理解美國憲法所保障的公民的擁槍權，這是夏蟲不足以語冰。在嚴格控槍的中國，校園中的孩子沒有死於槍殺，卻死於刀殺。僅 2010 年 3 月 23 日至 5 月 12 日，短短五十天之內在中國就發生了六起幼稚園或學校兇殺事件，二十二個孩子被殺死，十六個受重傷。學者何包鋼指出，中國一系列妄殺幼童事件顯示了比美國的校園槍擊案更嚴重的社會危機。正是中國今天的高控制度和方法成為不穩定之源，讓社會最底層、最邊緣人物

失去說話的場所。中國現存的問題在於缺乏一個正常的、健康的公民社會，缺乏民間機制來調解各種社會問題。

華春瑩所列出的原因之四：中國不允許毒品問題困擾國家並每年導致十萬以上的人死亡。

其實，一方面，中國的毒品問題日益嚴重。中國公安部禁毒局局長劉躍進估計，中國吸毒人員的實際人數約為一千三百萬，一半人涉嫌吸食冰毒。另一方面，中國政府故意縱容中國生產的芬太尼流入西方國家。美國助理國務卿克爾斯滕‧麥迪遜曾表示，2017 年，美國七萬兩千例藥物過量死亡中有超過四成涉及芬太尼。美國緝毒局發言人凱瑟琳‧帕夫指出，根據美國郵政系統的攔截，當地人提供的資訊以及追蹤這些藥品的網路足跡，這些芬太尼大量來自中國。歐洲藥物監測機構的報告也稱：「大多數進入歐洲的新芬太尼來自中國的公司。」

美國與中國，誰得道多助，誰失道寡助？

華春瑩所列出的原因之五：中國從不侵略別國，不搞殖民擴張。

事實上，中共建政以來，與南韓、印度、蘇聯、越南等鄰國都發生過戰爭，在鄰國眼中，中國就是一個蠻橫殘暴的霸權。比如，越南堅稱擁有南沙和西沙群島主權，不會容忍中國的侵略行為。越南在對中國嚴加防備的同時，歡迎美國將美利堅秩序帶到東亞，越南國防部副部長阮志詠曾公開表示：「如果美國能為本區域帶來和平、穩定，以及確保國家主權得到尊重，我們歡迎美國的舉動。」誰是侵略者，誰是和平締造者，不由自己說了算，而由周邊相對而言的小國和弱國說了算。

華春瑩所列出的原因之六：中國從不干涉別國內政，從不在國外尋找和扶植代理人。

柬埔寨人不會同意這個說法。正是在中共扶持下，波布的紅色高棉才成功奪權，實施階級屠殺，殺害柬埔寨四分之一的人口。波布在訪問北京時，受到毛澤東的接見，對毛說：「我從小就讀了許多毛主席的著作，尤其是那些有關人民戰爭的作品。毛主席的作品領導了我們整個黨。」

華春瑩所列出的原因之七：中國從來不把外交政策建立在「欺騙、謊言和偷竊」上，因為中國把這些視為恥辱，而不是驕傲。

但是，就連曾是中國的老大哥的蘇聯，也被中國的厚黑學和孫子兵法玩弄於股掌之上。赫魯雪夫對毛澤東挑動核戰爭、不惜中國人死一半的狂言感到震驚，認為毛是個瘋子。布里茲涅夫對美國總統尼克森說，中國人的特點是「野蠻、不忠誠、虛偽」。他們「背信棄義、心懷叵測」，「不誠實」，「特別狡猾、兩面三刀」。

華春瑩所列出的原因之八：中國從不稱霸世界，不剝奪任何國家（地區）的發展權。相反，中國謀求共同發展和繁榮。

然而，中國近年來在非洲的蠶食鯨吞，已激起非洲各國的憤怒聲討。中國在非洲國家採取「安哥拉模式」，以提供巨資協助基建，換取當地資源。倫敦政經學院國際關係教授艾登認為，這種以基建換資源的模式，使中國被視為「殖民者」，中國只重視從非洲獲取資源，及為中國企業創造國際市場，這種「設計」等同將部份非洲國家視為「附庸國」。贊比亞大學政治學講師比巴拉批評說，雖然中非經貿關係日益密切，但中國沒有提供太多技

術轉移，有些國家又盲目生搬硬套中國發展模式，會令非洲愈益依賴中國，不利於非洲的可持續發展。

華春瑩所列出的原因之九：中國從來不會為了勝利而不擇手段地削弱或消滅對手。相反，中國專注於提升並超越自己。

這個說法又是自欺欺人。中國一直無孔不入地竊取西方先進技術，然後通過山寨方式大量生產，這才實現「彎道超車」。比如 F-35 的設計被盜，使中國空軍能夠開發出外觀相似、具有中國特徵的隱形戰鬥機。中國頂級駭客團隊從美國聯邦人事管理局的計算機中竊取兩千兩百萬美國人的安全保密文件，再加上從安塞姆健康保險公司竊取的醫療文件，以及從萬豪酒店竊取的旅行記錄，估計已經幫助中國制定危害美國國家安全和基礎設施的詳細藍圖。

華春瑩所列出的原因之十：中國從不向流浪氣球發射飛彈，而是投資建設更好的鐵路，讓人民享受安全和健康。

這是典型的戈培爾話術，掩耳盜鈴還不夠，還要賊喊捉賊。中國放出間諜氣球侵入他國領空，還不允許他國出於保衛國家安全而將其擊落，難道被侵入國只能坐以待斃？曾在歐巴馬和川普執政期間擔任美國國家安全局局長的麥可・羅傑斯上將表示：「此事的不同尋常之處在於它的關注程度。當它成為對我們國家的物理侵入，感覺就不一樣了。」

華春瑩看似譴責美國，更像揭中國的短，這種「高級黑」，騙不了別人，只能討好習近平一人。

此岸的和平女神開門揖盜，
彼岸的戰爭女神喊打喊殺

留美博士盧倩儀：和平就是屈膝投降嗎？

2023 年 4 月，中研院研究員盧倩儀及三位台灣學者發表了一份所謂的「反戰聲明」，其中有四項呼籲：烏克蘭立即和平；停止美國軍事主義和殘酷的經濟制裁；不要美中戰爭，台灣要與大國維持等距關係；國家預算必須符合社會需求而非用在戰爭和武器。

公共電視「主題之夜」節目邀請盧倩儀出鏡辯論，盧強調：「當我們在討論普丁為什麼動念去打烏克蘭時，我們常講到西方要負非常大的責任，包括站在俄羅斯的立場，去質疑北約為什麼要東擴。」論及兩岸問題，她更指出：「你若是一個小國家，你旁邊有一個大國，他是個流氓的時候，你該做的事情就是不要惹他。」

公視為了營造客觀中立的形象，在官網上介紹說：「你同意盧教授的論點嗎？沒有人想要戰爭，在台灣的社會裡，始終有著多元的聲音，但有些乍聽衝突的觀點，或許是起自同樣的初衷。」一時間，公視彷彿成了鑽進鐵扇公主肚子裡的孫悟空，對盧教授的「初衷」瞭如指掌，對盧教授的善良真誠打包票。

參與辯論的學者汪浩完全不認同盧氏的說法，汪浩指出：「如果在俄羅斯占領了克里米亞後，過去八年，烏克蘭沒有想辦法提高自己的軍事能力和備戰的話，那麼俄羅斯這一次，就真的一個星期之內把烏克蘭全部消滅了。」汪浩說的是放之四海而皆準的常識，不需要留美留英唸到博士就能知道的常識。

　　正如賴清德在訪美時所說，面對極權主義的威脅，台灣既不畏懼，也不退縮。這是台灣的主流民意，也是大部分台灣民眾捍衛民主自由的生活方式和價值觀的決心和勇氣。公共電視既名為「公共」，是用台灣納稅人的錢創辦的公共媒體，就不可能是偽客觀中立的，在是非善惡、國家安全的議題上必須有明確的立場。

　　盧氏亦非客觀中立，她當然有選邊站，施施然地站在作為侵略者和國際刑事法庭通緝犯普丁一邊，站在跟普丁狼狽為奸的習近平一邊；她反對奮起捍衛自身主權和獨立的烏克蘭，也反對支援烏克蘭的美國和西方國家。她的論述漠視事實、違反常識、邏輯混亂，卻被公視作為所謂多元社會中重要一元，可以放大加以呈現和傳播。

　　對此，政治學者沈榮欽在臉書上批評說：「主辦者反覆強調反戰學者的真誠，卻忽略辯論最重要的核心：品質。當反戰學者對於理論與現實都理解無能，導致無法在平庸的教條上開展深刻的思想交鋒，讓這場辯論成了不堪聞問的新聞劣質品展示。真誠無法為平庸辯護，品質必須優先於真誠。」

　　政治學者葉浩也在臉書上批評說：「國際上明明有相關的國際法和倫理規範，戰爭有義與不義之分，和平也是。沒有戰爭不等同是合乎正義的和平，真正的和平主義者和非暴力倡議者也不等同於避戰、不備戰或把投降當道德勇氣來宣揚。民主理論家與

倡議者甚至在 19 世紀即不斷提出，欠缺國族認同與愛國心乃至願意為集體的尊嚴與自由而奮戰的意志之社會，不可能讓民主制度良好運作。然而這一切的一切，在這裡似乎都是廢話。所有的理論、法規、原則在某些台灣的學者眼中，也似乎完全不存在。」

回頭再來看盧氏的履歷，她是美國德州大學政治學博士，「研究領域為歐洲聯盟、民主政治、新自由主義、氣候變遷、動物權」——全都是左膠的內容。或許在她看來，動物權比人權更重要，當奴隸比當自由人更幸福。她是西方左派教育全然失敗的典型案例，讀書多，人卻讀傻了。左派教育將本來擁有常識判斷的正常人變成「膠化」廢物，或許只有將她送到中共在新疆設置的集中營去「再教育營」一番，她才能恢復正常的人性，她才會知道，投降不是一個最佳的選項。

「火箭軍女神」李莉：用氫彈就能打下台灣嗎？

當盧博士在反戰宣言中主張台灣坐以待斃、束手就擒之時，海峽對岸的另一位女子、軍事學博士、國防大學教授、解放軍大校李莉發表七點戰爭宣言，與之針鋒相對、相映成趣。

李大校的七點戰爭宣言包括：第一，打仗不能像俄羅斯那樣，和烏克蘭耗下去，早晚解體和內戰。第二，中國武器和實力不弱於西方，缺乏的是勇氣和亮劍精神。第三，打台灣要速戰速決，決不能走俄羅斯的打消耗戰的模式，必要時候要地不要人，放出氫彈。第四，開戰既是決戰，不要猶豫，不要怕事態升級，首先打掉美國在日本的軍事基地，先下手為強，不給敵人喘息機會。第五，必須拋棄不打第一槍的想法，現在戰爭沒有開第二槍的機會。第六，打台灣前，先解決好在美國以及西方國家的資產

問題，否則會被沒收。第七，解決台灣問題之前，先解決內部問題，處理漢奸和貪污犯，否則會內亂。

李莉在接受央視《防務新觀察》節目採訪時表示，中美之間存在著深刻的根本矛盾和對抗關係，美國不斷挑釁和威脅中國的主權、安全和發展利益，試圖通過各種手段遏制和打壓中國的的崛起。她說：「我們不能坐以待斃，我們必須堅決捍衛我們的利益和尊嚴。我們有足夠的信心、能力和條件應對任何挑戰和危機。」李莉還透露了中國在未來可能發生的戰爭情景：「如果中美之間爆發全面戰爭，那麼我們將毫不留情地展開全面反擊。我們將摧毀所有美國軍事基地，無論是國內外還是美國本土的基地。我們將使用核武器、常規武器、網路武器、太空武器等各種手段進行打擊。我們將讓美國付出慘重的代價。」她還宣稱：「中國決心在戰爭中彰顯出令對手聞風喪膽的實力。」

軍人家庭出身的李莉，沒有上過戰場，卻善於在媒體上打嘴砲。她曾多次應邀到央視、北京電視台等多個欄目做軍事訪談嘉賓，同時擔任中央人民廣播電台、「海峽之聲」廣播電台特約軍事評論員，是一名資深的軍事評論專家，更是解放軍總政治部確定的全軍四十八名「外宣專家」之一。李莉擁有若干顯赫的頭銜：全國三八紅旗手，第十次全國婦女代表大會代表、第十四屆全國政協委員、全軍育才銀獎獲得者等。由於她齜牙咧嘴的戰狼風格，讓她頗受中國網民喜愛，在很長一段時間內，她主持的節目都是同時間段內收視率最高的，甚至有粉絲強烈要求央視給李莉加節目。比起恩師張紹忠少將來，她儼然是青出於藍而勝於藍，有後來居上之勢。

李莉曾在火箭軍服役，被中國網民譽為「火箭軍女神」。李

莉戰爭宣言的最後一條，是先完成軍中內部整肅。她話音剛落，火箭軍高層便全軍覆沒——其司令、政委、副司令等高級將領，要麼人間蒸發，要麼神祕死亡。看來，李莉的上級清一色都是漢奸和貪污犯。李莉還沒有對台灣和美國亮劍，就對自己人揮動了尚方寶劍。既然李莉說出了習近平的心裡話，習近平不妨突破常規，提拔李莉出任火箭軍主帥。這位現代花木蘭一定能幫助習近平一統天下，李家女的功勛必將超越宋朝的楊門女將。

李莉說起使用氫彈、讓台灣兩千三百萬人命瞬間灰飛煙滅來，臉不紅、心不跳，氣定神閒、神情自若，彷彿核按鈕就掌握在她手上，她的纖纖玉指輕輕一按，一切就已然塵埃落定。李莉是中國近三十年來民族主義和民粹主義意識形態宣傳洗腦產生的「紅色娘子軍」和「中式納粹」。這種人占據傳媒的核心位置，如吆屍人般對千百萬民眾進行精神控制，中國人陷入「叫魂」般的迷狂狀態，中國的未來讓人堪憂。

台灣公共電視不妨與中國央視聯手和連線，邀請李莉博士和盧倩儀博士來一場戰爭與和平的辯論。是盧博士用她的絕對和平主義論述，讓李博士放下屠刀立地成佛；還是李博士用她的要地不要人、留島不留人的戰爭恐嚇，讓盧博士兩股戰戰、幾欲先走？我們拭目以待。

倫敦政經最年輕的美女教授金刻羽：
中國版的《冷戰諜夢》

含著金湯匙的金刻羽，是極權中國的最佳代言人嗎？

　　哈佛大學歷史上第一位女校長福斯特在向新生致辭時提問說：「大學教育應該是什麼？大學教育意味著什麼？大學本身到底是什麼？」她指出，高等教育最重要目標是，「確保畢業的學生能分辨有人在胡說八道」。

　　然而，有些哈佛畢業生，不僅不能分辨什麼是胡說八道，而且自己就在胡說八道，還用華麗、精巧的學術術語包裝違背事實和常識的胡說八道。比如，二十五歲就獲得哈佛大學經濟學博士，並很快成為倫敦政經學院年輕的宏觀經濟學終身教授的金刻羽，就在理直氣壯地胡說八道。

　　金刻羽出版了一本名為《新中國策略：超越社會主義和資本主義》的新書，《紐約時報》網站連續發表〈美國真的能理解中國嗎？〉和〈一個美國不理解的「原版中國」〉兩篇訪談，幫助其推銷這本「巨著」（《紐約時報》每年拿到中共數百萬大外宣經費，關鍵時候不顧其百年聲譽，赤膊上陣）。金刻羽在書中認為，中國創造了一種獨特的政治集權模式，同時伴隨一種很強的經濟分權形式，可以克服西方的弱點並超越西方。真的如此嗎？

政治模式與經濟模式不可能背道而馳。政治集權，必然帶來經濟集權。中國的經濟命脈，始終掌握在「國有」（黨有）企業手上。這不是中國的發明，納粹的德國和史達林的蘇聯早已實施過。

談及中國的言論和網路自由問題，金刻羽指出：「儘管一些政治敏感議題受到審查，但中國境內的資訊流動其實非常自由。各個互聯網平台上存在大量活躍的民間討論。」她完全無視數以千計因在網上發表共產黨不喜歡的言論而被捕入獄的人士的悲慘遭遇。其中，九○後的年輕人牛騰宇因主持惡俗維基網站而被判重刑，遭受酷刑折磨，生不如死。這些人在金刻羽眼中都是空氣嗎？

當被問及新疆以「再教育營」之名關押一百五十萬維吾爾人時，金刻羽說：「我認為這樣的情況是不幸的，我不是這方面問題的專家。但據我所知，新疆的再教育營已經關閉。遊客可以自行去看看。」這是中共辯護士慣有的話術：不了解，不知道，我不是這方面的專家。其實，不需要你是這方面的專家，只要你是「人同此心，心同此理」的普通人，就能發現，在西方，有關此議題的報導和專著隨處可見，很多是受害者和倖存者無可置疑的親身講述。正如美國學者戴倫‧拜勒在其專著《新疆再教育營》一書中所指出，新疆的集中營並未關閉，還在擴建之中，三百多個營區星羅棋布，它已成為「第二次世界大戰之後最大規模的拘禁少數宗教族群事件」。

金刻羽又認為：「絕大部分中國人認為安全比自由重要。」真不知道她如何取得「絕大多數中國人」的「代表權」？評論人林泉在〈金刻羽真的理解「原版中國」嗎？〉一文中反駁說：「當

前中國社會的基本矛盾可以說是官民矛盾，官員首先追求的是自身安全以及維護特權的制度安全，為此民眾的自由乃至安全，都可以被犧牲。」換言之，特權階層的安全跟普通民眾的安全並不一致，甚至互相對立。

中國已成為舉世無雙的「數位極權主義」國家，政府布下全球最多的攝影機天羅地網般地監控人民，幾乎每兩個人就被一支監控攝影機盯著。美國戰略與國際研究中心在一份報告指出，人工智慧成為中國維穩的有效工具，購買人工智慧監視技術的地方，群體事件減少。史丹佛大學在一份報告也指出，「審查、訊息控制和大規模監視讓中國政府能夠對中國公民的生活施加巨大的權力和影響，威脅到人類自由、安全和自我管理」。

然而，無所不在的監控偏偏不能解決人口失蹤問題。根據北京非營利組織「中民社會救助研究院」的數據，2020 年中國有約 100 萬人失蹤，平均每天有 2739 人走失，其中相當大的失蹤人口為身體健康、發育良好的青少年。每當此類事件發生，監控就失效了。由於官方對此諱莫如深，民間只能自行推測可能的原因，質疑的方向便是有官方參與的器官販賣和器官移植。

金刻羽還主張「中國的底線是避免美式資本主義」、「中國希望成為一個更大、更明智的德國」。這句話更是違背西方中學生都明白的政治學常識──我兒子的高中公民課本上寫得清清楚楚，美國和德國都是民主國家，儘管有兩黨制和多黨制、總統制和內閣制等差異，但兩國都有普選、三權分立、新聞自由等民主制的基本要件。

早在 2013 年，剛剛掌權的習近平就在中央九號文件中宣稱「七不講」：不能講普世價值、新聞自由、公民社會、公民權利、

黨的歷史錯誤、權貴資產階級和司法獨立。那麼，中國怎麼可能成為「更大、更明智」的德國呢？按照習近平的規畫，中國只能走向國家壟斷資本主義或官僚資本主義，用趙紫陽的話來說就是「裙帶資本主義」。

戴倫·艾塞默魯和詹姆斯·羅賓森這兩位兼具經濟及政治專才的傑出學者，在《國家為什麼會失敗》和《自由的窄廊》兩本充滿真知灼見的著作中，有專章討論到中國的過去、現狀與未來。他們認為，中國在政治上仍實行「榨取式」體制，是「盜賊國家」，中國的經濟增長無法持續，中國仍未擺脫「失敗國家」的命運。雖然他們認為中國政府不會對他們的建議感興趣，但仍提出中肯的建言：中國政府對外停止操控其他國家及專業組織的企圖，對內放棄以數位、科技方式監控人民，「若要創造一個繁榮的現代社會，就不能像《1984》那樣控制每個人。人們不願自由思考，不願冒險，不願展現真正的創造力，因為他們擔心老大哥會摧毀他們。沒有創新，就無法真正實現繁榮」。

金刻羽不是不明白這些道理，而是她的特殊身分不允許她說出真相和真理。

完美無瑕的金刻羽，是金立群和中共政權反噬西方的工具

金刻羽似乎是個完美的中國版的芭比娃娃：不僅擁有讓人羨慕的智商、學位和學術頭銜，而且外貌出眾、口吐蓮花，讓中國外交部的發言人黯然失色。

在一個段影片中，金刻羽展示了她的衣櫥。她抽出一件薄如蟬翼的半透明晚裝，笑笑說：「每個女孩都該讀個博士，想穿什麼衣服就穿什麼。」那一刻，她彷彿又成了中國女權運動的代言

人。短影片中的金刻羽宜動宜靜，三十九歲的她化著煙熏妝，穿緊身上衣和高腰鉛筆裙，頭髮梳成慵懶鬆散的式樣，非常漂亮。

金刻羽不是灰姑娘自我奮鬥、自學成才的典範，一篇網上廣爲流傳的、名爲〈亞投行掌門人的女兒，出身比你好、比你聰明、眞的還比你努力〉的文章披露，她出身中共顯貴家庭：其父金立群曾任財政部副部長，後出任亞洲基礎設施銀行行長。金立群曾在世界銀行擔任高級職務，掌管高達四百億美金的援助款項。

金立群是文革後第一批英美文學碩士，畢業後進入財政部，再被派到華盛頓的世界銀行任職，金刻羽就是在那段時間出身的——她因此擁有美國公民身分。金立群不愧爲學文學的，給女兒取名引經據典：「刻羽」取自《宋玉對楚王問》：「引商刻羽，雜以流徵。」意思是加長商音、削減羽音，形容講究音律，在音樂演奏上有很高的成就。

金立群從文學的進路進入經濟學，被譽爲「中國實踐一帶一路戰略構想上的重要戰將和理論家」。做爲亞投行行長，「他行走在中國與第三世界國家之間，研究並觀察占世界百分之八十人口的經濟運作，走在推動工業化、經濟獨立自主的思想最前線」。英國《金融時報》寫過一段饒有趣味的報導，講金立群如何拉攏歐洲各國加入亞投行、讓美國的圍堵政策破功：「英國人認爲他是一位親英派，因爲他與英國人交流時喜歡引用莎士比亞；法國人認爲他是一位親法派，因爲他用法語講述自己多麼迷戀法國文化；德國人也喜歡他，因爲他讚美德國人做事一板一眼。」

金立群打造得最成功的產品，不是亞投行（那是習近平的孩子，金立群只是保姆而已），而是女兒金刻羽。金立群出身貧

寒,九歲喪父,與母親居住在淒風苦雨的違章建築中。所以,當他出人頭地後,就把女兒的教育作為生命中的重中之重。據說,金刻羽「精通英文、法文、西班牙文和義大利文;熱愛文學和藝術,鋼琴和單簧管技藝都達到了專業級水準;她僅用兩年時間就完成了哈佛所有的本科課程;二十五歲拿到了哈佛經濟學的博士學位⋯⋯1983年出生的她現在是倫敦政治經濟學院最年輕的宏觀經濟學教授」。

金刻羽毫無懸念地成為父親以及父親身後的「老大哥」要將她塑造成的樣板——在倫敦政經學院占據終身教席,《紐約時報》等西方主流媒體任由其發聲,更在達沃斯論壇上與西方政經名流談笑風生。難怪羨慕她的人稱其為「金郡主」。她能登上金字塔塔尖,當然有個人的努力,但更重要的是,不僅她父親,還有她父親服務的中共政權,在她身上不知投入多少資源。

金立群有一次在北大演講時談及其因腐敗落馬的同仁、財經高官劉鐵男時,為中國的制度性腐敗辯護說,「有些人陷入腐敗,不能完全從制度上的缺陷來為自己開脫」。他還煞有其事地說:「當我看到廣大的普通農民、工人的子女能夠上大學,能夠到北大來,我感到由衷的高興。一個社會一定要把它的經濟發展讓全國人民來分享。」

然而,事實卻是,如今工農子弟上北大的比例極低,中國的階層流動已固化。金立群刻意隱瞞的另一個事實是:工農家庭不能像他那樣將十四歲的女兒送到美國的私立中學上學(每年的學費生活費超過十萬美金)。即便他身居財經高官的工資,也不可能支付如此高昂的費用。與金刻羽一樣,薄熙來的兒子薄瓜瓜和習近平的女兒習明澤也都不必擔憂學費的問題。所以,就連中國

官媒澎湃新聞網也在一篇報導中發出疑問:「金刻羽這樣的人生贏家,對於階層流動較為活躍的中國來說,是否意味著菁英階層已開始自我複製?」

金立群和中共政權將金刻羽送入西方上流社會,不是沒有原因的,這也是白邦瑞所說的「百年馬拉松」的一部分。當人們對中國的五毛或小粉紅的印象還停留在胡錫進、周小平、張召忠、孔慶東之流的「土鱉」上時,殊不知,升級換代的金刻羽早已粉墨登場。她比他們更西化,更時尚,更嫻熟地使用西方學術和西方思想來為中共塗脂抹粉、鳴鑼開道。

金刻羽在西方的成功,讓人想起美劇《冷戰諜夢》。冷戰時代,蘇俄「從孩子抓起」,訓練一批孤兒成為超級特工,隱姓埋名在美國長大,貌似泯然眾生的普通人,有的甚至打入美國政府部門,竊取海量情報。但是,當他們在西方長期生活後,逐漸被資本主義的生活方式所感染和同化,社會主義理想黯淡和破滅,從而面臨認同的錯亂與挑戰。

但以金刻羽為代表的中共的滲透戰術比昔日的蘇俄更上層樓。金刻羽不必像蘇俄的間諜那樣隱藏在地下,而是在西方頂級學府登堂入室,在西方主流媒體侃侃而談,西方文明被她的高跟鞋踩在腳下,而她的背後是習近平時代「東升西降」的底氣。金刻羽等人長期在西方生活,躋身主流社會,甚至擁有西方各國的永久居民或公民身分,卻始終對中國及其體制忠心耿耿——不是愛國,而是中共政權能向他們提供取之不盡用之不竭的資源。所以,他們在西方理直氣壯、巧言令色地為中國辯護——中國如今對西方的滲透,早已超過昔日的蘇俄,金刻羽在受訪時卻輕描淡寫地表示,中國竊取西方先進科技、彎道超車,乃是「可以理解

的權宜之計」。

　　那麼，西方只能任由此類人物侵門踏戶而無所作為嗎？其實，西方的司法機構可以激活《外國代理人法》和《馬格尼茨基法》，讓這些法律成為一面照妖鏡，照出金刻羽之流「中國代理人」的真面目。如此，他們的「胡說八道」就沒有人當真了。

西方大學會在紅色恐怖之下窒息嗎？

中國戰狼留學生是學術自由和言論自由的敵人

近日，倫敦大學學院副教授米歇爾・希普沃斯，因課程觸及中國現代奴隸問題，惹怒中國戰狼留學生。中國戰狼留學生接連向校方投訴，說這位老師專門針對中國學生，是種族歧視。校方對投訴照單全收，先要求老師刪去課程部分，再禁止其教授這門課程。這位學者別無選擇，向英國多家媒體披露事件全過程，譴責校方為了商業利益向中國戰狼留學生的言論審查屈服，並干預學術自由。

現年五十八歲的希普沃斯在課堂上引述數據，指中國的現代奴隸數量為全球第二高，並要求學生分組討論「為何中國會有這麼多奴隸？」課堂最後，一名中國留學生以憤怒的語調質問她：「為什麼要如此刻意挑釁中國？」

幾天後，系主任表示，系裡收到學生投訴，要求她在課堂中不能只針對單一國家做出批評，令來自這個國家的學生不快。隨後，她承諾不再重覆那個課堂練習後，繼續教學。當她以為事過境遷，系上又告知，中國學生繼續投訴她，還提及她此前調查作弊，令兩名中國學生被開除學籍。校方決定將希普沃斯停課，由另一位學者取而代之。校方告訴她，學院要確保中國留學生「獲

得愉快的教育經驗」，這樣學校的課程才有商業價值，也就是說，課程必須吸引更多中國留學生。而希普沃斯的行為「破壞學校聲譽，影響日後招生」。

倫敦大學學院為中國留學生最多的英國大學，有超過一萬名中國留學生，占學生總人數的四分之一。海外生的學費，一般比本地生高二至三倍，這對於目前受少子化衝擊生源、深陷財政困境的英國大學而言，簡直是雪中送炭。英國及西方的很多大學將中國留學生當做香餑餑、搖錢樹、財神爺，百依百順，畢恭畢敬，不惜為之犧牲學術自由。

其實，討論中國現代奴隸的問題，不是種族歧視。震驚世界的鐵鏈女事件，只要是「人同此心，心同此理」，每一個中國留學生都應當有作家嚴歌苓那樣的觸動：「今天的我，僅僅是母親嚴歌苓。那條鐵鍊的這一頭拴著我，我能感到生鐵在脖子上吸噬體溫，能感到那碗冰凍稀粥的堅硬。」更有網友賦詩曰：「文明人類五千年，仍是狗鏈鎖弱女。不問儂是誰家囡，青天之下定冤屈。」鐵鏈女不是現代奴隸，什麼才是現代奴隸？如果不為之義憤填膺，還算是人嗎？真正的愛國者，是為鐵鏈女鼓與呼，是致力於改變產生鐵鏈女悲劇的文化、政治、經濟環境，而不是諱疾忌醫，防外人之口甚於防川。

這一次，戰狼留學生輕易搞掉了被他們視為「反華」的英國學者的飯碗，他們還會有下一個目標。中國留學生的「戰狼化」，跟 2008 年北京奧運會「萬國來朝」、中國自以為實現「大國崛起」幾乎同步。既然東風壓倒西風，他們在西方也要展示「我爸是李剛」的豪情壯志。

近代一百多年來，中國的幾代留學生從未如此蠻橫。清

末,「留學運動之父」容閎決心「以西方之學術,灌輸於中國,使中國日趨於文明富強之境」。晚清詩人和外交家黃遵憲聽聞幼童留學美國計畫被終止後,寫了一首《罷美國留學生感賦》,詠歎說:「欲為樹人計,所當師四夷。奏遣留學生,有詔命所司。……矧今學興廢,尤關國盛衰。十年教訓力,百年富強基。」美國學者史黛西・比勒在《中國留美學生史》中高度評價中國留學生為中國現代化事業做出的重大貢獻,他們懷著胡適那樣「採三山之神藥,乞醫國之金丹」的理想,放棄「天朝大國」的優越感,以「弟子國」的心態謙卑地到西方留學、向西方取經,回國後服務於中國社會各行各業,成為棟樑之才。

然而,進入習近平時代,中國留學生的主體搖身一變成了齜牙咧嘴、誓言「犯我中華,雖遠必誅」的戰狼。但他們到海外留學這一選擇本身,跟他們僵硬的民族主義自相矛盾──既然中國樣樣比西方好,為什麼非得到西方留學呢?難道僅僅是幫助非富即貴的父母親洗錢或轉移財產?

不能坐視中國戰狼留學生將紅色恐怖移植到西方校園

中國戰狼留學生跟中共宣傳部一樣,不能容忍任何對中國政府的批評,他們無法理解西方的言論自由和學術自由,決意要將西方變得跟中國一樣萬馬齊喑。他們的侵門踏戶似乎已習以為常,而西方的大學出於經濟利益,任由他們為所欲為。

隨著西方從沉睡中醒來,開始重視「紅色滲透」,捍衛民主自由價值,事態終於有了變化。2019 年 2 月,加拿大維吾爾人大會前主席茹克亞・托度希應邀到麥克馬斯特大學發表關於新疆再教育營的演講,期間有中國留學生「踩場」,對托度希爆粗口。

事後，中國留學生團體發聲明譴責托度希「說謊」。此事件曝光後，該校學生代表大會以在校內干涉維吾爾族學生言論自由，以及與中國政府有密切關係為由，撤銷了「中國學生學者聯會」（中國學聯）的註冊資格。中國大使館氣急敗壞，卻無濟於事。

在普渡大學攻讀土木工程博士學位的中國留學生孔志豪，曾發起紀念六四公開信聯署活動，向六四死難者致敬，主張不承認中國共產黨的合法執政地位，也表達了對香港民主抗爭運動的支持，並認同台灣是一個主權國家。2021 年 12 月，一群中國留學生在校園裡糾纏孔志豪，稱他是美國中情局間諜，並威脅要向中國大使館和國安部門舉報他。果然，中國國安特工找到孔志豪在中國的父母，讓他們警告孔志豪不要參與海外反共活動。

12 月 15 日，普渡大學校長丹尼爾斯發表一封給全校師生的公開信，信中指出，任何人對所涉言論不認同，都有權發表異議，但不能騷擾他人。「如果能夠確認發出威脅的那些學生的身分，他們將受到相應的紀律處分。同樣的，任何學生，如果發現因其他學生行使言論或信仰自由而向任何外國實體進行舉報，都將受到嚴重制裁」。丹尼爾斯校長表示，普渡大學歡迎來自中國及世界各地的留學生，但既然來普渡求學，就應當接受普渡的規定和價值觀，其中最重要的就是言論和求知的自由。「那些尋求剝奪他人這些權利的人，請另尋他處接受教育，更不用說是與外國政府共謀來打壓這些權利的那些人了」。

波士頓柏克萊音樂學院的中國留學生佐伊，在窗戶上貼出「我們想要自由」、「我們想要民主」、「與中國人民站在一起」的標語，並拍照放在社交媒體上。二十五歲的中國留學生、其父為北京門頭溝區稅務局長的吳嘯雷對其跟蹤威脅，還在網路上發

布佐伊的個人資訊，號稱已向中國政府舉報，**警告對方要有被捕和被調查的心理準備**，甚至鼓動其他人在網路上肉搜、騷擾佐伊。佐伊向校方報案，校方不予理會。佐伊在人權組織支持下，向 FBI 報案。吳嘯雷隨即被捕。

負責該案的檢察官表示，吳嘯雷的情節嚴重，他將中共政府的專制本質武器化，並用來騷擾和威脅受害人。儘管吳嘯雷的具體行動可能不是在中共當局的指導下採取的，但「他仍然將自己列為中國審查和鎮壓網絡的一部分」，該網絡深入美國以及在美華人與中國家人的關係網之間。檢察官表示，吳嘯雷明顯缺乏悔意，並建議對此案的判決需要祭出「強有力的普遍威懾」。

2024 年 1 月，麻薩諸塞聯邦地區法院裁定，吳嘯雷的相關罪名成立，該案成為中國戰狼留學生在美國騷擾威脅民主人士遭定罪的首例。

4 月 24 日，波士頓地區法官卡斯珀在宣布判處吳嘯雷九個月刑期，服刑期滿後將被監督三年，之後驅逐出境，不得返回美國，除非得到國土安全部特別批准。這位女法官表示，判處監禁是必要的，以阻止其他來美國學習的中國公民成為中共的幫兇，並確保讓他們知道：「任何人都不能從事犯罪行為，特別是壓制言論自由的行為。」

中國戰狼留學生將西方校園「中國化」的惡行已猖獗了太長時間。西方的大學和政府，絕對不能因為他們帶來豐厚的學費和消費，就放任他們作惡，這樣做無異於飲鴆止渴。學術自由和言論自由必須得到守護和捍衛。

狡兔三窟的饒毅家破人亡，
海歸兩面通吃的時代結束了

饒毅落選中科院院士，中共從未將歸國留學生當做自己人

中國自改革開放以來，有近六百萬人到西方留學，其中八成以上回到中國。他們對中國的經濟和科技發展有一定貢獻，卻未能幫助中國走向包容性的公民社會和建立民主憲政的政治制度。

2024 年 4 月 8 日，首都醫科大學校長饒毅在其個人公眾號「饒議科學」發表題為〈我國招聘國際科學人才的經驗和教訓：原因與後果〉的文章。文中提到「國際教授回國，除了十幾年前，現在基本不再是潮流」。

饒毅認為，很多高校和科研機構因為擔心國際教授的水平高於領導，「不方便」管理，因此排斥國際正教授。擁有一百多個研究所的中國科學院，十幾年來，真正全職到位並留下工作的國際正教授也許不到五人。

饒毅的「鬱鬱不得志」不是始於今日。早在 2011 年，身為北大生物學院院長的饒毅曾進入中科院院士有效增選名單，但在隨後公布的第一輪初步候選人裡，他被拿下。他為此特別生氣，不顧忍辱負重的「潛規則」，在「科學網」上發文批判院士制度，並表示：「從今以後不候選中國科學院院士。」他還告訴媒

體：「這個博客是我3月寫的，預計到自己不會當選，今天張貼出來。我不做院士而繼續科研，可以激勵青年專心學術不要過多看院士臉色。」他還說，「在我國有的學校，幾個院士圍著一個處長轉」、「所有的時間都用來做人情世故，而真正做研究的時間又在哪裡」。

早知今日，何必當初。饒毅是在中國長大的和完成大學教育的，他回中國之前，對中國惡劣的學術環境不會一無所知。

自從近代出現留學浪潮以來，唯有民國時代和1980、1990年代經濟改革時代，留洋歸國人員是人見人愛的「香餑餑」，不過他們始終都未進入權力核心、左右國家大政方針。

其他時候，有留洋履歷的知識分子，大都充當有名無實的擺設，甚至受到排斥和迫害。毛澤東時代，整肅知識分子的政治運動，每一次都是有西方留學背景的首當其衝，統統被打成不齒於人民的「牛鬼蛇神」。文革期間，幾乎所有海外歸國者都被懷疑為「西方特務」，那時流行的口頭禪是「海外歸來是特務，監獄出來是叛徒」。文革初期，數百名有留洋背景的學者教授不堪折磨、自殺身亡，其中包括1950年代從美國留學歸國的八位科學家：清華大學的周華章、周壽憲，北京大學的董鐵寶，中科院力學所的林鴻蓀、程世祜，南開大學的陳天池，大連化物所的蕭光琰，蘭州化物所的陳紹澧等人。

那麼，當初饒毅為何「毅然」歸國？媒體上報導的「心繫祖國」，只是冠冕堂皇的場面話。「天下熙熙，皆為利來，天下攘攘，皆為利往」，因為那時的中國能給海歸們在美國得不到的名與利。

饒毅確實很聰明，在加州大學三藩市分校獲得神經科學博士

學位,又赴哈佛大學從事博士後研究,後來在密蘇里州華盛頓大學當助理教授,還全家入籍美國。然而,他在美國只是二流科學家,當時美國五千名頂尖科學家名單中有許多華人,但沒有他的名字。他在美國工作了十年,沒有拿到終身教職。正好這時,中國「千人計畫」招聘人才,希望利用掌握西方先進科技的人才來實現「彎道超車」。既然「此處不留爺,自有留爺處」,饒毅決定回國發展,但將家人留在美國,以圖兩邊通吃。

既然要上梁山,就要納投名狀。饒毅的投名狀是:高調宣布放棄美國國籍。他在一份聲明中說:「九一一後美國的道德優勢已經蕩然無存,但狂妄的美國人還是覺得自己和國家如此偉大。」然後,他將媒體報導連同在美國的科研成果和獲知的美國科技情報一起,交給「千人計畫」主持人及其背後的中共統戰部。於是,中國官媒大肆宣傳饒毅的愛國精神,他獲聘為北大教授、生物學院院長。他若是留在美國走科研之路,再努力二、三十年,都當不上院長。看來,「愛國」是一條升官發財的終南捷徑。

於是,饒毅成了反美急先鋒,跟《環球時報》保持一致。2016 年,川普參選美國總統並當選。饒毅怒斥:「昨天誰投票支持川普的,請刪我微信聯繫;凡是今後還在朋友圈支持(或張目)川普的,我都會刪除聯繫。」

美國不會任由「白眼狼」坑蒙拐騙

2017 年 7 月 18 日,美國《科學》雜誌刊文稱,饒毅持中國護照前往美國駐華大使館面試,聲稱到美國參加學術會議和探親。簽證官要求他提供簡歷和旅行計畫最新副本,他未能提供有關材料,其赴美簽證申請遭拒。饒毅撰文痛罵美國。其支持者

說，他是因爲批評川普而被美國拒絕入境。其實，早在一年多以前，歐巴馬政府就已將饒毅列入黑名單，當時被拒簽的原因是美國移民局認爲他有移民傾向。

事後，有吹哨人揭露，當初饒毅歸國時，中國公安部在簽發其中國國籍復籍許可證時，收繳了他的號碼爲 214063007 的美國護照，並剪角蓋章作廢。事後不久，他卻以美國護照丟失爲由，欺騙美國政府，申請了新的號碼爲 452055052 的美國護照。他不僅欺騙中國政府，假退美國國籍撈政治資本；還欺騙美國政府，不當申請新的美國護照。2017 年 7 月底、8 月初，饒毅還在使用美國護照出席學術會議。後來，有人公開揭發此事，他不敢再用美國身分進入美國，只能用中國護照去申請美國簽證。

饒毅對川普的仇恨確爲私怨：川普政府扭轉了美國對華政策的錯誤，將中國定位爲美國最大的戰略對手和意識形態的敵人。美國政府發現，中國對美國的滲透、偷竊無孔不入，美國早已是千瘡百孔。2017 年，美國貿易代表發布一份報告，指控中國「盜竊商業機密，在網上肆意盜版和仿冒，以及大量出口盜版商品」。中國間諜在美國偷取的科技情報，上自核武機密，下至基因改良種籽，無所不包。中國盜竊美國智慧產權，每年至少給美國造成超過六千億美元的損失。美國聯邦調查局指出，該局有關中國千方百計「偷取資訊」的現行偵辦案件超過兩千宗，該局五十六個分處都在調查與中國相關的經濟間諜案，「中國似乎打定了主意要踩在美國背上，攀登經濟發展的階梯」。於是，美國開始保護和捍衛其智慧產權並依法懲治偷竊者，不再坐視華裔學者將在美國接觸和掌握的先進技術非法帶到中國，幫助中國「師夷長技以制夷」。

在此背景之下，像饒毅這樣過去二、三十年間優哉游哉地遊走於中國與西方之間、風光無限、無往不利的海歸、買辦、掮客群體，活動和獲利空間大大收縮，甚至一步步被打出原形。

既然美國路斷了，饒毅乾脆就以美國為敵。在 2020 年武漢肺炎病毒大流行期間，饒毅在《紐約時報》撰文聲稱，疫情在中美先後暴發後，他在武漢的十二名親屬都平安無事，可他在紐約的叔叔卻染病後醫治無效死在「世界上軍事力量最強，經濟最富裕，醫學最先進的國家」。他寫道：「美國有兩個月甚至更多的時間去學習中國應對新冠病毒的經驗，本可以採取更多的措施去降低感染率和死亡率。我的父親難以接受他兄弟的死，部分也是因為如果叔叔在中國的話，他認為自己就能醫治並救活他。」他在防疫問題上的立場，跟四通橋勇士彭立發和白紙抗議的青年們迥異。

狡兔三窟的饒毅，再也回不了美國的家，他的離婚又復婚的妻子吳瑛帶著兩個孩子在美國生活。吳瑛也是一名科學家，甚至比饒毅還要出色。吳瑛從 2005 年起便在美國西北大學范伯格醫學院任研究教授，獨立主持一個龐大的實驗室，僅從美國國家衛生院申請到的一筆研究經費就高達三百萬美金。吳瑛與饒毅一樣腳踏兩隻船：2009 年，她擔任中國科學院生物物理研究所高級顧問研究員，幫助管理一個實驗室並培訓學生，並獲中國國家自然科學基金委員會「國家傑出青年基金」的支持。她在美國和中國的職務，哪一個是正職，哪一個是兼職？

在美國的監管制度漏洞百出的時代，吳瑛的做法水過無痕。但當美國覺醒過來的時候，她就成為美國政府調查的對象。2023 年 6 月底，她的研究項目到期，被大學叫停。性格倔強的吳瑛在

規定時間不願離開實驗室，校方派警察將她強行帶走。7月10日，吳瑛在家中服用過量安眠藥自殺身亡。

此處不留人，只有留人處，如果單單是因為實驗室被關閉、職業生涯遇到挫折，吳瑛不至於選擇自殺之路，畢竟她還是兩個孩子的母親。她選擇自殺，很可能因為她還遭到美國政府更多的調查，而調查結果將會讓她面臨滅頂之災、乃至身敗名裂。所以，她絕不會是川普時代啟動的對美國華裔科研人員進行通敵調查的「中國計畫」的無辜犧牲品，也不是像饒毅所說的那樣，「她是純粹的科學家，不關心政治，但政治卻『關心』了她」。

有關注此事的人士指出，頗為詭異的是，吳瑛工作了二十多年的西北大學范伯格醫學院，不僅沒有發布任何訃聞與說明，還在吳去世不到一週時間，將她的個人資料頁面全部刪除，其他網頁，如她在西北大學學者網站上的出版物和資助記錄，也已被刪除，這種反應極其不尋常。媒體推測，吳供職的西北大學與美國國家衛生院可能聯合實施了對吳的調查並掌握了實質性的證據。

吳瑛死後，又有人翻出吳瑛與饒毅的女兒 Jie Rao 申請大學時涉嫌造假的舊聞：Jie Rao 在申請材料中號稱參與五個不同的課題，發表了五篇論文，還號稱她對這些課題都是全過程參與，從設計研究、實驗、分析資料到撰寫論文都有份。而且有一篇還注明，是她一個人首先想到的，她是該課題的負責人。一個高中生居然成了課題負責人，指導博士生、博士後做研究，這就匪夷所思——申請材料中絕對沒有提及，該實驗室正是其母親主持的。結果可想而知：「你不用懷疑，這位姑娘成為諸多頂級美國大學的搶手貨，最終進入耶魯大學。對於這種中國式的智慧，或許美國大學還不熟悉。」

出來混，都要還的。黑社會如此，科學界也如此。從左右逢源到左支右絀，從風生水起的「制度套利者」到一家兩制、家破人亡，饒毅一家是自作孽、不可活，一點都不值得同情。

　　還有更多饒毅式的人物，將一一浮出水面。

日本會加入中國版的「大東亞共榮圈」嗎？

相信王毅的「三國合作」，無異於與虎謀皮

2023 年 7 月 3 日，「中日韓合作國際論壇」在中國青島舉行。習近平之外中國外交領域的一把手、中共中央外事工作委員會辦公室主任王毅，談及中日韓合作時表示，「歐美人分不清中日韓，無論頭髮染的再黃，鼻子修的再尖，也變不成西方人，要知道自己的根在什麼地方。三國合作可以振興亞洲，造福世界」。

王毅還不點名地批評美國說，「近年來，個別域外大國為了謀求地緣私利，刻意渲染意識形態差異，大肆編織各種排他性小圈子，試圖以對抗取代合作、以分裂取代團結。如果放任這一趨勢發展，不僅會嚴重干擾三國合作的順利推進，也將不斷加劇地區形勢的緊張對立」。

中共向來是賊喊捉賊，作繭自縛。王毅的這番說辭，以頭髮顏色和鼻子高低來劃分人種，以人種來區分親疏敵我，刻意迴避當前的國際秩序中選擇不同陣營的原則乃是價值和制度，也就是民主自由與獨裁專制之對立。

頗有諷刺意味的是，此前中共黨媒《人民日報》曾專門發表一篇評論文章，譴責中國運動員在國際比賽中遭受種族歧視，題

目就是〈關注實力的較量，別拿膚色說事兒！〉——如今，拿膚色說事的不正是代表中國的臉面的王毅嗎？

王毅還抬出「包容的亞洲價值」，勸導日本和韓國「把本國和本地區的命運牢牢把握在自己手中」。殊不知，就連「亞洲價值觀」的發明者李光耀在晚年也放棄了這個子虛烏有的僞命題。

王毅企圖用「大亞洲」的種族主義吸引日本和韓國幫助中國建設沒有白人的「亞洲共榮圈」，但日本和韓國早已從過去三十年予取予求的友中政策中覺醒。日本、韓國、包括新加坡等亞洲國家都已清楚地意識到，必須與美國結盟才能對抗中國企圖吞併東亞乃至稱霸全球的「天朝秩序」。

中式種族主義超過納粹。荷蘭學者馮客指出，人們一般認爲種族主義是近代西方的發明，是白種人對有色人種的歧視，也包括歐洲特別是德國的反猶主義。但實際上，在中國存在著歷史淵源更爲長久的種族主義觀念。在中國文明的初始階段，就有所謂「非我族類，其心必異」的說法。《左傳》中還有「戎，禽獸也」的記載。中國人特別看重膚色，膚色具有種族和階級雙重意義。皮膚白的男性和女性，通常被認爲具有高貴的出身和純正的血統；反之，皮膚黑的人，即所謂的「黔首」，一般都是日曬雨淋的農奴。

漢唐時代，中國的典籍中出現了關於白人的記載——既然中國人沒有白人那麼白，爲了掩飾受挫的自尊心，就將白人形容爲「灰白人」，認爲皮膚灰白的歐洲人是一種有生理缺陷的生物，是沒有被儒家學說教化的野蠻人。在一首19世紀的中國詩歌中，有兩句詩以極爲鄙視的語氣形容英國軍隊中的白人和印度人：「白者寒瘦如蛤灰，黑者醜惡如粟煤。」

到了現代，中共將馬克思主義的歷史觀經過中國化處理，形成一套新種族主義意識形態：西方人沉醉於種族主義，中國人則已成為受害的「有色」民族在反抗「白種帝國主義」的歷史鬥爭中的領袖。毛澤東親自掀起的反帝宣傳戰中，中國領導了一場受剝削的有色人種反抗白人武力的歷史大決戰，黃種人是有色人種中最為高貴的族群，中國人又身處黃種人的塔尖。

這是一種中國版的法西斯主義，正如英國政治學者凱文·帕斯莫在《法西斯主義》中所描述的那樣：「最沒有彈性的種族主義會主張，種族是由生物學特徵所定義。生物特徵既是無法改變，變換國籍也是不可能的事。實際上，納粹黨認為融入社會的猶太人，因為能夠裝扮成德國人的緣故，比其他猶太人都來得危險。生物種族主義亦會劃分尊卑等級，當中最卑賤的人則與高等動物沒有清晰的分別。這些『次等人』應為高等種族的利益服務，甚至可以殺害。」

明治日本「脫亞入歐」，早已是西方國家

對於王毅的前現代思維，日本人只會當做笑話看待。日本早已成為一個價值觀上比西方還要西方的國家，日本不屑於與中國為伍。

早在明治維新時代，日本先賢就在思考如何才能實現「文明開化」和「富國強兵」。分別在1860、1862與1867年隨幕府使團出訪歐美各國的福澤諭吉，看到歐美的國富民強之後，就意識到日本唯有文明開化才能避免亡國。他在《脫亞論》中寫道：「我國雖處東亞，然國中早有脫亞而入歐之民意。所不幸者毗鄰二國——中國、高麗，此二國因循亞洲舊俗……民眾並國家，均不

思進取之屬。」「處當今之世，于文明之風熟視無睹，實與掩耳盜鈴無異⋯⋯若論新舊之爭，必伐所謂之『儒教』，其號雖稱『仁義禮智』，實徒具其表，無分毫真知灼見，如無恥之徒，傲然尚不自省」。所以，「脫亞入歐」成為福澤諭吉這位日本近代轉型中最著名的啓蒙思想家奉行一生的理念：「其核心者，唯『脫亞』二字而已。」

「脫亞入歐」讓明治維新取得空前成功。「富國」、「強兵」、「立憲制」、「議會制」這四大目標逐一實現。1893年，中日甲午戰爭爆發前一年，日本外相陸奧宗光在國會發表演說，歷數維新以來的成就：「富國」方面，國家財政有一億六千萬盈餘，修建了三千英里的鐵路、架設了一萬英里的電線，海洋上航行著數百艘西方制式的商船；「強兵」方面，日本擁有十五萬常備軍，在官兵訓練和武器裝備領域堪與歐洲強國匹敵，海軍也有四十多艘現代軍艦。在「立憲制」和「議會制」方面，他更指出：「如果再加上人文自由的擴張、制度文化的改良、學術工藝的進步等，實在是不勝枚舉。其中有一個特例值得特別指出，那就是立憲政體的建立。試問今日之亞洲，還有哪個國家能像本大臣與諸位這樣討論國家的重要事務？」日本擊敗清帝國，自然是意料之中的結果。

此後，日本在日俄戰爭中重創俄羅斯帝國，創立了黃種人國家擊敗白種人國家的先例，也說明了人種的差異並非最關鍵因素——只要擁抱近代文明，有色人種可以實現船堅砲利和民主憲政，成為富國和強國。

第一次世界大戰期間，日本以西方列強一員的身分加入戰勝國一方，戰後斬獲甚豐。但此後日本野心膨脹，走向軍國主義和

排除白人的「大東亞共榮圈」，最後在太平洋戰爭中幾乎輸掉明治維新以來積累大半個世紀的家底。

戰後，日本重新做出「脫亞入美」的選擇，以打敗自己的美國為師，抄寫美國憲法，實行自由市場經濟，終於再次崛起。

戰後日本最具戰略眼光的前首相安倍晉三，提出海洋國家大戰略，強化日本與海洋民主國家的盟友關係，以此回應專制陸權國家中國的挑戰，並締造日本海權國家的新格局。

安倍已逝，安倍大戰略繼續深化，讓中國如芒在背。這是王毅慌不擇言、言多必失的大背景。

從清末到今天，深陷獨裁專制泥潭的中國，始終以羨慕及仇恨的眼光看著日本蒸蒸日上。《人民日報》資深評論員、中共喉舌林治波寫過一篇題為〈日本「脫亞入歐論」的凶狠意涵〉的文章，文章指出，「對日本來說，『脫亞入歐』不但是一個擺脫半殖民地而躋身列強的過程，同時也是在思想文化、價值觀念上向西方靠攏的過程。通過派遣考察團、派遣留學生、聘請西洋顧問、翻譯西方名著，以及同西方列強打交道，日本民族貪婪地學習西方文明，其思想文化與價值觀念逐漸西化。久而久之，日本人開始以西方人自居，時時處處與西方列強看齊。既然擠進了『西方貴族俱樂部』，日本人的民族優越感也隨之膨脹起來」。不學無術的王毅，連自家御用文人的文章都沒讀過——若讀過這篇文章，就不會苦口婆心規勸「以西方人自居」的日本人重新「脫美入亞」了。

所謂「道不同不相為謀」，「中日韓合作國際論壇」這種勞民傷財、費力不討好的會議，完全沒有召開的必要——中共還不如將這筆錢省下來，籌辦「中國、俄羅斯、伊朗、委內瑞拉、古

巴國際合作論壇」，這才符合另一句古訓——「近墨者黑，近朱者赤」。

任何關於中國的樂觀評估都錯了

中國快要撐不下去了嗎？

1966 年 8 月 12 日,中共八屆十一中全會上,毛澤東引述陳獨秀的一句話:「黨外無黨,帝王思想;黨內無派,千奇百怪。」這十六個字,正是中共二十大之後中共和習近平權力模式的真實寫照。

對於中共二十大之後政局的走向,人言人殊。日本《產經新聞》台北支局長矢板明夫認為,中共正面臨其建政以來最複雜、最多變的時代,台灣面對的,或許不是一個強大的中國,而是一個即將快要撐不下去的中國、一個「後中共時代」的中國。

矢板明夫早年曾在中國生活過,深知共產暴政之邪惡,比起大多數溫和內斂的日本媒體人來,他向來不加掩飾地譴責中國的種種黑暗面,對此,我引以為同道。但我不能認同他對中國極度樂觀的看法。

矢板明夫認為中共快要撐不下去的第一個論據是:俄烏戰爭是中美兩大陣營的代理戰爭,而代表中國出場的俄羅斯,已經顯露出敗相。這個看法並不符合事實。

首先,俄羅斯發動烏克蘭戰爭,並非中國唆使,普丁開戰,並不需要獲得習近平批准,習近平只是樂觀其成。

其次，俄羅斯並未達成最初的戰略目標，但還不至於落敗。而且，即便俄羅斯落敗，也不意味著中國受損，相反還會是中國火中取栗的契機。俄羅斯與烏克蘭（以及烏克蘭背後的西方）兩敗俱傷，習近平坐山觀虎鬥，白白撿了個大便宜。

習近平是俄烏戰爭的贏家，西方主流媒體逐漸意識到這一西方不願看到的結局。《紐約時報》資深駐華記者儲百亮撰寫了一篇題為〈中國眼中烏克蘭戰爭的贏家：中國〉的文章。文章指出：「烏克蘭戰爭遠未結束，但一種共識正在中國的政策圈子裡形成：有一個國家將在這場動盪中脫穎而出成為勝者，那就是中國。……隨著俄羅斯為反抗西方制裁向北京尋求支持，俄國將中國作為自己外交和經濟生命線以及地緣政治重要戰略支撐的依賴程度將愈來愈大。」

《外交事務》雜誌發表了努爾·哈伊里撰寫的題為〈烏克蘭戰爭是否將俄羅斯變成中國附庸國？〉的文章，更直白地指出：「莫斯科開始逐漸轉變為強大中國的從屬國，最近爆發的俄烏戰爭及俄羅斯在全球範圍內日益孤立，加劇了這一趨勢，使俄羅斯比以往任何時候都更加依賴中國。……不難想像，在不久的將來，中國控制著俄羅斯一半的貿易交易，並成為通信、運輸和能源生產等重要領域的最大技術來源，在這種情況下，中國將在俄羅斯擁有非常強大的影響力，並且會毫不猶豫地使用這種影響力。……中國將是這種轉變的最大受益者，它將盡其所能在克里姆林宮維持一個促進其利益的友好政權，通過購買廉價的俄羅斯自然資源，擴大中國技術市場，推廣中國技術標準，並將人民幣兌換成歐亞大陸北部事實上的區域貨幣。隨著其影響力的增長，北京將能夠從俄羅斯獲得一項重要的讓步，而這在一年前無法想

象,即獲得最先進的俄羅斯武器和設計,並享有進入俄羅斯北極地區的特權,並考慮中國在中亞的利益。」

矢板明夫進而認為,中國內部近期有諸多矛盾浮上檯面,「二十大胡錦濤被架出場,說明中共黨內的矛盾已經表面化;習近平出訪時當面訓斥加拿大總理,說明中國和自由民主國家之間矛盾表面化;全國到處出現的『白紙革命』,也說明了中共和人民的矛盾也表面化了」。但這三個論據都不能說明中共統治已出現重大危機。第一,胡錦濤隨後在江澤民的葬禮上公開亮相,說明黨內鬥爭並未到徹底決裂的地步;第二,習近平訓斥加拿大總理,而世界各國領導人仍爭先恐後與之會面,說明西方的對華綏靖政策未被徹底埋葬;第三,白紙抗議活動不是革命,影響面相當有限,解封之後,絕大多數中國人對黨和政府在過去三年裡「無微不至地呵護民眾」感激涕零,中國人向來是好了傷疤忘了疼。

中共不會很快嚥氣,不要再犯了劉賓雁的錯誤了

無獨有偶,香港資深出版人、原天地圖書總編輯顏純鉤先後發表〈我的樂觀:中共沒那麼強大,中國人沒那麼怯懦〉和〈我仍相信中國在十年內必有大變〉兩篇文章,提出中國即將發生大變的三個理由:一是習近平上台十年,把中共國內政外交搞得一塌糊塗,把中共的家底幾乎耗光;二是習近平政治上大倒退不得人心,對人民的管控無所不用其極;三是白紙運動壓迫下,中共不得不對人民作出讓步。他樂觀地寫道,「我只是相信人性,人性趨利避害,人性追求自由,抗拒壓迫,人性要求實現個人和家庭的幸福」。他更預言說:「今後主要看經濟狀況⋯⋯經濟惡化

中共力竭，大陸人沒有活路，那時真正的改變就會到來。」

顏純鉤是一位有正義感、良知和風骨的知識人，他在天地圖書任職時，曾出版我的成名作《火與冰》的香港版。他退休後遷居加拿大，沒有保持沉默，屢屢就香港和中國議題發出擲地有聲的言論。但是，或許因為他很早離開中國，對中國事務的觀察和評論往往隔膜，在事實有相當落差，在論述和分析上過於一廂情願而無法讓人信服。比如，他認為白紙抗議「全中國都有人響應了」，這高估了白紙抗議的力道。據我了解，十有八九的中國人不知道彭載舟及白紙抗議，一位生活在中國國內、關心時事的臉友評論說：「牆外白紙的討論和傳播非常熱烈，但牆內一片肅殺，大部分人並不知道白紙抗議，他們也不明白一夜之間解封的原委始末。白紙封殺得如死牢一般。」

顏純鉤對中國未來的樂觀，是因為他對普遍人性的樂觀，而這種對普遍人性的樂觀是靠不住的──他忽視了人性中的「幽暗意識」，人性並不一定追求自由，正如納粹集中營倖存者、心理學家弗洛姆所說：「如果一個人只知服從而不知不服從，這是一個奴隸；如果一個人只知不服從而不知服從，這是一個暴民。」中國人長期在奴隸與暴民之間晃蕩，從未養成公民人格。

顏純鉤還認為，中國的經濟惡化必然導致變革到來，這也不符合當代中國的歷史──從大饑荒到文革，經濟比現在糟糕多了，連中共官方都公開承認，國民經濟到了崩潰的邊緣，但中共的統治仍穩如磐石。個中原因，或許正如王岐山所說，「中國人吃草都能活下去」──中國人只要有草吃就不會反抗。

六四發生後不久，流亡美國的前輩作家劉賓雁預言，中共不出兩三年就會垮台。然而，後來中國的發展與此預言大相徑庭。

十三年後，他深切反省說：「我們，不是我一個人，相當多的人，在六四以後對中國形勢的估計都犯了一些錯誤，我們沒有料到江澤民會穩穩當當地執政十三年。當時我們以為天安門運動的勢頭還會繼續，想不到92年鄧小平改變了戰略，用經濟利益來誘使中國人忘掉政治。這十三年來，也就是因為大家在經濟上得到了一些好處，這個國家在經濟上確實有了很快速的增長，大家對現狀也就接受了，實際上，這是一種合作，中國人和共產黨合作了。92年以後，我們對形勢仍然估計不足，其中有一個因素，就是我們把江澤民的社會基礎估計過低了。」美好的期待不能取代殘酷的現實。今天，我們不要再犯跟當年的劉賓雁同樣的錯誤了。

我贊同經濟學者何清漣在《中國：潰而不崩》一書中的論述：中共政權在十至二十年不會崩潰，中國社會卻將長期處於「潰而不崩」狀態。也許我們一輩子都要面對這樣一個潰而不崩的中國，一輩子都要與這個惡魔抗爭。

顏純鉤批評說，「悲觀導致消極的態度，無心做事，放棄抗爭」。其實，悲觀不是長他人志氣，滅自己威風，而是如魯迅所說「直面慘淡的人生，正視淋漓的鮮血」。

當年，生活在漫長的布里茲涅夫時代蘇聯異議分子對未來非常悲觀，他們認為自己無法看到自由的降臨（他們中的大部分人確實沒有看到自由的降臨），但他們仍然不放棄抗爭。

捷克思想家帕托什卡因擔任《七七憲章》運動的發言人而遭到政治警察逮捕，在獄中他經歷了無數次漫長而痛苦的審訊。最後，在一次長達十小時的審訊之後，他再也無法支持，於1977年3月13日因腦溢血逝世。他沒有看到共產黨的垮台和民主化

的降臨，但據他去世前一週見到他的好友形容：「他清澈的眼眸裡散發著光輝，釋放出強大的內在精神力量。看到處於這種狀態的他，我感到無比安穩。」這位殉道者在其手稿中寫道，抗爭的目標不是為了享受自由的果實，「真正應該做到的是，在任何時候都活得有尊嚴，不膽怯，不退卻。即使在某些時候會遭到鎮壓，也要義無反顧地講真話。因為只有在經歷了磨難之後，人們才會逐漸意識到，有些東西是值得為之受苦的。如果世界上沒有了藝術、文學、文化這些高尚的事物，那麼我們就只剩下疲於奔命的日常生活了」。

劉曉波曾說過，我們的抗爭如同西西弗斯推石頭上山，石頭最終抵達何處並不重要，重要的是我們一直在推它。這種在徹底的絕望中生發出來的抗爭勇氣，比盲目的樂觀更能持久。

余杰
Yu Jie

中國研究系列 14

一九二七
民國之死

與其說中華民國是一九四九年被毛澤東終結的，不如說是一九二七年被蔣介石顛覆的。

1927
民國之死

余杰 著

吳叡人、楊憲宏、管仁健 推薦

主流出版

1927
共和崩潰

共和崩潰

1927

余杰
Yu Jie

本書分別裝二十五位共和的守護者、
政權的顛覆者、
動刀墩者、
時代的閃亮著者、
民族的毒舌者、
與外來的異域人士等六種角度、
這段民國歷史的真實。

余杰 著

主流出版

1927 反共之年

余杰 Yu Jie

與其說中華民國是
一九四九年被中共所終結，
早在一九二七年表面上成功的反共，
看一九二七年表面上成功的反共，
無法阻擋二十二年後的兵敗如山倒。

中國研究系列 12

1927 反共之年

余杰 著

主流出版

TOUCH系列 024

余杰
Yu Jie

不列顛群星閃耀時

看哪,那些改變英國乃至人類歷史的英國人:
約翰王、威廉‧華萊士、莎士比亞、牛頓、庫克船長、
埃德蒙‧伯克、瓦特、亞當‧史密斯、納爾遜、南丁格爾、
狄更斯、維多利亞女王、邱吉爾、歐威爾、
西格蒙德‧沃伯格⋯⋯

Stellar
Moments
in
History of
Great Britain

余杰 著

我們如今所享受的大半的美好生活,都是英國和英國人所賜!

主流出版

中國研究系列 18
爛尾國度
主流媒體上看不到的中國真相

作　　者：余　杰
發 行 人：鄭超睿
編　　輯：林明貞
封面設計：楊啓巽

出版發行：主流出版有限公司 Lordway Publishing Co., Ltd.
出 版 部：台北市南京東路五段 389 巷 5 弄 5 號 1 樓
電　　話：(02) 2766-5440
傳　　眞：(02) 2761-3113
電子信箱：lord.way@msa.hinet.net
郵撥帳號：50027271
網　　址：www.lordway.com.tw

經　　銷：
紅螞蟻圖書有限公司
台北市內湖區舊宗路二段 121 巷 19 號
電話：(02) 2795-3656　傳眞：(02) 2795-4100

2025 年 3 月　初版 1 刷
2025 年 7 月　初版 2 刷
書號：L2502　　　　　　　　　　著作權所有 翻印必究
ISBN：978-626-98678-6-8（平裝）
Printed in Taiwan

國家圖書館出版品預行編目資料

爛尾國度：主流媒體上看不到的中國真相 /
余杰作 . -- 初版 . -- 臺北市：主流出版有限公司 , 2025.03
　　面；　公分 . -- (中國研究系列 ; 18)
ISBN 978-626-98678-6-8(平裝)

1.CST: 中國大陸研究　2.CST: 言論集

574.107　　　　　　　　　　　　114002452